DA GUO
ZHI CE

大国之策

新中国人口政策回顾与展望

田雪原 著

海峡出版发行集团
THE STRAITS PUBLISHING & DISTRIBUTING GROUP
福建人民出版社

图书在版编目（CIP）数据

大国之策：新中国人口政策回顾与展望/田雪原著．--福州：福建人民出版社，2020.4

ISBN 978-7-211-08407-4

Ⅰ.①大…　Ⅱ.①田…　Ⅲ.①人口政策—研究—中国　Ⅳ.①C924.21

中国版本图书馆 CIP 数据核字（2020）第 051810 号

大国之策——新中国人口政策回顾与展望

DAGUO ZHICE——XINZHONGGUO RENKOU ZHENGCE HUIGU YU ZHANWANG

作　　者：田雪原
责任编辑：林俊杰
出版发行：福建人民出版社　　**电　　话：**0591-87533169(发行部)
网　　址：http://www.fjpph.com　　**电子邮箱：**fjpph7211@126.com
地　　址：福州市东水路 76 号　　**邮政编码：**350001
经　　销：福建新华发行（集团）有限责任公司
印　　刷：福州德安彩色印刷有限公司
地　　址：福州市金山浦上工业区 B 区 42 幢
开　　本：700 毫米×1000 毫米　1/32
印　　张：19.5
字　　数：287 千字
版　　次：2020 年 4 月第 1 版　　2020 年 4 月第 1 次印刷
书　　号：ISBN 978-7-211-08407-4
定　　价：48.00 元

我不盲目反对人口增长，但反对人口盲目地增长。力主全面提升人口素质，反对任何阻碍提升、倒行逆施的理论、说教和行为。

社会用文字记载历史，人民用行动书写历史，学人用知识和科学阐发历史。然而历史就是历史，时间越长波澜越容易消退，历史就变得越发清晰起来、平静下来。

中国是一个生育偏好较强国家。除了几千年以小农为主体的自然经济根深蒂固、不易撼动外，在这个基础上形成的人口生育文化不可小觑，至今影响仍依稀可见。

包括1980年提倡一对夫妇生育一个孩子，进入21世纪以后所做的调整在内的人口政策做何评价？唯一的评价标准是实践，给人口、经济、社会、资源、环境带来怎样后果的实践。

人口政策有着明确的目的性，归根结底受发展制约。中国人口发展战略“三步走”是理解人口政策推出、调整和未来变动走向的枢纽。当前跨入以全面提升人口素质为主导的第二步，与经济高质量发展相契合、天作之合。

西方家庭计划（family planning）是人口变动、社会经济发展的必然产物。目前中国人口发展战略过渡到全面提升人口素质第二阶段，“后人口转变”加速推进，走中国特色家庭计划之路是必然的选择。

目　　录

绪论/1

第一编　在争议中前行的人口政策

第一章　历代人口政策鸟瞰/21
　第一节　众民主义与节制主义之争/21
　第二节　不同干预形式的人口政策/32
　第三节　传统人口文化的形成与演进/40
第二章　新中国成立后前三十年的人口论争/49
　第一节　社会学派节制主义再起/49
　第二节　对马寅初新人口论的批判/53
　第三节　沉寂二十年的人口理论/70
第三章　在争议中逐渐升温的人口政策/80
　第一节　人口在起伏中增长/80
　第二节　政策在徘徊中升温/88
　第三节　理论在实践中验证/100

第二编　提倡生育一个孩子政策始末

第四章　人口理论拨乱反正/109
　第一节　为马寅初新人口论翻案/109
　第二节　厘清人口问题性质/116
第五章　提倡生育一个孩子政策来龙去脉/122

第一节　中央召开人口座谈会/122
第二节　座谈会报告要义/158
第三节　以一孩为主导的人口政策/165
第六章　2000年人口控制政策取向/182
第一节　2000年人口控制目标由来/182
第二节　对人口控制目标的修正/185
第三节　完成12.5亿目标的政策选择/190
第七章　以基本国策为支撑的人口政策/197
第一节　人口基本国策的提出与推进/197
第二节　人口政策的相对稳定/202
第三节　融入可持续发展战略/205

第三编　人口政策调整前景展望

第八章　21世纪人口变动发展大趋势/211
第一节　人口变动发展新趋势/212
第二节　孩子成本—效益新变动/236
第三节　后人口转变的理论与实践/249
第九章　相向而行的人口政策与人口发展战略/258
第一节　人口政策调整与人口战略重点转移/258
第二节　关于人口零增长/267
第十章　走向未来的人口政策/274
第一节　对人口政策不同的评价/274
第二节　以实践检验作标准/281
第三节　走中国式家庭计划之路/290

绪 论

2009年，以提倡一对夫妇生育一个孩子为主导的人口生育政策走过一代人——将近三十年的历程，面临调整的新形势。但在实际上，当时却仍在强调稳定低生育水平、稳定现行生育政策、保持政策的连续性，将人口政策调整拒之门外。作为曾经参与政策讨论和决策的学人，眼见到了当年预定的政策调整的时间节点，却不见任何调整的迹象，未免有些坐卧不安。以前包括笔者在内一些人士，曾通过内部渠道直言上书呼吁进行人口政策调整，但都有去无回。于是只好公开发文发声，拿起笔来撰写《中国人口政策60年》专著，同时完成论文《新中国人口政策回顾与展望》的写作。专著列入《辉煌历程——庆祝新中国成立60周年重点书系》，由社会科学文献出版社出版。论文刊登在《人民日报》2009年12月4日理论版头条。专著特别是论文发表后，国内外媒体纷纷转载和发表评论，引来对中国人口政策调整的种种猜测和分析研判，社会反响强烈。某相关部门领导委托有关同志直接给报社打电话，查问"有什么来头"，颇有追查、问罪之意。难怪有人说，田老师又被推到风口浪尖上了。笔者既然公开发文发声，也就不大在乎风有多大、浪有多高了，做了一些应对的思想准备。庆幸的是，四年后党的十八届三中全会做出《中共中央关于全面深化改革若干重大问题的决定》，"启动实施一方是独生子女的夫妇可生育两个孩子的政策"位列其中，终于迈出生育政策调整的第一步。2015年，中央又做出一对夫妇可生育两个孩子的决定，"全面二孩"政策的出台和实施，标志着生育政策调整的基本到位。原来追"来头"的问罪之声，也随之销声匿迹了。

党的十八大以来人口政策调整超乎意料的顺利，使步入古稀之年的笔者等备受鼓舞。不过笔者自知，原来发表的人口政策专著、论文和报告，存在某些不足。一是理论阐发不够，就政策论政策较多。二是有些有价值的文稿和文献没有在论著中列入和运用，影响到论证的效果和再现历史的强度。正在思考怎样补救的时候，机会来了，福建人民出版社邀请新撰写一部人口政策论著。开始觉得不大好写，因为关于政策特别是提倡一对夫妇生育一个孩子政策出台的背景、形成的过程、推行的情况等，已在发表的论著中阐述了，不宜过多重复。后来尝试侧重研究的视角搭起框架，补上理论和文献两个不足，再增加党的十八大以来政策调整后的新情况、新内容，觉得还有可能写出一部有新资料、新观点、增添一些理论厚重的新作，于是便应诺下来，立足深化改革、扩大开放，将侧重点放在亲历与研究上，开始写作。

政策（policy），是国家或政党为实现一定历史时期的路线和任务而制定的行为准则。“路线和任务”由何而来？由指导全局的计划和策略，由特定的战略而来。因此，人口政策研究离不开人口战略，是战略在不同历史阶段实施的路径、策略和准则的具体运用。这给政策研究提供一条逻辑思维线索，从战略目标、任务、阶段等总体设计出发，寻找不同阶段政策的着力点、指向、策略和实施的规则、路线图等。按照这样的思路研究新中国成立以来的人口政策和未来的政策走向，可沿着人口发展战略“三步走”思路展开。关于中国人口发展战略，早在三十多年前笔者便做出阐发。虽然以后小有修改，但均属文字上的修饰性改动和阐释，其基调、主要内容没有改变。“三步走”人口发展战略的基本点是：

第一步，实施控制人口数量、提升人口素质、调整人口结构相结合，以“数量控制”为重点，适当兼顾其他。主要目标是将高生育率降低到更替水平以下，完成人口再生产由高出生、低死亡、高增长向着低出生、低死亡、低增长类型的转变。统计数据显示，1991 年总和生育率（TFR）下降 2.01，低于 2.10 更替水平，标志着这一步的基本完成。

第二步，在生育率下降到更替水平以下至人口零增长之前，继续实行“数量控制”“素质提升”“结构调整”相结合，逐步由以“人口数量控制”为重点转变到以“全面提升人口素质”为重点上来。并兼顾到人口“数量控制”“结构调整”，以及人口与经济、社会、资源、环境之间关联的可持续发展。有一种意见认为，第一步以数量控制为重点，导致人口年龄结构老龄化等问题突出，应以包括老龄化等人口结构调整为重点。怎样调整呢？只能提升生育率，甚至实施鼓励生育的政策。如此，大幅度地提高生育率和出生率，可以暂时缓解年龄结构老龄化的压力；不过等到这部分群体过渡到老年以后，老龄化的压力可能更大。如此“翻烙饼”式的升降，不是解决人口问题的根本之策，也无助于老龄问题的根本解决。相反，将战略重点转移到全面提升人口素质上来，兼顾人口数量控制和人口结构调整，既将人口数量控制带来的人口结构问题限定在一个合理区间，老龄化等人口结构问题不致过于严重，又有利于人口问题的全面合理解决。同时与经济转方式、调结构、高质量发展相契合，支持经济高质量发展跃上新台阶。而且，全面提升人口素质和经济高质量发展，有利于节约资源、保护环境，推动人口与资源、环境、经济、社会可持续发展战略前行。

第三步，2030 年人口零增长以后步入一定程度的负增长，要求依据人口数量、素质、结构变动新的态势，以及经济、社会、资源、环境新的变动，寻求有利于可持续发展的全方位适度人口。包括人口的数量是适当的，素质是比较高的，年龄、性别、城乡、地域等的结构是比较合理的，与资源、环境、经济、社会的发展是协调和可持续的。

上述中国人口发展战略“三步走”，由以人口数量控制为重点向以全面提升人口素质为重点，再向以全方位适度人口为重点转变，要求人口政策做出适应战略重点转移的调整。政策是开路先锋，需要发挥逢山开路、遇水搭桥、保驾护航的作用。由于战略与政策在目标、任务、时间跨度等表现出的不同和差异，每一步战略不可能只对应一项政策。如人口战略第二步，要经历由以人口数量控制为重点向以人口素质全面提升为重点转移，并且形成以全面提升人口素质为重点的政策体系。这就要求随着人口发展战略步伐不断前移，人口政策需要随之调整和重点转移。本书贯穿始终的一条主线，就是人口政策随着人口发展战略“三步走”推进进行调整，彰显人口政策不可替代的作用。

《绪论》本着逻辑与历史相统一原则，解析这条主线及其相应的人口政策是怎样贯穿全书，将三编十章有机地结合到一起的。

第一编《在争议中前行的人口政策》包括开篇三章：第一章《历代

人口政策鸟瞰》，第二章《新中国成立后前三十年的人口论争》，第三章《在争议中逐渐升温的人口政策》。这三章，对中国历代以来主要对1949年至1979年新中国成立后前三十年的人口政策，做出概括性的回顾、梳理和理论结合实际的阐释。新中国成立前，主要联系几千年来农业社会小农经济基础，滋长生育偏好、众民主义做出阐释。新中国成立后，阐释分阶段展开。国民经济恢复时期，人口再生产由高、高、低过渡到高、低、高类型；1953年至1957年、1962年至1973年两次生育高潮，表明孩子成本—效益理论作用倾斜的方向。这是生育率和出生率居高不下、控制人口增长需要面对的异常困难又必须设法克服的基础。政策从最初鼓励人口增长转变到后来控制人口增长并逐步升温，社会上有各种各样的解释，难以形成共识。笔者再次研究证明，新中国成立后前三十年的人口政策变动，基本上是沿着毛泽东同志的设计走过来的，是毛泽东人口思想、形势判断、阶段点拨的结果。三年国民经济恢复时期实行限制节育的做法，政策还没有显性化，主要对堕胎做了某些限制规定。“一五”时期，毛泽东曾推崇邵力子、马寅初控制人口增长的意见和主张，提出“要提倡节制”“要有计划地生育”，首次提出计划生育概念。[①] 1957年反右派斗争中社会学派节制主义代表人物均被打成右派分子，其罪名之一就是“利用人口问题向党、向社会主义进攻”。1958年“大跃进”开始后，在人民群众意气风发、斗志昂扬，“人有多大胆、地有多高产”如虹气势下，毛泽东发表带有结论性意见：“人多好还是人少好？我说现在还是人多好，恐怕还要发展一点。”[②] 到了20世纪60年代，毛泽东又很关心控制人口增长，叮咛巡回医疗队下农村开展卫生工作，“要搞计划生育”[③]。表面上，毛泽东关于人口问题和人口政策的论述似乎有些矛盾；实则他有着基本的理念，以及与这一理念相对应的

① 引自国家人口和计划生育委员会编《中国人口和计划生育史》，中国人口出版社2007年版，第25页。

② 参见国家人口和计划生育委员会编《中国人口和计划生育史》，中国人口出版社2007年版，第44页。

③ 参见国家人口和计划生育委员会编《中国人口和计划生育史》，中国人口出版社2007年版，第52页。

战略部署和政策考量。

笔者以为，毛泽东关于人口问题的基本观点，主要是两句话。一句是1957年在《关于正确处理人民内部矛盾的问题》中，讲“我国人多，是好事，当然也有困难”①。另一句是1958年1月在最高国务会议上，讲“邵（力子）先生之道大兴之日，是七亿人口到八亿人口之时”②。前一句话，是说要辩证地看待中国人口多，肯定是好事，同时也承认有困难。后一句话的意思是：人口多是个问题，但是在问题没有充分暴露出来、不被认识以前，就不好动手解决。等人口增长到七八亿、问题暴露无遗的时候，邵先生节制人口的主张就会时兴起来。前一句话最重要，体现了他对人口问题总的看法。讲人口多是好事，毛泽东体会最深。无论最早领导的秋收起义，还是抗日战争、解放战争、抗美援朝战争，兵民是胜利之本是最根本的一条。表现在依靠群众、宣传群众、动员群众、组织群众打一场人民战争，最终推翻“三座大山”统治的斗争中。战术上最基本的一条是集中力量打歼灭战，将战略上的劣势转变为战术上以多胜少的优势。经济建设时期也一样，要搞大兵团作战、群众运动、人民公社、“大跃进”。同时也看到人口多的困难，在一定历史背景下，提出节制人口和“计划生育”的主张和政策。那么这两种不同甚至相悖的观点怎样统一起来呢？1958年在最高国务会议上的讲话，给出脉络清晰的答案。他说：“人多好还是人少好？我说现在还是人多好，恐怕还要发展一点。你现在要人家节育，但我们一是工具不够，二是宣传不够。农民字都不认识。还有早婚的习惯，你强迫他节育，又不行，他不能控制自己。人类还不能掌握这个劳动力的扩大再生产，几亿人口还不能掌握自己的命运。我看要搞到七亿人口，就会紧张起来，邵（力子）先生那个道理就会大兴。邵先生之道大兴之日，是七亿人口到八亿人口之时，你现在讲，他横直不听。”“现在人多一些，气势旺盛一些。要看到严重性。同时也不要那么很怕。我是不怕的，再多两亿人口，我

① 参见《毛泽东文集》第7卷，人民出版社1999年版，第228页。

② 参见国家人口和计划生育委员会编《中国人口和计划生育史》，中国人口出版社2007年版，第44页。

看问题就解决了。走到极点就会走到反面。现在我看还没有达到极点。”[①] 在此前召开的最高国务会议上，毛泽东就曾指出：“人类要自己控制自己，有时候他能够增加一点，有时候他能够停顿一下，有时候减少一点，波浪式前进，实行有计划的生育”。“政府应该设机关，还要有一些办法。” “三年试点，三年推广，四年普遍实行。……来个十年规划。……少数民族地区不要去推广，人少的地方也不要去推广，就是在人口多的地方，也要进行试点，逐步推广，逐步达到普遍计划生育。”[②] 可见，毛泽东不但提出计划生育概念，还有一套粗略的“十年规划”设想。即不要“现在”立刻让人家去节育，要做好宣传、建立组织、出台办法，经过三年试点和推广，四年普遍实行。“现在”要再增加一点人口，让广大群众自己教育自己，待达到七亿、八亿人口问题暴露出来后，再大兴邵（力子）、马（寅初）控制人口之道。实践验证了毛泽东的主张，到20世纪70年代初全国人口增长到比1958年多出2亿、总人口突破8亿时间节点时，人口政策收紧的步伐便加快起来。

第二编《提倡生育一个孩子政策始末》包括第四章《人口理论拨乱反正》，第五章《提倡生育一个孩子政策来龙去脉》，第六章《着眼总体的人口发展战略》，第七章《以基本国策为支撑的人口政策》，共四章。

1980年普遍提倡一对夫妇生育一个孩子政策正式推出。笔者从亲身参与政策讨论、起草文件，后又主持并主撰“2000年中国的人口与就业”研究报告、发表署名论著等，冲破以往“人口越多越好论”教条，阐发在当时短缺经济与过剩人口并存条件下，在加快社会经济发展同时，大力控制人口增长的必要性、可行性、可供选择的人口发展战略和相应的人口政策。若干年后，在接受某媒体采访时，笔者谈到政策是中央制定的，但笔者作为政策讨论参与者和报告起草者，可说是问心无愧。后来看到有人对“问心无愧”产生疑问，说这是什么意思，指的是什么？笔者的意思是，政策是中央制定的无须多加赘述，这是任何人也

---

① 参见国家人口和计划生育委员会编《中国人口和计划生育史》，中国人口出版社2007年版，第44页。

② 参见国家人口和计划生育委员会编《中国人口和计划生育史》，中国人口出版社2007年版，第25页。

改变不了的客观事实。“问心无愧”在采访中没有说明，其实也很简单，意指作为一名学者参与政策制定的某些工作，没有投其所好、看人眼色行事，无论起草报告还是发表论著，都是本人的意志体现、由衷之作，是从实际出发、实事求是的。对此，只要看一看笔者起草的文件、发表的论著就足够了。做了当时所能做到、理论与实践相结合的阐释，对主要问题和发展趋势的预判，也为后来的实践所证实。就 1980 年提倡生育一个孩子决策而言，有一个当时不便公开宣传的纠结。前面提到，本人参与 1980 年中央人口座谈会并担负起草向中央书记处《关于人口座谈会情况的报告(讨论一稿)》(以下简称《报告》)任务。《报告》的重心，围绕一对夫妇生育一个孩子可行不可行、可能遇到哪些问题、如何解决展开。可以说，今天我们遇到的主要问题，当时差不多都涉及并做了尽可能明确的阐发。为什么《报告》对问题的阐释没有很好地宣传，甚至很多人还不知道呢？因为“提倡生育一个孩子”政策出台和随后的大力宣传、贯彻实施，首要的任务是宣传、阐释提倡生育一个孩子的必要性、重要性，发动群众、组织群众去完成“天下第一难”——以提高独生子女率和降低生育率为核心的任务和工作。对于可能产生的问题和解决的应对之策，多讲则有干扰政策执行落实之嫌。这就要分清：政策实行之时对可能产生的问题是否宣传、宣传多少是一回事，《报告》是否对这些问题引起重视并做了充分的论证，则又是一回事。实际上《报告》对于可能产生的问题和应对的决策选择，做了当时可能做到尽可能充分的分析和论证，所提政策建议经过实践检验基本上也是正确的、有预见性的。这里依据本人保存的 1980 年呈报中央书记处《关于人口座谈会情况的报告（讨论一稿）》中的部分内容，摘要说明如下。

《报告》共分三部分。

一、大力提倡一对夫妇只生一个孩子，是解决目前我国人口问题的关键。当时我国人口增长速度快、人口基数大、人口年龄构成轻等态势和特点，决定着未来人口增长势能较强，“提倡和鼓励一对夫妇只生一个孩子，是一段时间内必须坚持的方针”。

二、对一对夫妇只生一个孩子若干问题的讨论。共计六个问题。

（一）关于劳动力和被抚养人口问题。分析了劳动年龄人口在未来半个世纪内先增后减的变动趋势，在此期间不必担心劳动力、兵源不足和抚养人口增多问题。但是鉴于人口发展具有长期、累进特点，人口规划和人口政策要从长计议，防患于未然。

（二）关于人口质量问题。提倡一对夫妇生育一个孩子，要特别注意提高人口质量。需要加强遗传学和优生学研究，以提高整个中华民族的素质。

（三）关于举办老年人社会保险问题。指出，提倡生育一个孩子以后，势必有一方老人经常无人照料。不仅退休金问题要解决，而且在住宅建设、生活服务设施、看病住院等方面，各有关部门要认真研究，有计划地加以解决，从根本上解除群众的后顾之忧。

（四）关于独生子女的教育问题。提倡生育一个孩子，独生子女可能滋长任性、不尊敬师长、独立生活能力差等问题，要加强教育。

（五）关于避孕方法和器具问题。指出要加强研究，早日生产出更安全、可靠、简便、高效的避孕药具。

（六）关于男女性别比问题。指出提倡生育一个孩子以后，一些人受子嗣思想影响，重男轻女以致可能出现溺女婴、弃女婴现象，值得重视，并应在法律上加以禁止。

三、几点建议。共提出七条政策建议。

（一）大造舆论，加强宣传教育。指出，提倡和鼓励一对夫妇生育一个孩子，是生育观的一场革命，要大造舆论，努力做好宣传工作。建议《人民日报》《光明日报》等报刊开辟人口理论、计划生育园地；中国社科院成立人口研究所，创办人口研究刊物；中学开设生理卫生、性知识和人口教育课，大学政治经济学系增设人口理论课；国务院计划生育办公室充实研究人员，加强调查研究，更好地掌握工作的科学性。

（二）尽快颁布计划生育法。指出，目前各地奖罚口径不一，奖金没有保障。各项规定法律依据不足，执行起来矛盾很多。一些条款同其他方面的规定发生抵触时，往往被说成“土政策”，不能认真贯彻执行。与会同志非常希望国家统一的法规早一点下达。

（三）成立人口委员会。指出，我国是一个拥有近十亿人口的大国，人口问题涉及面广，国际交往又多，这同形势发展很不相适应。为了更好地贯彻执行统一的人口政策，推动人口科学地发展，完成控制人口的战略目标，建议国家成立人口委员会，把人口问题统管起来。

（四）逐步实行老年人社会保险。指出，从现在起就要着手解决老年人社会保险问题，并随《报告》送上保险公司提出的三种社会保险方案。在没有实行退休制度的集体所有制单位，着手建立养老保险基金。在生活设施方面，强调统一规划，为无子女照顾的老年人的晚年生活提供各种方便。

（五）关于控制人口增长的指标问题。《报告》对提交座谈会讨论的1985年人口增长率下降到5.0‰、2000年下降为零的目标，没有表达同意与否的意见。而说："即使一九八五年实现'一对夫妇一个孩'，本世纪末的人口自然增长率接近0，真正达到0要到二〇〇四年"。主要对全国人大常委会讨论的婚姻法结婚年龄降低提出意见，因为与提倡晚婚晚育不一致，提出"请中央再酌；如不能更改，也要有相应的措施"。

（六）提倡一对夫妇只生一个孩子，必须认真做好妇女保健、儿童教养工作。提出卫生、教育部门要加强妇女保健、普及新法接生、发展相关医疗、科研、教育的建议，做到生得少、养得好、长成才。

（七）独生子女的奖励问题。肯定了一年来各地开展独生子女奖励所起的积极作用，同时针对一些企事业、行政单位、城市无业居民、农村困难社队出现的费用困难，提出分别由国家、地方财政解决的方案。

主报告约5600字，限于篇幅许多问题未能展开，故附上五个附件，分别对相关问题做出进一步地阐释。这五个附件是：附件一，目前我国存在的人口问题。附件二，关于一对夫妇只生一个孩子方案的建议。附件三，《中华人民共和国计划生育法（试行，讨论五稿）》。附件四，菲、泰、马、新人口机构概况。附件五，对农村计划生育保险问题的探讨。五个附件中，附件二同主报告提倡生育一个孩子主题关系最为直接，实则是对主报告的进一步阐释。因为该附件由笔者撰写，座谈会领导同志嘱我签上名字上报，以示慎重和责任。

附件二"关于一对夫妇只生一个孩子方案的建议"，由三部分组成：

一、提倡一对夫妇只生一个孩子势在必行。重点分析当前的人口态势，未来发展趋势。

二、提出“一对夫妇只生一个孩子”可以搞到2010年左右。认为“有必要清楚地告诉人民：‘一对夫妇只生一个孩子’不是永久之计，它是一段时间……大体经过一个人口再生产周期，即到二〇一〇年左右的一个方针政策”。“那时，总人口、劳动适龄人口、抚养指数、老龄化等都不会出现大的问题”。

三、2010年以后生育率应做出适当调整。分析指出：(1) 2010年时虽然总人口高于现在水平，但增长的趋势减慢下来。(2) 虽然劳动适龄人口也高于目前水平，但下降的速度更快。(3) 虽然抚养指数长期低于现在的水平，但被抚养对象则发生了根本的变化，老龄化指数快速上升。“因此，为了避免和减轻上述情况的出现，‘一对夫妇只生一个孩子’方案……只能实行到二〇一〇年左右”。“此后，平均生育率应少许提高，做到既不使上述问题趋于严重，又能把人口总数相对稳定在一个比较理想的水平之上”。平心而论，即使在今天看来，四十年前这样的建议方案和论证，起码也是合情合理、有预见性的。

如此，笔者以为，1980年出台提倡一对夫妇生育一个孩子的政策，有其特殊的短缺经济与过剩人口矛盾的历史背景。采取“双管齐下”办法，即一方面采取大力发展经济、增加供给；另一方面努力控制人口增长、减轻消费负担。即从生产与消费两个方面同时发力的策略，是应该的、无可责难的。实践证明，这样的办法是行之有效的，迎来国民经济长期持续的快速增长。在实践中收获人口年龄结构变动“黄金时代”带来的丰厚“人口盈利”“人口红利”，人民生活获得前所未曾有过的改善和提高，由过去饥饿—温饱状态转变到小康社会，全面小康的实现近在咫尺，是无法否认的事实。当然，成绩的取得主要是改革开放的结果。但是不要忘记，人口政策和管理也在改革开放之列，包括提倡生育一孩政策的出台，也包括21世纪10年代以来的政策调整，本身就是改革。可以讲，如果没有改革开放，就没有提倡生育一个孩子政策出台，也没有21世纪10年代的人口政策调整。从总体上说，自1980年以来的人口政策基本上是正确的，提供的正能量、正效益是主要的。负效益有没有？有。特别是对独生子女家庭存在问题的解决不到位，养老社会保障改革不健全，农村独女户可生二孩助推出生性别比升高，到了应该进行人口政策调整却迟迟按兵不动等，存在着明显的缺陷，产生一定的负面影响。但是如前所述，这些问题早在1980年政策出台时即有预判并有解决的预案，只是实践中没有完全落实，兑现不够，政策调整晚了一些时日。只有对于产生的问题和影响做出实事求是的估量、分析和研究，改进和补救才能有科学的依据，拿出符合实际的政策措施。尤其对在政策实施中受到伤害的个人和群体，要给予必要的补偿，包括物资和精神上的补偿。

无论20世纪80年代初推出提倡以生育一孩为主导的人口生育政策，随后长达三十多年人口政策的基本稳定，还是2013年“一独生二”、2015年“全面二孩”人口生育政策调整，政策反映的背景后面，是边际孩子成本—效益发生的变动。奖励独生子女是什么？意在提升独生子女对父母的效益。征收计划外生育子女费是什么？意在增加计划外生育子女的成本。根本的目的，在于通过对生育子女成本—效益的调控，鼓励和诱导人们按照计划生育要求进行生育，提升独生子女率，有效控制人口增长。到了21世纪10年代，一方面“后人口转变”推进到中期，原来预定的人口政策调整的时间节点已到，必须进行政策调整；另一方面，国家总体上达到中等收入水平，孩子成本—效益发生带有根本性质的转变——由原来刺激生育转变到有利于抑制生育。这时并且只有这时，生育政策放开才能不至于引起新的生育高潮。为此，本书引进孩子成本—效益理论，并从理论与实践的结合上，阐发笔者提出并论证的社会附加孩子成本—效益理论，以求增进对实际人口政策的理论阐发。

第三编《人口政策调整前景展望》，包括第八章《21世纪人口变动发展大趋势》，第九章《相向而行的人口政策与人口发展战略》，第十章《走向未来的人口政策》，共三章。

一、新时期新态势

人口变动发展新态势。实施以生育一个孩子为主导的人口生育政策，到2010年15—64岁劳动年龄人口占比达到峰值，老少被抚养人口之和占比则下降到最低值，人口年龄结构变动“黄金时代”提供的“人口盈利”“人口红利”达到峰值。此后劳动年龄人口占比呈下降趋势，2013年以后绝对数量也过渡到减少趋势，老少人口之和尤其老年人口占比则呈较快上升趋势，“人口盈利”“人口红利”衰减加速，人口变动和发展出现新的态势。

人口数量变动新态势。虽然目前人口还处于缓慢增长之中，但是出生率、增长率均下降到很低水平，预测2030年前后出现人口零增长。2013年生育政策调整启动一方为独生子女可生育二个孩子，2015年实行“全面二孩”政策，对出生率、增长率产生一定的影响。统计数据显示，政策调整以后出生率、增长率呈先降后升小幅变动走势。2015年出生率和自然增长率分别下降到12.07‰和4.96‰，2017年小幅度上升到12.43‰和5.32‰①，2018年则小幅度下降到10.94‰和3.81‰②。总体上有升有降，政策调整后头一二年小幅度上升，其后又小有下降。

人口素质提升新态势。关于人口素质，也有人称之为人口质量，长期存在说法不一、概念不清、界定不一致问题。有分歧不打紧，也属正常。问题在于概念要有明确的内涵与外延，界定要有可供考核的量化指标。以往有一些提法和定义，如人口文化素质、人口政治思想素质等，内涵和外延的界定均有较大的随意性。笔者将人口素质三要素界定为：体能健康素质、智能科教素质、素养文明素质。一是说明人口素质为人所具有的质的规定性，在体能、智能和素养上表现出不同的潜能。二是既然如此，也就可以有相应的度量指标，彰显人口素质是可度量的特征。对于体能健康素质和智能科教素质的大幅度提升，社会各界取得较多共识。但是与先进国家比较差距仍然很大，全面提升要求迫切，提升的根本出路在全面深化改革，尚需进一步认识和加大提升的力度。提升体能健康素质，重点是医改要摆脱在“谁出钱”上打主意，体育改革要将立足点放在增强人民群众体质上来。提升智能科教素质，改革重点应放在教育、科技体制上，改革要打破应试式体制机制。素养文明素质提

① 资料来源：中华人民共和国国家统计局编《中国统计年鉴2016》，中国统计出版社2016年版，第34页。

② 资料来源：国家统计局官网。

高与否认识存在分歧，改革的重点应放在树立良好的人生观、价值观、坚持共同富裕价值取向上。

人口自然结构变动新态势。经过三十多年大力提倡生育一孩、严格控制人口增长实践，人口结构主要是年龄、性别自然结构发生较大变动。全面深化改革，关键要摆正人口结构调整在人口战略、人口政策中的位置。笔者既不赞成将人口年龄、性别结构等的调整放在无足轻重的位置，抓住人口数量控制而不顾失衡和失调的状况；也不赞成将其放首要、起决定作用的位置。放到无足轻重、置之不管位置，可能导致年龄、性别结构比例失调，带来难以挽回的负面影响，使人口和社会经济发展陷入困境。将人口年龄、性别等结构放到首位左右其他，例如为了避免人口老龄化而鼓励和抬高生育率，最后这部分群体过渡到老龄阶段后可能形成新的老龄化高潮，使全面合理解决人口问题落入顾此失彼"循环陷阱"之中。人口年龄结构老龄化问题的解决，不能采用"翻烙饼"式、头痛医头脚疼医脚办法，而只能放到总体人口发展战略之中，实行重点为主、兼顾其他，综合平衡、统筹解决办法。

二、人口发展战略重点转移与人口政策调整

改革开放以来，笔者多次阐述集控制人口数量、提升人口素质、调整人口结构于一体，不同时期重点有所不同"三步走"的中国人口发展战略。第一步，以人口数量控制为重点，兼顾人口素质提升和人口结构调整。第二步，以全面提升人口素质为重点，兼顾人口数量控制、人口结构调整，以及人口与资源、环境、经济、社会可持续发展。第三步，定位在全方位适度人口。不仅人口的数量是适度的，素质是比较高的，结构是比较合理的，而且人口与资源、环境、经济、社会发展是协调和可持续的。亦即人口自身的变动和发展是协调适度的，人口与外部自然环境、社会环境之间的关系，也是协调适度的。新中国成立七十多年，改革开放过去四十多年，1980 年以来强化人口政策也已接近 40 年。在经济、政治、社会风云激荡的大变革中，人口发展战略和人口政策逐渐走向成熟，划出阶段性特征比较清晰的轨迹。当前，人口发展战略过渡到第二步中期，"全面二孩"人口政策也已过去几年，距离国际社会

“家庭计划”或“家庭生育计划”只有一步之遥。这时强调“着眼最终目标”的人口发展战略和人口政策，才具有更大的可能性。这是继往开来、承上启下具有决定性意义的一步，对未来人口发展战略和人口政策将产生深远影响。

首先，要对第二步以全面提升人口素质为重点有一个明确的认识。为什么人口发展战略和当前的人口政策要转移到全面提升人口素质上来，而不是继续以控制人口数量增长或调整人口结构为重点?

第一，人口发展战略和人口政策重点转移，是人口自身变动和发展的规律使然。1991 年生育率下降到更替水平以下以后，人口内在自然增长率（intrinsicrate of natural increase）已经变为负数。人口增长的势能逐步减弱，如果长期维持现行的生育率，总体人口将逐渐步入零增长和负增长。因此，战略重点将逐步由数量控制移出，是人口再生产自身发展规律的客观要求。移向到何方？学术界存有不同的认识。前已提及，有人主张转移到人口结构尤其是人口年龄结构调整上来。理由是在过去三十多年实施以一孩为主导的生育政策期间，出生率持续下降已经造成劳动年龄人口减少、劳动力不足、老龄化过于严重，应当迅速采取果断措施，出台鼓励生育的政策，“再不鼓励生育就来不及了”。然而，这种年龄结构调整还是在提高生育率、调整生育政策上打主意，由过去限制生育转变到奖励生育上来，实行包括奖励在内的鼓励生育的政策。应当说，这样的建议并非没有可取之处。事实上，2013 年、2015 年两次生育政策调整，已经考虑到这方面的情况。不同在于，现在是“放开”，并非“鼓励和奖励”。必须明确回答：当今中国是否已经到了人口和劳动力不足、需要鼓励生育和刺激人口增长，出台相应的鼓励生育政策的时候？笔者不赞成现在出台奖励生育的人口政策，认为目前的调整还处在“放”的阶段，是将生育子女数量、生育间隔决定权完全回归到自然人手中的时候。没有到“再不鼓励生育就来不及了”的时候。请问：“来不及”论所指中国人口、劳动年龄人口数量应是多少，为什么要保持如此数量的人口和劳动年龄人口？不错，人口年龄结构调整需要一定的提前量。但是这个“提前量”怎样认定，标准是什么？2017 年中国 65 岁以上老年人口占比 11.4%，2019 年方才有可能达到 12.0%，步入老龄化中期。在这种情况下，过度解读老龄化的宣传是不适宜的。需要明了：老龄化是包括中国在内的世界人口变动的一大趋势，是出生率下降和预期寿命延长的必然结果。我们不是要消灭老龄化，而是要控制老龄化可能达到的水平，不要突破社会允许的警戒线。由此，提高生育率、出生率的政策调整，不是要颠倒过来，生育率和出生率高了就好，不能重蹈历史的覆辙。而是在承认老龄化是必然的发展趋势前提下，合理控制老龄化可能达到的程度，将其控制在合理范围之内。客观地评价目前我国人口、劳动年龄人口、老龄化等变动，是一种合乎规律发展的新常态变动，当前和未来的发展趋势并没有超出原来的预判，基本上沿着正常的轨迹前行，是完成第二步战略目标和第三步最终战略目标必经的阶段。什么是老龄化“合理水平”？众所周知，老龄化是不断发展的一个概念，随着预期寿命的不断延长，衡量老龄化的标准在不断地提高。然而老龄化与社会经济发展呈正相关关系，是不争的事实。中国宣布的两个一百年奋斗目标，提出到 21 世纪中叶达到中等发达国家水平。如此，以目前发达国家总体老龄化达到的水平为上限，届时我们不突破这个上限，是可以接受的。以此为警戒线进行生育率、出生率政策调整，是安全的和可行的。因此，人口生育政策的调整不可采取“猛踩油门”“翻烙饼”式办法，而要掌控好调整的时间、力度、节奏，以服从人口发展战略最终目标和阶段性目标为转移。

第二，人口发展战略和人口政策重点转移到全面提升人口素质上来，是社会经济高质量发展的客观要求。众所周知，发展生产主要有两条途径，增加劳动量或提高劳动生产率。中国改革开放四十年，前三十多年（1978—2012）走的是以增加劳动量为主，主要依靠投资驱动、数量扩张、粗放式发展道路。2013 年党的十八届三中全会做出全面深化改革决定，标志着进入以提高劳动生产率为主、高质量全面发展新的历史时期。如何提高劳动生产率、高质量全面发展？科技是关键，基础在教育，最终要落脚到全面提升人口素质上来。将提升人口素质融入全面深化卫生、健康、科技、教育、社会组织等改革中去，以人力资本积聚的不断增强，推动劳动生产率的稳步提升和高质量发展。

三十年河东，三十年河西。中国人口发展战略和人口政策步入以全面提升人口素质为主导的第二步新的阶段，来之不易。笔者始终坚信，社会经济发展是人口变动和发展的基础，人口政策是促进或阻碍人口变动和发展的外部条件，所起的作用是不容忽视和不可替代的，同时也是有限度的。有鉴于此，认真回顾、总结昨天和今天，从中吸取正反两方面的经验，是有益的和必要的。更重要的是要着眼于明天，探讨一条科学的而不是虚构的、实事求是的而不是凭空臆造的战略和政策，融入中华民族伟大复兴奋斗目标之中。

三、走中国式“家庭计划”之路

笔者将中国人口发展战略第三步，概括为全方位适度人口。即人口的数量是适当的，人口体能健康素质、智能科教素质、素养文明素质是比较高的，人口的结构主要是人口年龄、性别自然结构是合理的，人口与资源、环境、经济、社会的发展是可持续的。从中国人口历史和现状实际，尤其从“全面二孩”政策实施以来的实际出发，提出：

第一，不赞成取消人口政策。近年来，在质疑、否定过去人口政策同时，有的提出从根本上取消人口政策、生育政策，实行自主生育、自由生育。笔者的观点是：“二自”生育赞成，取消人口生育政策不赞成。因为中国实行计划生育六十多年，既有正面的经验，也有反面的教训，还有发生和遗留的不少问题需要处理和解决。更主要的是应该着眼于未来，既然坚持“三步走”人口发展战略大方向，当前进展到全面提升人口素质第二步，还要挺进到全方位适度人口第三步。那么就要注意到人口发展战略不同阶段、不同重点的转换。因而需要相应的人口政策引领、助推和保障。政策的存在和作用的发挥必然的，有着相当大的空间。我们的视野要跳出就人口控制、计划生育看待人口政策。还人口政策本来的意义，服务于不同历史时期的人口发展的战略、路线和方针，成为不同时期践行人口发展目标的抓手和工具，发挥其应有的作用。

第二，逐步取消生育数量限制。迄今为止，以往人口政策重点基本放在人口数量控制上，以生育数量作为衡量政策执行情况的主要指标。“全面二孩”政策实施后，距离取消生育数量限制已经近在咫尺。几年的实践证明，“全面二孩”并没有引起大的生育率反弹。而各地所做的大量生育意愿调查表明，绝大多数家庭选择生育两个孩子，选择三孩以上占比很小。因此，取消生育数量限制不至于引发大的生育率反弹，是可以成立的。这是一个带有革命性的转折——人口政策可以不再围绕生育子女数量煞费苦心，顺理成章地将工作重心转移到服务上来了。

第三，逐步推进向中国式"家庭计划"转变。中国式家庭计划或家庭生育计划，要彻底告别以数量控制为主的人口生育政策主旋律，还生育权于民，自主生育、自由生育。那么人口政策的任务是什么呢？是服务，全方位的服务。首先为人口再生产服务，包括孕产妇、新生儿、优生、优育、生殖保健服务；为提升儿童体能健康素质、智能科教素质、素养文明素质服务。其次，为解决人口社会问题服务。包括为相应的人口组群就医、就学、就业、城市化、区域经济发展，提供相应的服务。为养老社会保障服务，特别是适应人口老龄化速度比较快、达到的水平比较高、区域分布不平衡等特点，提供全面的需求服务。由于中国老龄化具有上述一些特点，传统家庭养老又居于主导地位，中国式养老服务可能特色最为鲜明，体现"古典＋现代"特点和发展趋势。随着改革开放的深化和推进，在总结中国自己经验基础上，广泛吸收国际社会成功的做法和经验，中国式家庭计划一定会在实践中，走出一条前途光明的新路。

第一编

在争议中前行的人口政策

第一章 历代人口政策鸟瞰

俗话说：名不王，则言不顺。写书要名正言顺，是理应遵循的一条基本准则。本书研究新中国人口政策变迁，首先应对政策概念做出界定。参考已有论述，联系本人实践对相关概念的理解，以为政策（policy）可界定为国家或政党为实现一定历史时期的路线和任务而制定的行动准则。由此切入，首先进行政策探源的历史分析。

第一节 众民主义与节制主义之争

广义的人口政策，指同人口数量、素质、结构变动和发展相关的所有人口政策。由于生育直接作用于人口的数量变动，是最受关注的显性人口变动，故有时也将生育政策称之为人口政策。只是不要忘记，这是狭义的人口政策，并非人口政策全部。广义人口政策涉及经济、社会发展以及资源、环境等诸多领域和范畴，政策往往带有边缘和交叉性质。狭义的人口生育政策主导人口数量变动的走向和进程，也要牵连广义人口政策的某些方面。二者交互作用、相互影响，这是研究中需要特别注意的。

一定历史条件下的人口变动及其相关的人口政策，总要反映那个时代社会经济发展的状况，反映生产力发展的水平和生产关系的性质。中国是世界文明古国之一。早在四千多年以前，便以黄河流域为中心聚居生活、繁衍子孙后代，留下光辉灿烂的中华文化。在中华文化瑰宝中，以“多子多福”为核心的人口观念源远流长、经久不衰，对上策动着统治阶级的人口政策，对下左右着广大民众的生育行为、婚姻观念和家庭的变动和发展，构成中华民族人口再生产的一条独特的风景线。因此，只有弄清楚这道风景线的来龙去脉，才能洞察历代封建王朝同人口相关的政策的真谛。

一、生殖崇拜人口观

二十多年前，笔者赴欧洲作学术交流，曾与当地一位教授同游著名的科隆大教堂。参观完毕，同来的教授问我“一个与人口有关的建筑细节，你注意到没有?”我丈二和尚摸不着头脑，一时回答不上来，便请教是什么。他说：“你看一下教堂门的设计和建筑，有什么特别的地方吗?”我还是不得要领，追着问其详。他告诉我：“教堂的门与中国门的建筑不同，中国的门一般是两根柱子上面搭一条横木，方方正正；这里和欧洲许多基督教教堂的门上面呈人字状，向内雕进几层，好像一个去掉桃仁裂开的桃核”——说到这儿，他放慢了说话的速度，带有点儿解释性地继续说道：“也像女性的阴门。上面是绽开的阴蒂，下面是洞开的阴道口——这不是低俗，而是生命之门，神圣之门，由人们对生殖的崇拜演进而来。”我感到惊诧，有关欧洲生殖崇拜的雕像，过去在意大利、法国、奥地利等国看到一些，基本上都是赤裸裸的；欧洲比较有名的教堂也看过十几个，还没有听到如此一说！然而闭上眼睛一回忆，过去看过的那些教堂特别是耶稣教堂的门和高大的窗子，大都同科隆教堂相类似，原来这里边还深藏着鲜为人知的生殖崇拜文化呢！

与德、法、意等欧洲国家相比，中国作为世界文明古国，生殖崇拜同样早就存在。生殖崇拜理念或生殖崇拜文化，可追溯到三皇五帝时代。传说中伏羲创造绘制的八卦图中，就蕴含着生殖崇拜的内涵。伏羲创制八卦，力图揭示天、地、人相互依赖万物变化的规律，重点在揭示人类自身生产和人与自然之间发展变化的规律。决定这种发展变化规律的，首先是人的繁衍，因而生殖崇拜被置于八卦的中心位置。郭沫若先生认为，八卦图中阴阳的排列组合，象征着男女之间的结合，是生殖崇拜。其实，八卦图中那一对阴阳鱼不就是活生生的生殖崇拜吗？阴阳鱼首尾交合在一起占据八卦中心，八卦的演变，无论是按照乾、兑、坤、离、坎、艮、震、巽排列组成的二十四卦，还是由这二十四卦变化而来的六十四卦、五行八卦、阴阳八卦、太极八卦、先天八卦、后天八卦等，无穷的变化皆由中心阴阳鱼互动而生，由阴阳不同的结合排列而成。与中外其他那些生殖器官、生育行为的雕塑、雕刻、画像等赤裸裸的生殖崇拜比较起来，八卦的生殖崇拜更富有原生、推动、核心性，是将含蓄性、深刻性、全面性与科学性融合在一起，由具体升华到抽象更高境界的生殖崇拜。

另一项传说也是伏羲开创的以俪皮为信物的嫁娶制，开中国优生之先河。伏羲处于由母系氏族向父系氏族过渡阶段，在此之前为氏族内的群婚制，近亲结婚其生不繁，严重阻碍着人口的繁衍和健康。伏羲看到群婚制的危害，就想办法改革。据考证，当时伏羲氏族活动的天水地区为疏林带，俪（鹿）很多。于是他们规定：将俪皮自中间一分为二切开，左边的一半留在氏族内，右边的一半分给新出生的子女。结婚时男女双方都要出示各自的俪皮，如果与氏族留下的一半对得上，证明他（她）们都是本族的兄弟姐妹，就不得结婚；只有俪皮对不上或根本没有俪皮者，方才可以结婚。久而久之，以俪皮为信物和证物的婚姻，形成了只能与族外通婚的礼俗。这一礼俗推行开来，逐渐演变为族内与族外通婚、男婚女嫁的制度——尽管还不是一夫一妻制的婚姻制度，但是也足令本氏族兴旺起来，遂为打败吞并周围一些氏族部落奠定基础。伏羲是倡导“同姓结婚，其生不繁”的始祖，生殖崇拜加上禁止本族内婚嫁最早的优生，造就了伏羲氏族部落的强大。

为什么原始社会尤其在原始社会新石器时期，生殖崇拜会发生而且淋漓尽致地表现出来呢？人们会说，原始人愚昧，科学不发达，看到孩子从女人肚子里生出来无法解释，感到女性能生育很伟大，就对女性及其生殖器官崇拜起来，生殖崇拜最先是对女性的崇拜。这样的诠释无疑有它的道理，但是这样的诠释还不足以使人完全信服。试问：人类脱离愚昧、科学进步以后，就没有生殖崇拜了吗？不是的，这点后面还将做出进一步的阐释。那么根本的原因在哪里呢？必须将生育置于那个时候人口生产、经济和社会发展之中，做出符合人口学、经济学、社会学规范的解读。

尽管新石器时代生产工具和战争所用武器比旧石器时代有了不小的进步，但是基本的力量就是赤条条的人的力量格局没有改变。而人的力量，一是由人口的数量决定，人口越多氏族的力量就越大；二是由人口的素质决定，人的身体越强壮氏族的力量也越大。哪个氏族部落人口数量多、身体素质好，这个氏族部落就会强大起来，就会战胜吞并其他氏族部落。

伏羲处于母系氏族向父系氏族社会过渡阶段，伏羲以后遂演变为对男性的生殖崇拜。这一转变很重要，它对后来中国封建社会的婚姻、生育乃至整个人口变动产生莫大影响。各地发现和出土的男性生殖崇拜雕塑、雕刻、绘画等，数量不断增多，文字、天文、立法等隐含的生殖崇拜也陆续被发现。文字上的表现，如“祖”字，原本没有左边的“示”，只有右边中间向上鼓起的“且”字，形同男性生殖器。在西方社会，许多国家信奉上帝创造人，上帝是人类的始祖；在中国，自从进入父系氏族社会以来，生殖崇拜演变成对男性祖先的奉先行孝，逐步演变为封建社会多子多福、符合封建伦理道德的生殖崇拜。

二、众民主义人口观

说到封建伦理道德，自然离不开儒家学说和儒家学说创始人孔子。关于孔子的人口思想，人口学、历史学、社会学、经济学界已有不少论述，认为他承继远古生殖崇拜，主张人口庶众，并且积极吸引外国（诸侯）移民，是众民主义的先驱。但是孔子人口思想在儒家学说中占有怎样的地位，如何融入儒家学说体系，却缺少有说服力的阐发。笔者以为，孔子人口思想在儒家学说中占据着不可替代的位置，是他周游列国讲学教化民众、推行立国安邦主张的一个基本的出发点和立脚点。

众所周知，儒家学说的核心是“仁”。“仁”如何同人和人口联系起来，孔子人口思想在“仁”字一盘棋上处于怎样的位置？《论语》中说，颜渊问“仁”，孔子曰：“克己复礼为仁。一曰克己复礼，天下归仁焉。”就是说，要想“为仁”，首先必须严于“克己”，要按照“礼”的规定严格要求自己，因为只有“克己”才有可能实现“复礼”。“礼”是什么呢？齐景公问政于孔子，孔子对曰：“君君、臣臣、父父、子子。”亦即要按照君、臣、父、子规范去“克己”，才能走向“复礼”。“礼”包括生前和死后：“生，事之以礼。死，葬之以礼、祭之以礼。”孔子不仅看重生前的“事”，还特别看重死后的“葬”和“祭”，这是孔子“孝”的时间含义。那么怎样才能不废祖祭、保持“香火”持续呢？只有人人留后不断子嗣，子子孙孙一代又一代地把“香火接力棒”传下去。孔子生活在距今两千五百多年前，不言而喻，那时人口再生产处于典型高出生、高死亡、低增长阶段，加上春秋战国时期诸侯之间征战连年不断，人口死亡率始终居于很高水平，要想不废祖祭、保持“香火”延续，只有多生多育，生得越多子嗣延续的概率越高。至此，孔子的人口思想已经呼之欲出：“庶矣哉。”庶，一般解释为众多之意。除此之外，孔子立足于广施仁政，达到“近者说，远者来”的目的。这里“说”通悦，是说仁政可使本国国泰民安、百姓心悦，有利于人口增殖。仁政同样可以吸引外国（诸侯国）的人前来，增加本国的人口。虽然孔子所处的时代不知人口学为何物，但是他的人口思想却暗合两千年后的人口迁移“推—拉”理论！到此，孔子人口思想给出一个比较清晰的脉络，可用下式概括：

仁——礼——孝——庶——仁

这里，“仁”既是出发点又是终点，是儒家学说的核心；怎样才能达到和实现“为仁”的目的呢？只有按“礼”行事，非“礼”莫属；“礼”在家庭和代际关系上，表现为生前和死后的“孝”；要想使“孝”代代相传下去，就要保证“庶”——人口的增加；“庶”是伦理和对内对外施仁政取得的结果——从“仁”出发又回到“仁”。

孟子对孔子人口思想的发展，主要有两处：一处是大家非常熟悉并且至今尚耳熟能详的“不孝有三，无后为大”思想。孔子讲“事”“葬”“祭”生前和死后的“孝”，要使这样的“孝”有保证，就要人人生子传后。于是将生子传后提到“孝”的首位，视不娶妻生子或娶妻不生子断了祖祭的人为最大不孝。娶妻不生子列为“七出”之一，将个人淹没在家庭伦理道德之中，成为尽孝守孝、传宗接代的工具。孟子的这句话影响至为深刻，它唤起每个家庭对列祖列宗的怀念，每个家庭每个人都要对号入座，续上在家族家谱中的排位，以使家族经久不衰。它激起人们对生育男孩的渴望，娶妻生子感到十分荣耀；如果断子绝孙则要被骂成“绝户”，并且被认为是做了什么缺德的事情得到的报应。时至今日，各种统计、调查资料表明，计划外生育中为了再要一个男孩所占比例甚高，已有一个女孩还想要一个男孩所占比例更高。

另一处也是大家所熟知的，即“天时不如地利，地利不如人和”。孔子从“仁”的思想出发，通过“近者说，远者来”，达到人口庶众的目的。孟子将其发扬光大，在“天时”“地利”“人和”成功三条件中，视“人和”为最重要的条件。他结合战国时期土地大片荒芜的实际，解释说：土地广而人口少，常常有被吞并的危险；通过施仁政吸引“民归”，士归则可聚集人才，农归则可开垦土地，商归则可带来市井繁荣，“人和”是一个国家国力强盛最重要的条件和标志。孟子的“人和”思想也有很大影响，他阐述的实现“人和”的某些独到见解，至今仍被人们称道、传颂和实践着。

这一时期反对众民主义的思想家也有。如法家韩非在《五蠹》中说：“古者，丈夫不耕，草木之实足食也；妇女不织，禽兽之皮足衣也。不事力而养足，人民少而财有余，故民不争。是以厚赏不行，重罚不用，而民自治。今人有五子不为多，子又有五子，大父未死，而有二十五孙。是以人民众而货财寡，事力劳而供养薄，故民争。虽倍赏罚而不免于乱。”似乎“货财寡”“供养薄”和“乱”，皆由“人民众”而生。不过这种反对声音实为孤家寡人，在以众民主义为中流砥柱的历史长河中，仅是偶然泛起的几个旋涡而已。

孔孟庶众、重男轻女人口思想之所以传承下来、并且枝繁叶茂地发展起来，得益于两次大的机遇——西汉董仲舒的“独尊儒术”和宋朝程朱理学规范。西汉武帝继位后，经过较长时间的休养生息，社会经济获得很大发展，国防巩固，国力强盛。但是地方诸侯王公割据势力强大，地主商人兼并农民土地严重，边界匈奴进犯骚扰不断，迫切需要加强中央集权统治。在这种情况下，董仲舒提出：现行的诸子百家学说观念不同，影响到政令的统一和国家的强大，需要用推崇君、臣、父、子之礼，维护皇权和大一统思想的儒家学说取而代之，用官只选取儒家之人。汉武帝采纳了他的建议，立儒学为官学，将主张清虚自守的道家黄老学说等一律排斥在外，这就是史上有名的“罢黜百家，独尊儒术”。从此，确立了儒家的正统地位，人口思想自然包括其中。另一次机遇，是宋朝程朱理学规范。一般认为，北宋周敦颐开创理学，他的弟子程颢、程颐加以发扬光大，二程是理学的奠基者。南宋朱熹集北宋以来各派理学成果之大成，建立了比较完整的理学体系。他认为，天、地和人间一切事物的变动和发展，都是由先天存在、一成不变的“天理”支配的，我们的任务就是要“去人欲，顺天理”，树起“三纲五常”（三纲即君为臣纲、父为子纲、夫为妻纲；五常一般指仁、义、礼、智、信）等“天理”道德标杆。像“三纲五常”以及其后的“三从四德”（三从：未嫁从父、既嫁从夫、夫死从子；四德：妇德、妇言、妇容、妇功）等封建道德伦理规范，具有一种无形的、舆论的、社会的约束力，不仅对后来中国社会政治、文化的发展有很大影响，而且对人口数量、性别结构、教育素质、人口政策取向等的影响，是深刻和深远的。

经过“罢黜百家、独尊儒术”和程朱理学规范的儒家学说，成为封建社会居于统治地位的意识形态，孔孟庶众人口思想也随着演变为封建多子多福人口观。封建社会多子多福人口观与孔孟庶众人口思想同属于众民主义，本质上没有什么不同；但是历经二千多年的封建洗礼，在不断深化、完善修正和广泛传播过程中，“多子多福”人口观一步步深入民心，成为多生多育的精神支柱。主要升华和发展表现在：

其一，将“多子”与“多福”联系起来，明示增加人口的目的性。人们为什么追求“多子”？归根到底是为了“多福”，把“多子”与“多福”作为因果关系联系起来，深入民心。这一理念之所以被广大民众接受，有其客观的经济基础。中国二千多年的封建社会建立在农耕经济基础之上，两千多年中生产工具无疑有不小进步，也有不少发明创造；但是基本上是手工工具这一点没有改变，发明创造都是小打小闹，没有发明制造出机器工具。驱动力也主要来自人、畜的力量，少许借助水、风等的自然力量。手工工具可以看作是人体能有限度的延长、外在化和物质化，在劳动力、劳动资料生产要素中，劳动力始终居于主体和支配的地位。建立在男耕女织基础上的农耕家庭经济，劳动力主要是男性，劳动力数量多少、质量高低，成为家庭致富的决定性要素；打造建立在农耕经济基础上的封建帝国，人口和劳动力数量和质量怎样，则是国家强弱的决定性力量。因此，无论从微观家庭还是从宏观国家角度讲，多生多育、人丁兴旺都是国富民强的基本要素，最重要的力量。“多子”同“多福”密切相关，二者可以等量齐观。

其二，纳入封建伦理道德规范，“多子多福”成为一种富有震撼力的人口文化。孔孟将庶众人口思想置于以“仁”为核心的思想体系，“仁——礼——孝——庶——仁”清晰地表明一条合乎逻辑思维的路线图；孔孟之道经过董仲舒和二程、朱熹等的整理、补充和系统化，变成封建社会正统思想教条，“多子多福”人口观被纳入“三纲五常”“三从四德”一类封建礼教之中，成为不可逾越的伦理道德规范。封建地主阶级大力渲染这一伦理规范，通过续家谱、建祠堂、建贞节牌坊以及小说、戏剧等形式，烘托“多子多福”人口思想的感染力，提升约束力，增强聚合力，久而久之成为一种宗教式的人口文化。“多福”不仅指家庭父母物质利益上的“福”，还指精神荣誉感上的“福”——只有多做好事、善事、多积德，才能修来多子的福分；如果德行不好或积德不够，就要无子绝后，成为不孝之人。这种观念一旦树立起来，就在无形、无声、无息之中，唤起民众强烈的生育欲望，主要是生育男孩的欲望。

其三，拓宽人口庶众视野，涉足更多相关领域。孔孟庶众人口思想，主要从人口数量、性别、教育、流动等方面阐发；“多子多福”人口观涉及婚姻、生育、家庭、家族、职业、健康、伦理、道德、户籍、统计、天文、地理、土地和人丁税收等诸多领域。有些论著，如“三通”（《通典》《通治》《文献通考》）中有关人口户籍等篇章，已成为人口文献中的经典；有些论著虽然够不上人口专著，但是针对当时比较尖锐的人口问题展开的论述，体现了人口学具有的边缘、交叉学科性质，提升了人口在社会经济发展中的不可替代的地位。人口问题总是同封建社会的基本矛盾交织在一起，特别是同土地、田赋、丁税、战争等交织在一起，成为改朝换代、兴衰交替中的一个引为瞩目的问题。

到了近代，“多子多福”人口生育观受到冲击，发生某些变化。严复作为启蒙思想家，从达尔文进化论优胜劣汰自然规律中受到启发，在《原强》《保种余义》中说：中国人口虽众，但是“文化未开”，人口素质低和生育繁盛并存，是必须解决的人口问题。提出“开民智”，限制婚配，学习西方“择种留良”倡导优生。梁启超将人口纳入改良新政视野，在《禁早婚议》《饮冰室合集》中，也阐述了倡导晚婚、禁止早婚的主张。他指出早婚有“五害”：一害于养生，有碍父母身体健康；二害于传种，有碍后代的成长；三害于养蒙，有碍子女的教养；四害于修学，有碍子女后代的学习；五害于国计，有碍国计民生。他从东西方对比中，发现愈是野蛮之人，其婚姻愈早；愈是文明之人，其婚姻愈迟的普遍规律，主张用晚婚提高人口质量。但他反对马尔萨斯人口论，认为人口按几何级数增长“实属杜撰”；积极和消极预防之法，“亦不可行”。

民主革命先驱孙中山先生，十分重视中国人口变动。他认为西方殖民主义者之所以不能吞并中国，“是由他们的人口和中国的人口比较还是太少。到一百年以后，如果我们的人口不增加，他们的人口增加到很多，他们便用多数来征服少数，一定要吞并中国。到了那个时候，中国不但是失去主权，要亡国，中国人并且要被他们民族所消化，还要灭种”①。但是孙中山并不主张大量增加人口，有时还对中国人口过多产生某些忧虑。

中国共产党创始人之一的陈独秀和李大钊，也有他们的人口思想。陈独秀曾发表《马尔塞斯人口论与中国人口问题》，李大钊曾发表《战争与人口问题》等论著。他们二人都反对马尔萨斯人口论，例举中外人口增长事实加以反驳；指出中国人口问题的根源在于腐朽的社会制度，不是人口超过生活资料增长，而是生活资料分配不均，是封建地主阶级占有土地、资本家占有工厂生产资料造成的；强调革命是解决人口问题的根本出路，抨击马尔萨斯不在解决失业上寻找办法，却用限制人口来解决，是“用石条压平驼背”的拙劣行为。

三、节制主义人口观

前面提到，最早的节制主义来自战国时代的韩非，在《五蠹》中做出明确的阐述。在其后的两千多年里，尽管也有人在一些论著中发表人

① 参见孙中山著，许仕廉编，赵诺译：《吾志所向：孙中山的政治社会理想》，世界图书出版公司 2014 年版，第 90 页。

口节制主义言论和主张，特别是清朝洪亮吉先于马尔萨斯提出并阐释了人口过剩，做出人口增长超过生活资料增长的结论，他也被称为“中国的马尔萨斯”。汪士铎更主张用严刑来消灭过剩人口，用晚婚、多胎加赋等手段限制生育，颇具马尔萨斯积极抑制和消极抑制色彩。然而这些理论、观点、主张均影响不大，更没有提升到政策层面。1798 年马尔萨斯《人口原理》公开发表，轰动一时，也影响到中国的人口研究。值得注意的是，进入 20 世纪以后掀起的一股社会学派人口节制主义热潮。1918 年陈长蘅发表《中国人口论》，1930 年又发表《三民主义与人口政策》；同年许仕廉发表《中国人口问题》，1934 年又发表《人口论纲要》；1932 年陈达在《北平晨报》创办“人口副刊”，1934 年发表《人口问题》等论著。在不到二十年时间内接连发表如此之多人口论著，比较系统地阐述了他们的人口观、理论和主张，实为中国人口研究史上所未曾有过。在这些论著中，他们表达的主要观点和主张，笔者概括为以下几点。

其一，建立在马尔萨斯人口原理基础上的人口过剩论。马尔萨斯在《人口原理》一书中，提出并论证了人口超过生活资料增长的命题。这一命题被社会学派节制主义所接受，认为我国人口超过了生活资料的增长，在“适中人口密度”以上。陈长蘅说：“一国人口太疏，或太密，生产率太高，或太低，皆不利于国家之富强，种族之昌大，个人之健康，文明之嬗进……人口孳生之道上，犹农夫之播种焉，太疏则收获不丰，太密则拥簇以死，必挨折衷于疏密之间，然后嘉禾可得也。”[①] 他用“适中人口密度”来衡量，认为当时我国人口已经在此标准之上。“吾人试自数家中大小丁口，固知一代较一代增多，甚为迅速”[②]。“中国人口已甚稠密”，达到“人满”程度。[③]

社会学派人口过剩论，受马尔萨斯人口论影响颇深。不过对马尔萨斯人口按几何级数、食物按算术级数增长的公式，也有人表示异议。许

① 参见陈长蘅：《中国人口论》，商务印书馆 1918 年出版，第 84 页。
② 参见陈长蘅：《中国人口论》，商务印书馆 1918 年出版，第 62 页。
③ 参见陈长蘅：《中国人口论》，商务印书馆 1918 年出版，第 54 页。

仕廉说："食物之增加率，不必为马氏所言，限为数学率。荒地可以开拓，新地可以发现；科学发达，农夫可以改用新法增高出产。同时以前所未知的自然力，如水电等，可以利用。凡此种种，使二百年来，文明各国食物数之增加，非常迅速"。"同时人口之增加，亦未必为几何率"。[1] 可见，20世纪二三十年代社会学派节制主义人口论，既同马尔萨斯人口原理有着密切的关系，也有某些不同的地方，需要认真比较。

其二，限制人口的数量和改善人口的品质。这一口号是陈达最先提出来的。他经过考证后说："生存竞争与成绩竞争成反比例，人口数量与人口品质处于反对地位。"[2] 人口数量增长太快，必然导致人口品质的降低；人口出生率和人口数量的降低，则有利于改善和提高人口的品质。他说："独女少则经济的负担减轻，少生独女则母亲的健康当然较好。一家之中儿女不多，则各个儿女当能充分享受各种权利。如此，这些儿女长成以后必为优良的公民，便是社会之福。"[3] 陈长蘅则认为：要改变"我国人口日增，而疆土日缩"的局面，"一面宜速战备，固国防，不可再失领土一寸。一面宜兴实业，尽地利，奖励研究有之科学技艺。一面宜迟婚减育，力求人民品质之优强，教育之普及，毋徒事人口数目之增加，庶乎其有济也"[4]。关于限制人口生育的数量，陈长蘅主张"一枝花"至"两枝花"制。我国民间谚语说："一个儿子提心吊胆；两个儿子，锦上添花；三个儿子，到老变成四家；多男多女多冤家，一男一女一枝花，无儿无女赛仙家。"陈长蘅认为，即使从"养儿防老"意愿出发，也以一男一女"一枝花"为好，最多也不能越过"两枝花"。越过了，到了老年则可能出现这枝花推给那枝花，谁也不肯出来承担抚养的无奈现象。

为了改善人口品质，许多人口节制主义者倡导发展教育、发达科学、提倡优生、开展公共卫生运动，认为这些社会基础工作做好了，人口品质提高了，生育人口的数量也可以减少下来。

---

① 参见许仕廉：《中国人口问题》，商务印书馆1930年出版，第5页。

② 参见陈达：《人口问题》，商务印书馆1934年出版，第307—308页。

③ 参见陈达：《人口问题》，商务印书馆1934年出版，第267页。

④ 参见陈长蘅：《中国人口论》，商务印书馆1918年出版，第63页。

其三，实行节制生育。人口节制主义者认为，节制生育是解决人口问题最好、最根本的办法。许仕廉指出：解决人口问题有“治标”和“治本”两种办法。发展农业和工业，增加就业人口，实行移民，提倡优生和发展公共卫生事业等，都属于“治标”范畴。提倡迟婚，打破旧的多子多福传统，开展世界性的节制生育运动，才是“治本”之策。陈达也认为，移民和工业化都不易奏效，唯有实行节育，才是解决中国人口问题最好、最有效的办法。

以上是 20 世纪二三十年代社会学派人口节制主义主要的人口理论和主张。不难看出，这些理论和主张受马尔萨斯人口论影响至深，一些人也对马尔萨斯本人颇为推崇，基本的观点可归结到马尔萨斯人口论中去。有些观点与马尔萨斯不同，如对“两个级数”提出质疑；关于人口“适中密度”说，虽然在论证上缺乏深入，但是这样命题的提出，具有别开生面性质。将其提到人口研究面前，把人口的变动和发展与自然资源、耕地、农业发展以及城市化联系起来，具有一定学术价值。而“限制人口数量、改善人口品质”命题的提出，则抓住了人口问题的要害。近百年来，控制人口数量、提高人口素质博得业内和社会各界人士的普遍赞同，成为人们关注人口问题的主题。

第二节　不同干预形式的人口政策

以上之所以花一点篇幅讨论历史上的人口思想，是因为古往今来任何社会政策，均是该社会占统治地位的主流思想的反映。弄清楚两千多年来中国封建社会“多子多福”人口思想的来龙去脉，如何深入民众，博得民心，才能摸准封建帝国人口政策的脉搏。尽管从战国起就有韩非等反主流人口思想的异样声音存在，并且这种思想发展到清朝的洪亮吉和汪士铎，以及 20 世纪前期的社会学派人口节制主义，但是相对两千多年的中国人口政策来说始终未能进入主流。近代改良派、革命派人口思想是中国闭关锁国大门被打开之后，在向西方学习寻找救国救民之法过程中，涉猎人口问题时对传统观念所做的若干修正，但也难以脱离庶众和多子多福传统人口思想的束缚。

这种情况反映到政策层面，则是普遍存在的直接或间接干预的人口生育政策。按照时间顺序，可从举出的典型政策个案中窥其全豹。

一、直接干预的人口政策

早在春秋战国时期，越王勾践被吴王夫差打败，回到越国便卧薪尝胆，制定了“十年生聚，十年教训”的韬光养晦之策。“生聚”包括“生”——鼓励人口自然增长，“聚”——吸引外来迁入人口两层含义。就“生”而论，勾践做出三条规定：一是年轻男子不得娶年老女子，年老男子也不得娶年轻女子，婚龄相当以利生育；二是丈夫二十不娶，其父母有罪；女子十七不嫁，其父母有罪。三是生一男孩，奖二壶酒一犬；生一女子，奖二壶酒一豚；生二人给予补助，生三人给予照顾。越国这些奖励生子，限制晚婚、不婚的政策，实施后大见成效，终于迎来人丁兴旺、国力强盛的一天，举兵打败吴王夫差。这也为以后各朝的鼓励人口增长政策提供了借鉴。

1. 税赋减免的政策。

汉代汉高祖时期，规定“民产子”免徭役二年①；公元 85 年东汉章帝降诏，产子者免三年人头税，怀孕者奖谷三斛，其夫免一年人头税②。在罚的方面：公元前 189 年汉惠帝下令，十五岁至三十岁女子不嫁“五算”③，即征收五倍人头税。对女子不嫁开征人头税，产子即获免征，甚至怀孕也可免征一年且有奖励的人口政策，在当时说来力度已经够大了。

清初鉴于明末土地兼并严重，对政权建设和国家发展造成严重不利影响，遂对土地赋税制度进行改革。康熙时即实行“滋生人丁永不加赋”的政策，把税收总额固定下来，以减轻人民负担。但是由于地方官僚豪绅常常钻人口流动的空子，把赋税转嫁到平民百姓头上，人头税必

---

① 参见《汉书·高帝纪》。
② 参见《后汉书·章帝纪》。
③ 参见《汉书·惠帝纪》。

需改革。经过多年试验，1723 年雍正皇帝下令实行“摊丁入亩”的政策。即取消按人头征税的制度，而将一县的丁役银钱总数分摊到田亩中去，以田赋名义征收。这是封建税收制度的重大改革。它废除了沿用 1500 多年的按人头征税的办法，将添人加丁从加税的桎梏中解放出来。这对清朝康（熙）、雍（正）、乾（隆）人口总量接连翻两番，以及其后的人口增长起到莫大的作用。

2. 重男轻女的政策。

重男轻女思想，可追溯到春秋战国时代。孔子讲，唯小人与女子为难养也。孟子讲，“不孝有三，无后为大”。到了南北朝时期，齐明帝降诏：“民产子者，蠲其父母调役一年。”① “调”即“赋”，这里已将奖励的范围扩大到父母双方，力度也加大到“调”和“役”两个方面。前面例举的汉朝奖励生育的政策，不是生育就奖，而是“产子”——生育男孩才给予奖励。唐太宗登极，曾下令：“妇人正月以来生子者粟一斛。”② 元对一产三子家庭曾免税三年。明曾按例给粮至八岁。到了清朝，规定“一产三男俱存者，给布十匹，米五石”；“若男女并产及三女，不准行”。③ 封建帝王鼓励多生多育的出发点，是多生育男孩，女性一般不在其内。可见，性别歧视的形成由来已久，非一日之寒。

3. 提倡早婚早育的政策。

最早有文字记载的《周礼·地官司徒》，有“令男三十而娶，女二十而嫁”的说法，设定了结婚的上限年龄。《墨子·圣王篇》有“丈夫年二十，毋敢不处家；女子年十五，毋敢不事人”，此为圣王之法。越王勾践“十年生聚”中“女子十七不嫁，其父母有罪；丈夫二十不娶，其父母有罪”，是用法令形式将结婚定在女子不得超过十七岁、男子不得超过二十岁。直至唐初，大都沿用这样的规定；到唐开元二十二年，将允许结婚的年龄下调至男十五岁、女十三岁。④ 明朝调整为“凡男年十六、女年十四以上，并听婚娶”。这正符合民间“男子十六精通，女

① 参见《南齐书·明帝》。
② 参见《新唐书·太宗》。
③ 参见《永宪录》卷 1。
④ 参见《唐会要·婚嫁》。

子十四而化”的说法，开始生育也就锁定在男子十七、女子十五岁。[①]特殊的说，男婚女嫁听从父母之命、媒妁之言，童婚、娃娃婚、指腹为婚作为补充形式大量存在，助推早婚早育社会风俗。

4. 倡导大家庭的政策。

儒家学说在“孝”的旗帜下将“我”的存在泯灭在伦理道德之中，变成仅仅是“我”父母的儿子或女儿；落实到家庭，就是维护父母的核心地位，把儿女子孙都笼络在父母、祖父母膝下尽孝，建立起以父母为绝对权威的大家庭。孔子有“父母在，不远游”的训教，子孙后代只有留在父母身边行孝方为本分。公元742年唐玄宗降诏：“一家之中，有十丁已上者，放两丁征行赋役；五丁已上，放一丁。即令同籍共居，以敦风教。”[②] 这里放丁赋役同家庭规模成正比，用现代统计学来解说，奖励是带有加权累进性质的。维护大家庭不仅有奖，而且也有罚：“诸祖父母、父母在，而子孙别籍、异财者，徒三年”；“诸养子，所养父母无子而舍去者，徒二年”。[③] 久而久之，四世同堂、五世其昌联合式大家庭日渐繁盛，家族势力也逐渐扩大。

5. 干预人口机械变动的政策。

直接干预机械变动的人口政策，主要通过迁移、流动吸引人口增加，构成历代封建王朝人口政策不可或缺的一部分。如前面提到的越王勾践“十年生聚”政策中，“聚”即是吸引外来移民，通过吸引外来移民增加本国人口，增强基本国力和军事力量。在这方面，商鞅变法是一个成功的例子。商鞅看到周围韩、赵、魏等国“土狭而民众”，秦国则“人不称土”，就想把周边国家特别是三晋的人口吸引过来，使其从事农耕，发展农业生产，巩固后方，供给军需，支持战争。同时，三晋的人口来秦安家落户，敌国人口和军队数量必然随着减少，无形之中削减了敌国的国力和军事力量，增强了秦国的国力和军事力量。怎样吸引三晋人口迁移来秦从事农业生产呢？主要通过“废井田，开阡陌”改革。废

① 参见万历《明会典》卷69。

② 参见《通典·食货六》。

③ 参见《唐律疏议》卷12。

除旧的井田制，招募移民开垦荒地，为他们提供多种便利，允许土地自由买卖，为吸引外来移民创造了最重要的条件，也是当时比较优厚的条件。同时，商鞅变法中奖励办法规定，凡是农民生产的粮食、布帛超过一般产量的，免除本人的徭役和赋税；而弃农从事工商业或不务正业致贫者，全家罚做官奴。这样的奖罚并用政策，调动了本国和外来移民从事农业生产的积极性，为战胜并统一其他六国打下经济基础。

秦以后除小国封建割据时期外，汉、唐、宋、明、清等建立了中央集权的封建帝国吸引移民，主要表现为区域性的人口政策。如东汉以后，北方地区经历魏晋南北朝、安史之乱、五代十国长期战乱，人民流离失所，纷纷举家南迁，黄河流域田园荒芜严重。明朝建立后，朱元璋实行在北方“召民耕，人给十五亩，蔬地二亩，免租三年”，“额外垦荒者永不起科”的政策①，促使江苏、浙江、安徽、江西等省人口回迁，引导人口合理分布。更能体现封建帝国人口迁移政策的，是戍边屯田。类似今天新疆、内蒙古、黑龙江生产建设兵团的屯田，历代早已存在，无疑以军队为主体。同时也吸引内地移民前往，给予不同的优惠政策，对促进人口增长和边疆的巩固起到一定的作用。

6. 提高人口素质的政策。

前文提到，早在七八千年以前，伏羲氏便以鹿皮为信物和证物，规定结婚时凡出示鹿皮能够对得上者，证明是本氏族兄弟姊妹，就不得结婚，开中国优生之先河，帮助了该氏族部落的崛起。孔子所说“同姓为宗，有合族之义，故系之以姓而弗别，缀之以食而弗殊。虽百世，婚姻不得通，周道然也”②。这里，孔子主要从“重人伦”角度讲同姓不婚，却正中“同姓为婚，其生不繁”生物学原理。到公元483年，北魏孝文帝下诏：“夏殷不嫌一族之婚，周世始绝同姓之娶。斯皆教随时设，政因事改者也。皇运初基，日不暇给，古风遗朴，未遑厘改。自今悉禁绝之，有犯者以不道论。”③ 自此以下各朝代，对同姓结婚的处罚严格起

---

① 参见《明史·食货一》。
② 参见《孔子家语》卷10。
③ 参见《北史·魏本纪》。

来。唐代规定："诸同姓为婚者，各徒二年，缌麻以上，以奸论。"[①] 明代规定："凡同姓为婚者各杖六十，离异。"[②] 与禁止同姓结婚相关联的，是禁止近亲结婚。唐朝规定："娶同母异父姊妹，若妻前夫之女者……各以奸论。"且处罚很严："若妻前夫之女及同母异父姊妹者，徒三年；强者，流二千里；折伤者，绞。"[③] 唐以后诸朝代，差不多都沿用类似条文，限制近亲结婚生育。这表明，历代封建统治阶级在禁止同姓结婚、近亲结婚上态度鲜明，政令严厉，对促进和保证中华民族子孙后代的健康繁衍起到颇大的作用。

在提高人口教育素质方面，早在战国时期墨子的一席话，至今为国人传颂："一年之计，莫如树谷；十年之计，莫如树木；终身之计，莫如树人。一树一获者，谷也；一树十获者，木也；一树百获者，人也。"孔子重教，号称学生满天下，有弟子三千、贤人七十二人。经过汉"罢黜百家，独尊儒术"和宋程朱理学规范，孔孟学说包括后来发展了的"三纲五常""三从四德"成为深入民众占绝对统治地位的意识形态。孔子被尊为"圣人"，成为一种宗教，孝、悌、忠、信、礼、义、廉、耻成为束缚广大民众的精神枷锁，其中包含的人口思想影响至深至远。隋唐实行科举制度以后，文举考的是儒家经典，做官做事行的是孔孟之道，儒家学说及其规范成为衡量人口教育素质的标杆，提高人口教育素质之路偏离了应有的方向。

二、间接干预的人口政策

所谓间接干预的人口政策，指经济、社会政策中包含的对人口具有调节作用的政策。这种间接干预的人口政策不可小觑，因为它把人口的变动和发展纳入经济、社会发展之中，具有长期、稳定和持续发酵的性质和作用。它主要是休养生息、土地和税收政策中包含的人口生育政策。

---

① 参见《唐律疏议》卷14。
② 参见《历代刑法考·奏议》。
③ 参见《唐律疏议》卷14。

1. 休养生息政策。

休养生息是指一个朝代在经历战争和社会颠覆性动荡之后，为了恢复元气而发展农业生产、减轻人民负担和维持安定生活、稳定社会秩序而采取的一种让步政策。考察两三千年中国封建社会朝代更迭的历史，基本上是三段论：初期由乱而治——经过战乱而产生的新的封建王朝，实行一定程度上的让步政策，轻徭薄赋，适当减轻农民负担，恢复和发展生产，以期达到国富民强、安居乐业的目的；中期由盛转衰——土地兼并逐渐严重，农民负担逐渐加重，社会秩序逐渐混乱，封建统治阶级内部矛盾逐渐尖锐；晚期由衰至亡——丧失土地的农民越来越多，赋税徭役越来越重，国家财政越来越入不敷出，战争和农民起义越来越频繁，直至这一代封建王朝被推翻。在这种世代更替过程中，人口也随着呈有规律性地变动：初期由减少到增加，中期由增加到停滞，晚期由停滞到减少，随着朝代由盛转衰而由增到减。一般的规律是，人口增长主要在每个朝代中前期，与休养生息政策紧密相关联；减少发生在由衰转亡期，是封建地主阶级腐败加剧和战乱不断的结果。考察秦以后主要朝代的封建帝王，如汉高祖刘邦、宋太祖赵匡胤、明太祖朱元璋等，他们出身底层，深知农民为什么要起来推翻原来的封建朝廷，因而在夺取皇位后，一般实行程度不同的休养生息政策。如汉高祖取得政权后，出台一系列休养生息政策：承制定令，在秦法基础上修改成新的法令，保证人民有一个战乱后的安静环境；广招贤士，网罗人才，使人力资源得到比较充分的利用；轻徭薄赋，实行按粮食产量“十五税一”，开荒耕种头几年免赋，号召战乱流民返回本土从事农耕；军队复员按功劳分给土地房屋，其中关东兵复员留在关中的免徭役十二年，回关东则免六年等。这些休养生息政策给农民松了绑，调动了广大农民生产劳动的积极性，缓解了农民同地主阶级的矛盾，也为人口增长创造了必要的条件。

2. 土地政策。

土地是农业生产之本，是农民维持生计的命脉，土地政策怎样，关系到包括人口变动在内的方方面面。按照前面封建王朝盛——衰——亡“三段论”演变模式，一个朝代初期最重要的政策，就是解决前一个朝代衰亡期遗留下来的土地兼并问题。封建统治阶级应对的主要办法，自北魏至宋主要为均田，宋以后则实行土地买卖制度。

公元 485 年北魏孝文帝下令，将田分为桑田和露田两种。桑田为“世业”，不得买卖；露田及岁而受，年老则免，身没则还，并且超过部分可以卖，不足部分可以买。男子十五以上受露田四十亩，妇人二十亩；奴婢依良丁，许受田、牛。唐朝效仿魏均田办法，实行租庸调制。公元 624 年唐高祖下令：丁男十八以上，给田一顷，其中二十亩为“永业”，余为“口分”；田少人不足的“狭乡”，较田多足其人的“宽乡”受田减半；工商宽乡减半，狭乡不受；对迁移人口的受田，也作了具体规定。受田的丁，每年缴粟二石，称为“租”。依地方出产，或缴绢、绫、缯各二丈，绵二两；或缴布二丈四尺，麻三斤，称为“调”。每年服役二十天，遇闰月加二天，不服役每天折缴绢三尺，称为“庸”。自北魏至唐的均田制的实施，在一定程度上满足了农民对土地的要求；特别是新的均田办法多在改朝换代之初发布实施，当时土地荒芜严重，人口减少许多，实行起来比较容易。经过初期由乱而治的发展，人口大量增加，土地兼并逐渐加剧，到了由衰至亡的晚期，土地高度集中到封建地主阶级手中，均田的成果便不复存在了。

唐朝租庸调均田制，经过安史之乱和唐末农民大起义，被彻底冲垮。宋以后，土地买卖规模越来越大，遂成为一种制度。一方面，土地买卖有利于封建地主阶级对土地的兼并，强化了这一阶级的统治力量；另一方面则摆脱了农民对地主的人身依附关系，使农民可以迁移流动到其他地方从事垦殖或租佃。

无论是均田还是土地买卖制度，都有利于人口的繁衍和增殖。均田制使农民在失去土地之后，有可能在新的封建王朝建立初期得到某些土地，有一个相对安定的环境从事农业生产劳动，为人口增殖创造条件。土地买卖制度可使失去土地的农民另辟出路，或到边远地方开荒种田，或成为小工商业者，全社会完成向真正意义自耕农的过渡，完善了建立在个体自耕农基础上的小农家庭。即所谓“三十亩地一头牛，老婆孩子热炕头”，封建自给自足的小家庭。这种小家庭，最能体现多生多育、多子多福的真正含义，是封建时代滋生人口增长的温床。

3. 税收政策。

直接干预人口自然变动和机械变动的税收政策，前文已做了概括的阐述；这里的税收政策，指除直接干预人口变动以外的税收政策，尤其是变法改革形成的新政策。

考察中国历史上的税收政策，汉以前主要是田赋、身役，没有同人口的变动挂起钩来，同人口增长关系并不密切，但是也没有妨碍人口的增长。到了西汉，在征田税的同时开征人头税，无论生子的奖励还是大龄女子不嫁的处罚，都具有人头税性质。最主要的，是汉律将人头税分为7～14岁口赋、15～56岁算赋，20～56岁男丁的力役等不同档次。口赋、算赋的年龄和缴纳的赋税额，不同年代是有变化的；不过与田赋比较起来，远比田赋为多，成为主要的税收来源，直至清康熙推行“滋生人丁，永不加赋”赋税改革，长达1900年。按人丁征税，“小民逃亡，官吏隐匿”弊端严重，不利于人口增殖，封建朝廷税收也受到影响。于是公元1723年清雍正下令推行“摊丁入亩”新的税收政策，结束了长期按人丁征税的历史。虽然“摊丁入亩”不是直接的人口政策，但是它使纳税与人口脱钩，人口增加可以不再缴税，其对多生多育、人口增长的作用，比任何一项直接的人口政策来得还要大。清朝从康熙到道光150年里人口接连两个倍增，就是最好的证明。

第三节　传统人口文化的形成与演进

中国人口之所以经过数千年增长——下降——增长的波浪式变动，周而复始地螺旋式上升，除了客观上自给自足的自然经济成为滋长人口增长的土壤，封建王朝总是实施有利于人口增长的直接的或间接的政策外，还有观念上的原因，那就是深深扎根于民众之中的人口文化。

一、传统人口文化的形成

要想说明人口文化，首先必须弄清文化概念。可从三个层面上去把握：一是广义的文化，指一定历史时期所创造的物质财富和精神财富的总和。如古埃及创造了包括金字塔、狮身人面像等在内的尼罗河文化，中国创造了包括长城、兵马俑、故宫等在内的文化，14～16 世纪意大利产生了反映倡导科学精神的文艺复兴文化等。

二是一般意义上的文化，即作为意识形态或观念意义上的文化。美国是移民国家，是商品经济、对外贸易和殖民主义扩张的产物，又经过北美独立战争洗礼，遂形成以个人为核心，推崇人权和自由、平等、博爱的文化。中国则三面环山，加上根深蒂固的封建主义思想束缚，遂形成封闭式以儒家学说孝、悌、忠、信、礼、仪、廉、耻为信条的传统文化。

三是狭义的文化，即反映所受教育程度的文化。如 20 世纪各类人口统计报表中，差不多都有“文化程度”一栏，指的是所受教育水平，读过几年书，读到小学、中学、大学哪一个年级。

人口文化中的文化，主要取第二种意义即作为意识形态或观念上的文化。不过人口文化≠人口＋文化，不是二者的简单相加，而是人口融入文化、文化融入人口而形成的具有完整概念的统一体。前面的分析表明，有什么样的主流人口思想，就会有什么样的人口政策；反过来一定的人口政策作为一面旗帜在人民大众面前飘舞，又会在长期实施中巩固、强化这种主流人口思想。久而久之，在这种人口思想和人口政策相互依托、交互作用的长期磨砺中，铸造了颇具特色的人口文化。中国人口文化特色尤为鲜明，与国外尤其与西方人口文化比较，特色尤为突出。近年来，随着“文化研究热”持续升温，人口文化研究也有所升温，出版了《人口文化通论》《中华生育文化导论》《生育文化学》等多部论著。笔者以为，中国特色传统人口文化可用六句话二十四个字概括：奉先承孝，传宗接代，养儿防老，男尊女卑，读书做官，多子多福。核心是多子多福，其余五句是五根精神支柱，共同托起“多子多福”人口文化一盘棋。

1. “多子多福”人口文化。

简单的四个字，概括了人口生产和再生产的目的和手段，是封建社会人口文化的核心和灵魂。一些宗教在教义中告诉我们：人生下来发出的第一个声音就是哭——来到人间就要准备受苦受难。但是谁都不愿意痛苦地活着，希望获得多一些的幸福。怎样才能获得多一些的幸福呢？中国传统人口文化给出一条极具普遍性的密钥：多生育孩子，特别是多生育男性孩子。我们也可以批判多子多福抽象掉了阶级性，劳动人民与封建地主阶级的多子多福有着天壤之别；然而传统观念中，对于同一个家庭而言，多子与少子、无子却大不一样，可以说多子多福、少子少福、无子无福。正因为如此，这个被抽象掉了阶级性的观念才能被普遍接受。穷人可以接受，企求通过多子摆脱贫困、带来幸福；富人可以接受，希望多生贵子福上加福；被剥削被压迫阶级家庭可以接受，寄希望于子孙后代能够改变家世的逆境；统治阶级家庭可以接受，多生多育、人财两旺有利于维护他们的剥削压迫制度。正因为这样，这个被抽象掉了阶级性的观念，却能为社会各阶级、阶层所接受，从各自不同的家庭情况出发，寻求不同的多子多福发展道路。

2. “奉先承孝”人口文化。

对父母，要存孝心，做孝事，尽孝道，所谓“父叫子亡子不亡为不孝”是也。仁是儒家学说的核心，孝是儒家学说的灵魂，一个人如果不孝敬父母，那就是大逆不道了，一定会遭到社会舆论的谴责，有的还要治罪。从儿童识字教育开始，就讲授历史上大孝之人的故事，不孝之人的悲惨下场，使孝文化深入人心。一方面，孝文化有它合理和可取的一面，成为连接父母与子女之间的情感纽带；另一方面，它抓住人口生产从幼年、童年、成年到老年成长变化规律，让每一个人从小就懂得人人皆有老的一天，以自己的实际行动尽孝，给下一代做出榜样，也是为自己安度晚年打下基础。中国孝文化渗透到经济生活、政治生活、文体生活各个方面，就连“孝”字本身也是一个象形字：犬子跪伏在地，上面背着的是一个上了年纪的老人。

3. “传宗接代”人口文化。

要使奉先承孝代代相传，就要使人口再生产不间断地进行下去，谁家也不能断了“香火”。在父系氏族取代母系氏族以后，“香火”很自然地转到儿子、孙子手中，于是乎没有儿孙就成了大不孝。夫妻自己不能生育儿子，又不想戴这顶大不孝的帽子，怎么办呢？只好向别人——首先向本家族兄弟讨要，将其儿子“过继”到自己门下成为养子，以延续

"香火"的传递。这种传递不仅是人口再生产代际的传递，还是财产继承的传递，因而被人们格外看重。时至今日，传宗接代生育观仍顽强地表现出来，尤其在经济、社会、文化发展比较落后的农村，断了"香火"简直就是一件不可理喻的事情，宁可遭受再大的处罚，也要拼命生育一个儿子。

4. "养儿防老"人口文化。

建立在封建自然经济基础上的农耕社会，没有社会养老保险，家庭子女养老是主要的甚至是唯一的养老方式。"男大当婚，女大当嫁"，养老重任自然落到男孩身上，养儿防老成了天经地义。由于中国没有经过完整的资产阶级工业革命，商品经济不发达，家庭养老一直延续下来，其影响是相当深刻、相当久远的。1949 年中华人民共和国成立以后，随着国民经济的恢复和发展，率先在城市建立起退休养老制度，打破了传统家庭子女养老一统天下格局；但是由城乡二元经济结构和二元社会结构体制决定，遂发展演变成为城市以社会养老为主，农村仍以家庭养老为主的二元结构养老保障体系。近年来国家加快了城乡一体化养老保险改革步伐，不过养儿防老仍在一些人的头脑中占有相当的位置，支配着人们的生育行为。

5. "男尊女卑"人口文化。

孟子"不孝有三，无后为大"中的"后"，指的是男子而不是女子；"多子多福"中的"多子"，自然指的是男子而不是女子。传统观念认为，男子多了方能带来幸福，女子只能消耗父母的财富，出嫁前靠父母养活，出嫁后到丈夫家生儿育女，父母还要陪上一笔嫁妆。封建时代男尊女卑达到顶点，最明显的表现是"三纲五常""三从四德"：不仅把女子摆在丈夫之下，遵循"夫为妻纲""既嫁从夫"伦理；甚至摆在自己的儿子之下，"夫死从子"赫然成为封建礼教信条之一。国外一些国家也存在重男轻女倾向，但是远没有中国那么强烈，没有发展到成为精神枷锁的地步。

6. "读书做官"人口文化。

封建人口文化重视人口质量的提高，重视"教好儿孙在读书"。孔子本人即是一位大教育家，被人们尊为"文圣""圣人"。孔子主张"学而优则仕”，将读书与做官联系起来，产生深刻影响。隋唐以后实行科举制度，读书之路直通升官阶梯，取得两方面效果。一方面，只有读书能做官，给读书人以希望、激励和出路；另一方面，做官必须读书，必须有知识，促使为官者不断学习进取。无论哪一个方面，都对人口教育素质的提高产生过积极的影响。民众中众学子为了改换门庭、考取功名，忍受“十年寒窗苦”而秉烛夜读甚至映雪读书；封建官吏中不乏饱读诗书、满腹经纶者，有些人则成为某个领域的专家、学问家。更为重要的一点是，倡导了一种勤奋学习的社会风气，留下尊师重教的社会传统。当然，学习的内容是四书五经一类儒家经典，学人经过熏陶进入官场，成为封建制度的维护者；同时绝少学习科学技术知识，形成自然科学举步不前和文史等人文学科片面发展的失衡景象，阻碍了科技进步和社会生产力的发展。

二、传统人口文化的演进

上述以“多子多福”为核心的传统人口文化，形成包括思想、观念、伦理、道德、传统、习俗、宗教、信仰等相对独立的意识形态，支配着人们的生育、教养、流动、从业、婚姻、嫁娶、家庭、宗族、社会等方方面面，成为人人必须遵守的道德规范，左右着人口数量、质量、结构的变动和发展。这是一张无形的网，人口的生产和再生产只有在这张网下才有自由，冲破出这张网则要冒被谴责、被遗弃甚至鱼死网破的风险。然而历史前进的车轮是不可阻挡的，1911 年清王朝被推翻，延续长达五千年的封建统治土崩瓦解。1919 年五四运动喊出“打倒孔家店”口号，开新文化运动之先河，封建传统人口文化的闸门被打开。新中国成立后特别是改革开放以来，这扇闸门越开越大，传统人口文化也随着大踏步地后退，许多已淡出历史舞台，新的人口文化徐徐从东方地平线升起。不过这张新人口文化画卷仍然保留若干传统的遗迹，某些传统的思想、观念、行为仍然不同程度地存在着，有的还焕发出新的生机。

1. 人口数量文化的演进。

在人口数量文化方面，作为全部人口文化核心的“多子多福”观念已在相当大的程度上消退。各地多项调查表明，全国绝大部分家庭已经没有了这种观念，80%左右的家庭首选生育两个孩子的生育意愿。这种变化有思想、理论、观念上的原因，更主要的是受到经济发展水平决定。人们不再以多生多育为荣，相反认为那是一种无知识、无觉悟、无进取之心的表现，“多子多福”生育观遭到扬弃。调查数据还显示：生育率同父母所受教育程度成反比，受教育程度越高生育率越低，反之则越高；同家庭收入成反比，家庭收入水平越高生育率越低，反之越高；同居住地域有一定关联，总的趋势是城市比乡村低，发达地区比不发达地区低。这说明，生育率高低归根结底受经济发展制约，主要由社会经济发展水平、家庭经济状况决定。因为经济发展水平越高，孩子边际成本——主要是教育、健康等可变成本越高。而提供给家庭父母的效益却并不高，甚至还低于社会平均水平。相反，经济发展水平越低，孩子边际成本——主要是教育、健康等可变成本越低，而提供给家庭父母的效益却并不低，甚至还高于社会平均水平。在这种情况下，社会经济发展和家庭经济收入的大幅度提升，从根本上颠覆了传统孩子成本—效益发生作用的方向，由向多生多育、多子多福方向的倾斜转向少生、优育、多福的方向倾斜。在发展水平较高的城市和发达地区，孩子成本—效益的这种转向已基本完成，少生、优育而多福的利益导向被越来越多的人所接受，新的人口生育文化观念加速走向成熟。

与人口数量文化变动息息相关的人口家庭文化，也发生相应的转变。最近两次人口普查提供的数据证明，家庭户以每户三口之家占比最大，传统的“四世同堂、五世其昌”的大家庭几乎绝迹，家庭小型化趋势正以稳健的步伐向前推进。婚姻文化变化更大。传统的“从一而终”的婚姻观念受到巨大冲击，离婚率上升的趋势超乎人们的意料。

不过在看到传统的人口数量文化消退同时，也要看到时至今日仍然有些没有完全退去，有的还表现出顽强的生命力。重男轻女文化植根很深，一些人传宗接代、延续香火、养儿防老观念根深蒂固，一定要生个儿子出来方才住手，成为过去违反政策规定生育的主要原因。地域发展不平衡显性化，在经济比较落后、家庭收入比较低的农村和偏远山区，一些人的多子多福观念依然故我、不肯退却。多生多育特别是生育男孩，还有着较强的吸引力。宗族、家庭还是人多势大好，人丁兴旺还有着某种诱惑力。

2. 人口质量文化的演进。

在人口质量文化方面，传统注重素质教育、注重人品修养的人口文化，总体上得以延续下来。这不是简单的延续，而是与当前经济发展、社会进步、人口转变相结合，逐步形成的新的人口质量文化。

一是提升了对人口质量在社会经济发展中重要性的认识。在自然资本、产出资本、人力资本、社会资本“四大资本”中，当代社会经济发展和实现现代化，一个重要的共识表现为：科技是关键，基础在教育，核心是提高人口质量，增强人力资本积聚。

二是提升了对构成人口质量各组成要素之间关系的认识。总体上，认识更全面了，全面提升的自觉性提高了。前面提到，人口质量由体能健康素质、智能科教素质、素养文明素质“三要素”构成，任何一个要素都不可缺少。三者之间的关系，可用体能健康素质是基础，智能科教素质是关键，素养文明素质是保证概括。在居民经济收入达到中高水平的今天，人们对智能科教素质重要性的认识和运用提得很高，致使改革开放以来中国处于人口平均受教育年限提升最快的历史时期。对体能健康素质的关切度在逐步提升，健康被列为提升人口质量的基础和需要大力提升的重点。对素养文明素质的认识，正在经历怎样认识、怎样界定和怎样提升的转变阶段。树立符合新时代发展要求的价值观、道德观、文明观，通过实践——理论的不断升华达到新阶段的一天，已经到来。

三是提升了有利于人口素质提高的法治化管理水平。全面提升构成人口质量“三要素”的体能、智能、素养素质，要从根本上提高人们认识世界和改造主观世界、客观世界的能力，需要从小到大注重和加强养育、教养和实践。因此，需要大力加强社会化管理，形成规范化的自我约束体制、机制和习惯，铸造有利于个人成长、经济发展、社会进步、人类文明的品格。国际社会提供了这方面的成功经验。以德国为例，照理作为两次世界大战的主要战败国，社会经济遭受的打击和挫折是异常沉重的，再要发展起来十分不易。那么德国为什么能够做到？更多的原因且不论，其中主要的一条，是战后科学教育事业的蓬勃发展。包括良好阅读学习习惯在内的智能科教素质的快速提升，人力资本积聚的不断增强，有力地推动着科技创新，使国家一直处在引领发展潮流前端。同时，国家的规范化管理也帮了大忙，训练有素、遵纪守法、文明礼让、人人按社会公德约束行事，显示出高水平人口质量文化的魅力。目前我国正在强化法治化建设，就要将规范化管理作为推动人口质量全面提升的一条成功经验，纳入发展战略框架。

3. 人口结构文化的演进。

在人口结构文化方面，发生的变化广泛而深刻。年龄结构变动中，前已叙及，传统的尊老、敬老、爱老、养老人口文化受到冲击。除了在落后的农村、偏远山区等社会经济发展滞后的地方以外，在城市和发达地区，“养儿防老”大多已经退出历史舞台，老年独居户增多明显。调查资料显示，不仅儿女们大多不喜欢同父母住在一起，就是老年父母大多也不愿意同子女住在一起。二者结合起来，使家庭户结构发生持续小型化趋势，建立以新型代际关系为基础的人口家庭文化，正以稳健的步伐向前推进。

性别结构变动中，以“夫为妻纲”“从一而终”极端性别歧视的文化，因失去了存在的基础而走向消亡，最多在传宗接代、子女教育资源分配等问题上，尚可找到某些存在的影子。只有生育上的性别偏好影响比较严重、不可低估，特别是溺女婴、弃女婴等违法案件的发生，说明改变传统性别文化的艰巨性和长期性。思想教育无疑是需要的，要广泛开展多种形式的男女平等教育。同时在政策和实践上需要大力推进男女平等，包括经济、政治、文化、教育、就业等完全平等的教育和改革，按照男女平等、一视同仁、机会均等、同工同酬的方向改下去，走下去，长期不懈地奋斗下去。

在人口城乡结构、地域分布结构变动中，前已论及，“故土难离”“父母在，不远游”人口移动文化的基础已经改变，前景是市场化取向。市场经济也是商品经济，是商品经济发展的高级阶段。商品和市场经济的发展要求人口和劳动力流动的自由化，改革开放以来人口和劳动力流动性的空前增强，是必然的和合乎规律的发展。目前 2.44 亿流动人口中，绝大多数为农村流向城镇人口。流动人口暴涨构成特定的人口流向、流量和质量的改变，形成特定的流动人口文化，发挥着对人口城市化、社会经济发展巨大的推动作用。一个时期以来，每年春节农民工返乡都要上演一场声势浩大的流动人口大戏，成为现实生活中的一道风景线。而留守农村的“三八六一九九”（妇女、儿童、老年人）部队，以特殊的方式与亲人团聚和守望。久而久之，演变为一种定期上演的生活方式，以及隐含在这种生活方式中的流动人口文化。

第二章 新中国成立后前三十年的人口论争

1949年中华人民共和国成立，中国人民从此站立起来，中华民族伟大复兴新的长征路就此起步。纵观大千世界，不外乎由人、财、物三大要素组成。完成新长征艰巨任务，就要摆正并处理好“三大要素”之间的关系。人——从而总体人口——无疑是主体。人口沿着什么样的方向、道路变动和发展，一直为社会各界所关注，新中国成立后更引起有识之士的格外关注。

第一节 社会学派节制主义再起

中华人民共和国成立后，一些社会学家依据当时社会经济发展中出现的人口问题，于1957年前后纷纷发表文章，新一轮社会学派人口节制主义再起。此时社会学派人口节制主义与20世纪二三十年代阐述的人口理论、政策主张有继承相同之处，也有某些不同——包括他们对马尔萨斯人口论的某些批判。基本观点概括如下。

1. 对马尔萨斯人口论认识的某些转变。

20世纪二三十年代，许多社会学派人口节制主义者奉马尔萨斯为先师，赞同和宣传《人口原理》的理论和主张。但是到了1957年前后，他们纷纷发表文章检讨受马尔萨斯人口论影响而宣扬反动人口论的错误。陈长蘅表示：“我从一九一八年起至一九四五年止曾对中国人口问题先后发表过不少的言论，其中有些立场观点现在回忆起来当然是错误的，甚至是反动的。”① 陈达也表示：“那时由于缺乏阶级观点，在宣传

① 陈长蘅：《谈谈过渡时期的中国人口问题》，《文汇报》1957年5月4日。

方面，在服务对象方面都不够明确。”① 吴景超则着重检讨了把中国庞大人口看作贫困根源的原则错误，认识到这是“过去没有能够以历史唯物主义的立场观点与方法来研究问题”，“没有把人口问题放在一定的社会经济形态中来研究，没有了解人口问题是与一定的经济关系密切联系的……当然看不清事情的真相，因而必然得出错误的结论。这种错误的结论所起的作用，是掩盖了反动统治阶级所制造的罪恶，迷惑了群众对于当时主要矛盾的认识，混淆了革命斗争的对象。”② 由于他们接触到一些马列主义，一些人还对马尔萨斯的《人口原理》做出批判。陈长蘅认为，我们提倡节制人口同马尔萨斯主义有着许多根本不同的地方，不能把二者等同起来。实事求是地说，他们的认识和批判还是初步的，很不完全的。

2. 发展了“适中人口密度”说。

社会学派人口节制主义者，一方面检讨了受马尔萨斯人口论影响的错误，另一方面并没有因此而放弃节制人口的主张。其中的一个重要的、有价值的观点，是针对新中国成立后出现的新的人口问题的。在对20世纪二三十年代的节制主义重新做出考证后，他们提出和阐释了“适中人口密度”说。吴景超等人重新审视新中国成立后出现的新人口问题，在《中国人口问题》一书中颇有感触地说：我过去以为通过节制生育可以使中国的人口降至二亿五千万或一亿五千万，乃是一种幻想，是一种唯心主义的观点。并且认为，中国的适中人口数量应在此之上，因为人口是要继续增长的。其他社会学派人口学家，如费孝通在《人口问题研究搞些什么》中提出：“每个社会，每个时期，根据各种条件可以算出一个人口的适中数。人口增长超过这个适中数是会延缓社会发展的。”③ 从事社会学研究的南京大学地理系孙本文教授，提出我国最适宜的人口数量是8亿。他考察了新中国成立后我国人口增长的情况，如果按照1953年人口普查时20‰自然增长率推算，每年增加1 200万人

① 陈达：《节育、晚婚与新中国人口问题》，《新建设》1957年5月号。
② 吴景超：《中国人口问题新论》，《新建设》1957年3月号。
③ 参见费孝通：《人口问题研究搞些什么》，《新建设》1957年4月号。

口，72 年后人口总数可达252 000万。即相当于当时的世界人口数量之和。是故，中国人口不能无限制地增长下去。他考证人口与生活资料、人口与就业增长之间的关系后，指出："如果根据农业技术的不断改进，农业劳动生产率的不断提高，那末粮食产量必然可以继续增长，这是无可怀疑的。但是应该指出粮食增长是有限度的，因为耕地面积是有限度的。所以如果以后人口继续增长，总数达到九亿十亿，那末粮食供应分配情况就不是这样乐观了。"在劳动就业方面，"如果全国总人口照目前的增加率每年要增加一千二百万人，除了农业部门外，至少尚有 400 万—500 万人要就业。可见，照这个人口增长速度，以后职工就业就要发生问题的"。他把这些考察综合起来，分析并得出结论说："要使我国人口总数控制在最适宜的数字之内，使全国人民不仅粮食等生活资料及就业不成问题而且生活水平及文化水平也能逐步提高，这是一个极重要的问题。我认为，照上面的分析看来，到第三个五年计划之末即 1967 年时，全国人口将达七亿七千万，是可能而且是适宜的……八亿人口是我国最适宜的人口数量。"① 虽然这样的考证还很不严谨，论证还很不完整；但是孙本文先生将最适宜的人口数量提到我们面前，将这个问题提出并交给后来人，其学术价值和实证研究价值是不可磨灭的。

3. 分析了我国人口增长过快的原因和存在的问题。

社会学派节制主义一致认为，新中国成立后全国人口增长过快。什么原因呢？陈达将新中国成立前后全国人口出生率、死亡率、增长率加以对比，提出我国人口增长过快有五个方面原因。一是推翻了帝国主义、封建主义、官僚资本主义的反动统治，建立了人民当家作主的人民民主政权。二是工农业生产得到迅速的恢复和发展，就业增加，人民生活获得较大的改善。三是医疗卫生保健事业逐渐得到恢复和发展，人口死亡率下降。四是教育普及，科学、文化事业发展较快，成效显著。五是由于人民生活水平提高、生活改善，结婚和生育的人口数量显著增加了。虽然这些分析说不上全面和中肯，但是基本上反映了新中国政治、经济、社会变革给人口再生产带来的巨大变化，人口再生产类型由高出

① 参见孙本文：《八亿人口是我国最适宜的人口数量》，《文汇报》1957 年 5 月 11 日。

生、高死亡、低增长向着高出生、低死亡、高增长转变的情形。

人口增长快，带来新的人口问题。社会学派节制主义对此进行了不同层面的分析，指出，这些问题解决不好，人口增长速度降不下来，“我们国家工业化的速度和农业现代化的速度必定会受到很大的牵累，我们的过渡时期必定会因为人口增加太快而大大地拖长”①。值得一提的是，社会学派节制主义不仅从社会学角度，而且也从经济学角度提出和分析人口问题。吴景超认为，“过高的人口出生率，是有碍于积累的迅速增加的”②。而有碍于积累的增加，即有碍于投资的增加，有碍于劳动者技术装备的增加，有碍于劳动生产率的增加。最终，有碍于社会经济的发展，造成活劳动和物化劳动比例失调。

4. 提出节制生育的方针。

按照社会学派关于人口过剩、适中人口密度的理论和主张，适当节制人口是他们共同的结论和主张。他们比较各种节制人口的办法，如发展工农业生产，合理调配使用劳动力，提倡移民等，这些均不是从根本上解决人口问题的办法。要想从根本上解决人口增长问题，非实行节制生育不可。吴景超认为，解决活劳动与物化劳动比例失调问题，可以“让国民经济中存在两种不同技术水平上生产的部分，一部分是在高度技术基础上生产，另一部分则是在比较落后的技术基础上生产”③。在投资分配上也要照顾到这种情况，但只有马上采取措施降低人口出生率的办法才是最有效的。他比较中外人口出生率下降的历史，认为我国人口出生率由37‰下降到17‰是完全可能的，并且认为，“使人口的自然增加率，从千分之20下降到千分之5左右，则是通过自觉的努力便可以达到的。努力的主要办法，就是实行节育”④。“节育不是消极的，而是具有积极意义的措施”，“节育无论对家族生活，对国家建设以至整个民族的健康和兴旺，都有莫大的好处。”⑤ 至于节育的具体办法，社会

① 参见陈长蘅：《谈谈过渡时期的中国人口问题》，《文汇报》1957年5月4日。
② 参见吴景超：《中国人口问题新论》，《新建设》1957年4月号。
③ 参见吴景超：《中国人口问题新论》，《新建设》1957年4月号。
④ 参见吴景超：《中国人口问题新论》，《新建设》1957年4月号。
⑤ 参见陈达：《节育、晚婚与新中国人口问题》，《新建设》1957年5月号。

学派节制主义者一致赞同晚婚，对于绝育和人工流产，多数人并不认同。

以上是1957年社会学派节制主义再起提出和阐释的相关人口理论、观点和主张。他们标榜已经与马尔萨斯人口学说不同，并对马氏理论做出一定的批判；不过在他们的论著中，仍然可以找到马氏的蛛丝马迹，同20世纪二三十年代的人口观存在着千丝万缕的联系。然而毕竟对马氏学说做出一定的批判，申明与其不同之点，需要区别对待。可是，在反右派斗争中，这些人几乎无一漏网地被打成右派分子，一概扣上中国马尔萨斯主义的帽子，加以声讨和批判。

第二节 对马寅初新人口论的批判

社会学派人口节制主义影响本来不很大，代表人物在反右斗争中均被划为资产阶级右派分子，其影响变得更小了。与此同时，受到毛泽东同志重视并且两次被批判的马寅初先生的新人口论，则是最值得重视、对人口政策影响至深的一大事件。不仅在当时掀起一场轩然大波，时至今日仍有人对马寅初新人口论持否定的态度，指责《新人口论》本来就是错误的。因此，有必要再次讨论清楚，还历史本来面目。

一、马寅初与《新人口论》

马寅初（1882—1982），浙江嵊州（原嵊县）人。1906年由天津北洋大学毕业后保送赴美留学，获耶鲁大学经济学学士、哥伦比亚大学经济学硕士、博士学位，哲学博士学位。1916年回国在北京大学任教，后被选为北京大学第一任教务长。1929年至1936年曾任南京中央大学、上海交通大学、苏州东吴大学教授，1938年至1940年任重庆商学院院长、教授，1940年10月被国民党当局逮捕关进贵州息烽集中营，后转到江西上饶集中营，于1942年8月获释，被软禁在重庆歌乐山家中。经周恩来和中共地下党以及有关民主人士、美国友人的努力，1945年抗战胜利后恢复自由。1949年在上海地下党组织的安排下，经香港辗转大连赴北平（北京），出席中国人民政治协商会议第一次会议，被选为中央人民政府委员。历任中央人民政府政务院财经委员会副主任，华东军政委员会副主席，浙江大学校长，北京大学校长，第一、二、五届全国人民代表大会常务委员会委员，北京大学名誉校长，中国人口学会名誉会长，中国经济学团体联合会顾问等职。百年马寅初，历经封建王朝土崩瓦解、民主革命如火如荼、反抗外来侵略风起云涌，以及社会主义革命和社会主义建设起伏跌宕的峥嵘岁月，在大风大浪中寻求救国救民的真理，探索走向国富民强的道路，其忧国忧民精神境界有目共睹，刚直不阿人格有口皆碑。然而近来在否定中国人口政策论中，有人发声“马寅初新人口论是错误的”，甚至对其人格提出质疑，进行诋毁。然而谁个优、谁个劣自有公论。马寅初提出和坚持新人口论有着坚实的思想基础和学术自信，做人做事同样具有这样的基础和品格。

早在 20 世纪 20 年代初，马寅初先生便涉足人口学研究，《新青年》杂志 1920 年第 7 卷第 4 期刊登他的第一篇人口学论文“计算人口的数学”。但是其后三十多年，他几乎再没有任何人口学论著发表，而是集中精力研究财政经济。新中国成立后，他看到各项建设事业蒸蒸日上，很是兴奋，不过每当他回到家乡调查研究，发现小孩子日益多了起来，带回去的糖果越来越不够给小孩子分摊，遂引起担心和警觉：人口增加太快了，会拖住经济建设的后腿。他利用全国人大代表、全国人大常委会委员工作之便，每到一地，总要同工人、农民、干部座谈人口问题。1954 年和 1955 年，他先后三次赴浙江省调研，用他自己的话说，旧时代浙江省 11 个府跑了 10 个府，详细地调查了人口问题，特别是农村人口与粮食增长的情况。1955 年他将调查得到的材料写成发言稿，准备提交全国人民代表大会。在正式提交之前，先拿到浙江小组讨论。不料遭到一些同志的反对，有的还说他是搞马尔萨斯的那一套，有的说虽然与马尔萨斯人口论有所区别，但是思想体系是一致的，基本观点是相同的……未能取得大家的同意。尽管马寅初对这些意见不完全赞同，但他看到提意见者出于善意，便主动撤回发言稿。到 1957 年 2 月，毛泽东在最高国务会议第十一次（扩大）会上做了《关于正确处理人民内部矛盾的问题》的演讲，其中谈到“我国人口多，是好事，当然也有困难”

的论述。马寅初认为时机来到了，于是在会上宣读了他早已准备好的稿子，受到毛泽东等党和国家领导人的高度评价和重视。毛泽东同志说："在这里，我想提一下我国的人口问题。我国人口增加很快，每年大约要增加一千二百万至一千五百万，这也是一个重要的问题……对于这个问题，似乎可以研究有计划的生育的办法"；"我们这个国家有这么多的人，这是世界上各国没有的。要提倡节育，要有计划地生育。我看人类是最不会管理自己了。工厂生产布匹、桌椅板凳、钢铁有计划，而人类对于生产人类自己就没有计划了，这是无政府主义，无组织无纪律"。随后在 1957 年 3 月 1 日的会上，毛泽东再次强调："人类要自己控制自己，有时候他能够增加一点，有时候他能够停顿一下，有时候减少一点，波浪式前进，实现有计划的生育……这个问题很值得研究，政府应该设机关，还要有一些办法。人民有没有这个要求？农民要求节育，人口太多的家庭要求节育，城市、农村都有这个要求，说没有要求是不适当的。"他还特别指出："实现有计划的生育，这一条马寅（初）老讲得好"。[①] 这里，毛泽东同志明确提出人口"有计划的生育"，还赞扬"马寅（初）老讲得好"，使马寅初倍受鼓舞。4 月份在接受《文汇报》记者采访时，马寅初高兴地说："现在人口问题可以公开谈了，这说明我们国家进步真快，也说明这个问题的确很严重了，今年五月全国人民代表大会上我还要谈这个问题。"[②] 他在原稿基础上又做了必要的修改和补充，写成书面发言形式提交 6 月份召开的第一届全国人民代表大会第四次会议。7 月 5 日《人民日报》全文发表，这就是他的《新人口论》。

二、《新人口论》要义

《新人口论》连同马寅初在此前后发表的文章、演讲、答记者问，旗帜鲜明地阐述了他对人口问题的基本观点，实事求是地分析了我国存在的人口问题，提出适合我国国情的具体建议。1979 年笔者将其汇集

---

① 参见国家人口和计划生育委员会编《中国人口和计划生育史》，中国人口出版社 2007 年版，第 25 页。

② 参见马寅初：《新人口论》，北京出版社 1979 年版，第 67 页。

成册，交由北京出版社以《新人口论》命名出版，集中了马寅初关于人口问题的主要理论、观点和主张。

概括起来，主要是一个前提、五大问题、三项建议。

一个前提是对当时人口增长的估计。这是马寅初新人口论的出发点和立足点。1953 年进行了第一次全国人口普查，总人口达到 60 194 万人，自然增长率达到 20‰。马寅初认为“这是一个静态的记录”，20‰的人口增殖率是根据 29 个大中城市、宁夏全省、其余各省每省选 10 个县普查，从出生率为 37‰、死亡率为 17‰推算的。他认为普查的数字在当时是正确的，但缺乏“动态的人口记录”，“拿 20‰来解释以后四年的情况（1953—1957），恐怕有出入”。他列举了七个方面的原因。

一是结婚人数增加。新中国成立以前青年人毕业即失业，现在毕业以后，国家分配工作，经济情况改善就具备了组成家庭的条件。社会上大家都有职业，对于父兄、亲友的接济少了，负担减轻，也促使结婚人数增加，并且政府照顾已婚夫妇，原则上分配在一个城市内工作，生育的机会也就增加了。

二是政府对于孕妇产妇和婴儿的福利照顾。产妇产前产后有五十六天的休假，这在新中国成立前是没有的。随着卫生事业的发展，乡村中产婆接生已为正规接生所代替，婴儿死亡率下降，托儿机构普遍建立，可替代多子女的家庭进行一部分教养儿童工作。子女入学可以享受公费待遇。

三是老年人口增加并且有了照顾。以往是人生七十古来稀，现在是人生七十多来兮。对孤寡老人政府均有照顾，退休后有养老金，真是鳏、寡、孤、独皆有所养。

四是人口死亡率下降。以往几乎年年有内战，人民遭受兵燹、水旱灾害，流离失所，大量死亡。现在国内秩序空前安定，内战消灭，盗匪绝迹，凶杀案件减少，人民死于非命的减少。

五是社会风尚根本改变。随着社会制度的改变，尼姑与和尚大半还俗结婚，将来和尚和尼姑的人数也不会多。在资本主义国家不能解决的娼妓问题，我们也彻底解决，大家都知道妓女是不能生育的。

六是传统生育观念影响。农业合作化以后，人民生活改善，老年人尚有旧思想的残余，希望多福多寿，什么五世其昌，儿孙满堂，不孝有三，无后为大，种种格言，到处传播。只要经济上许可，就忙着替儿子娶媳妇，成家立业。

七是政府照顾多生育家族。对于一胎多婴的家庭，除了奖励以外，还有经济上的补助。

诸如此类，都是增加出生率、减少死亡率的因素。因此，他认为近四年来人口增殖率很可能在20‰以上。① 实际情况是：1954年的人口自然增长率为24.8‰，1955年为20.3‰，1956年为20.5‰，1957年为23.2‰②，每一年的人口自然增长率均在20‰以上。这说明，马寅初对当时人口变动的实际情况了解相当深入，他的估计是正确的。

五大问题。即当时存在的人口增殖过快，与经济、社会发展之间存在的五个方面的矛盾和问题。

其一，人口增加过快同加速资金积累之间的矛盾和问题。马寅初的优势学科是财政经济学，1914年他在美国哥伦比亚大学攻读经济学博士学位时的毕业论文《纽约市的财政》，被该大学出版并指定为该大学经济系一年级本科生的教科书。无论从教还是从政，马寅初许多学术见解都与财政经济有关，对人口问题的分析研究也不例外。《新人口论》说："我国最大的矛盾是人口增加得太快而资金积累得似乎太慢。"新中国劳动人民当家作了主人，人民群众把一部分国民收入用来改善自己的物质文化生活，另一部分用于积累扩大再生产，消费和积累需要保持适当的比例。"要改善人民的生活，一定要扩大生产和再生产；要扩大生产和再生产，一定要增加积累……因人口多，所以消费大，积累小……我要研究的就是如何把人口控制起来，使消费的比例降低，同时就可以把资金多积累一些。"③

其二，人口增殖过快同提高劳动生产率之间的矛盾和问题。《新人口论》指出："积累资金最快的方法是提高劳动生产率"，要提高工业的

① 参见马寅初：《新人口论》，北京出版社1979年版，第2—3页。

② 资料来源：中华人民共和国国家统计局编《中国统计年鉴1986》，中国统计出版社1986年版，第92页。

③ 参见马寅初：《新人口论》，北京出版社1979年版，第3—4页。

劳动生产率，就要在加强每个工人技术装备的同时，“还要控制人口，因为如人口增殖任其自流，资金很难迅速地积累”[①]。在农业方面，“我国地少人多，全国 6.4 亿人口，每人平均分不到三亩地……已自 1953 年的二亩八分降至 1955 年的二亩七分”[②]，农业劳动生产率的提高，有赖于人口增长的控制。

其三，人口增殖过快同工业原材料供给之间的矛盾和问题。马寅初指出：“我们要积累资金，最好发展轻工业，因为轻工业的特点是投资少、建设易、获利多而且快，可以有效地积累资金，用来更多更快地发展重工业。”然而发展轻工业所需的原材料大部分来自农业，若人口无限增殖，则“粮食必须增产，经济作物的面积就要缩小，直接影响到轻工业，间接影响到重工业。因此人口的增殖，就是积累的减少，也就是工业化的推迟，故人口不能不加以控制”[③]。

其四，人口增殖过快同提高人民生活之间的矛盾和问题。1957 年 4 月，马寅初在接受《文汇报》记者采访时说：“现在粮食紧张，猪肉紧张，布票对折使用，煤也不够烧，这一切都牵连着人口众多的问题。”[④]《新人口论》论证了生产和消费之间的关系，指出要改善人民生活，就要增加积累和扩大再生产；而增加积累和扩大再生产，又受到人口多、消费大的制约。因此，改善人民生活必须在发展生产的同时，控制人口的增长。

其五，人口增殖过快同科学技术进步之间的矛盾和问题。《新人口论》阐述了物质生产的发展是科学技术发展的基础，生产对于科学研究是基本的推动力量。“我们必须首先推进产业部门的技术装备，从速提高劳动生产率而后才能奠定科学研究的物质基础，现在我国科学工作的条件虽然有很大的改善，但是，由于受现有工业水平和国家财力的限制，还不能完全满足开展研究的要求。欲达到这个目的，唯有加速积累

① 参见马寅初：《新人口论》，北京出版社 1979 年版，第 12—13 页。
② 参见马寅初：《新人口论》，北京出版社 1979 年版，第 18 页。
③ 参见马寅初：《新人口论》，北京出版社 1979 年版，第 13—14 页。
④ 参见马寅初：《新人口论》，北京出版社 1979 年版，第 68 页。

资金，一面努力控制人口，不让人口的增殖拖住科学研究前进的后腿。”①

三项建议。基于上面的认识，马寅初认为，要解决我国的人口问题，提出需要采取三项具体的措施。

一是在 1958 年至 1963 年进行普查时，再进行一次人口普查，以便了解在 5 年或 10 年中间人口增长的实际情况，认真进行人口动态统计分析，在这个基础上确定人口政策。把人口增长的数字纳入第二个、第三个五年计划，使计划的准确性逐步提高。

二是要大力进行宣传，破除“不孝有三，无后为大”“五世其昌”等封建传统观念；待到宣传工作收到一定效果以后，再行修改婚姻法，实行晚婚，大概男子 25 岁、女子 23 岁结婚是比较适当的。如果婚姻法修改之后控制人口的力量还不够大，自应辅之以更严厉更有效的行政力量，主张生育两个孩子的有奖，生育三个孩子的要征税，生育四个孩子的要征重税，以征得来税金作奖金，国家财政不进不出。

三是在节育的具体办法上，主张实施避孕，反对人工流产。

值得一提的是，马寅初在《新人口论》中，专门辟出一节阐述“马尔萨斯的‘人口论’学说是反动的”，人口按几何级数增加、食物按算术级数增加是错误的，其本意“就在于从理论上维护资本主义制度及其政府”。并辟出另一节，讲《新人口论》在立场上和马尔萨斯的不同之处。指出，“马尔萨斯从掩盖资产阶级政府的错误出发”，而《新人口论》则从提高劳动生产率，从而提高人民的物质和文化生活水平出发，与马尔萨斯的立场截然不同。并且举出现实生活中的例子，说明人口多不利于机械化、自动化，现阶段不能搞更多的大型工业，只能大量发展中小型工业，因为中小型工业可以吸收更多劳动力就业。② 我体会，马寅初先生之所以在《新人口论》中专辟两节批判马尔萨斯人口论，说明他的新人口论与马尔萨斯人口论的本质不同。一方面表明他对马尔萨斯人口论的认识和态度，另一方面也是他心有余悸，总想与之划清界限，

---

① 参见马寅初：《新人口论》，北京出版社 1979 年版，第 17 页。

② 参见马寅初：《新人口论》，北京出版社 1979 年版，第 6—8 页。

防止别人把他与马尔萨斯联系起来、等同起来。不过命运还是不以他的意志为转移，批判《新人口论》风雨袭来，这些都成为“不打自招”“此地无银三百两”的“证据”。

三、对新人口论的两次批判

1957 年《新人口论》发表之后，马寅初着实兴奋了一阵子，他逢人便讲，我们国家进步真快，人口问题可以公开谈了，他还准备做出深入一步的研究。谁知天有不测风云，就在马寅初兴致勃勃地准备大展研究宏图的时候，反右派斗争开始了，首先是社会学派人口节制主义者全军覆没，主要代表人物全部被打成右派分子。随着反右派斗争的不断扩大化，冲击的浪潮终于向马寅初袭来。1958 年 5 月 4 日在北京大学六十周年校庆大会上，时任中共中央政治局候补委员、主管意识形态的理论家陈伯达在庆祝会上的讲话中，阴阳怪气地放出风来：马寅初要对他的《新人口论》作检讨。同时党的八大二次会议的工作报告中，也批判了农业增长速度赶不上人口增长速度、只看到人是消费者而没有看到人首先是生产者的观点。而在马寅初身为校长的北京大学，则对他的《新人口论》进行了点名批判。全国性的报刊，陆续发表批判文章，以批判《新人口论》为主，同时也对马寅初的“综合平衡”“团团转”理论进行了批判。当时加给马寅初的主要罪名包括以下几条。

一说他是马尔萨斯人口论彻头彻尾的鼓吹者，否定人口多是好事这一历史唯物主义原理。

二说他篡改马克思关于资本主义相对人口过剩规律的理论，把它搬到社会主义中国来是根本错误的。社会主义的人口规律是人口的不断迅速增长，不存在人口过剩问题。

三说他的人口质量论针对广大人民群众，缺乏阶级感情甚至是仇视劳动人民。因为马寅初所谓的人口质量，无怪乎说工人、农民等劳动人民受教育水平低、修养水平低、知识水平低。

对于这些批判，开始时马寅初很重视，力图从中找出自己的某些不足，以便修正。但是他对他的基本的观点没有动摇，批判也没有妨碍到他领导北京大学的工作。第一次批判过后，迎来中华人民共和国成立十周年，对马寅初的批判进入第二阶段。此时笔者刚跨入北大校门不久，亲眼见到对老校长的批判。那时盛传以“党内理论家”著称的中共中央政治局候补委员、中央宣传部副部长康生，1958 年在北大纪念中国共产党成立三十七周年大会上的讲话中，给马寅初定的调子是马尔萨斯的“马”，不是马克思的“马”。后又听说康生亲自给理论界一些领导写信，布置要像批判艾奇逊那样批判马寅初。果不其然，北大燕园里大字报铺天盖地而来，就连燕南园马寅初居室内外的墙壁上、过道上甚至书桌上，都贴满了大字报；大小批判会开了一次又一次，不过马寅初大都缺席“被批判”。有一次是超过百人的面对面的批判会，有一位教授的批判发言竟然毫无学术意味，大讲马寅初在外吃鸡只喝汤不吃肉——以此赖账没有吃鸡——用编造的故事羞辱人格，还时不时地夹杂着方言脏话。不言而喻，这样的批判会已经远离了学术，变成为达到某种政治目的的一种形式。

这时摆在马寅初面前有两条路：一条是接受批评，做一番检讨，一切便会平安过去。关于这条路，马寅初好几位朋友都劝告过他，尤其是周恩来同志在困难情况下劝他做些检讨、语重心长的谈话，这是他不能不考虑的。另一条路是坚持下去，拒绝检讨，后果怎样难以预料。马寅初深知这场批判“来者不善”，对于个人的利害关系和前途并不十分在乎，最使他忧心的是周恩来的谈话和劝告。因为周恩来不仅是领导，还是搭救他几次脱险走上革命道路的指路人和朋友。但是马寅初就是马寅初，不是言不由衷、明哲保身，而是浩然正气、坚持真理。他毅然决然地选择了后一条道路。他在《新建设》1959 年第 11 期发表的《附带声明（2）——对爱护我者说几句话并表示衷心的感谢》一文中，清楚地表达了他的决心和复杂的感情。他说：“我还要对另一位好朋友表示感忱，并道歉意。我在重庆受难的时候，他千方百计来营救；我 1949 年自香港北上参政，也是应他的电召而来。这些都使我感激不尽。如今还牢记在心。但是这次遇到了学术问题，我没有接受他的真心诚意的劝告，心中万分不愉快，因为我对我的理论有相当的把握，不能不坚持，学术的尊严不能不维护。……希望我这位朋友仍然虚怀若谷，不要把我的拒绝检讨视同抗命则幸甚。"[1] 开弓没有回头箭。马寅初一言既出，驷马难追，沿着既定的方向和道路走下去。1960年第1期《新建设》杂志刊登他的《重申我的请求》一文，再次表示接受《光明日报》开辟一个战场的挑战，并把1959年"附带声明"中的一段话重申一遍："这个挑战是很合理的，我当敬谨拜受。我虽年近八十，明知寡不敌众，自当单身匹马，出来应战，直至战死为止，决不向专以力压服不以理说服的那种批判者们投降。"[2] 其实，赞同马寅初新人口论者大有人在，只是在当时特定历史条件下，不可能也不允许发表支持《新人口论》的文章。此时马寅初已经78岁，这次他唱"独角戏"恐怕已是第三次了。第一次，是青年时期，家父要他做管账先生，他坚持要读书上学，只身一人北上走进北洋大学。后到美国耶鲁大学、哥伦比亚大学唱起了"独角戏"，拿到经济学、哲学博士学位。第二次，他给蒋介石讲经济学，因为反对四大家族官僚资本与蒋闹翻，在蒋身边唱起了"独角戏"，进而融入反内战、反饥饿斗争洪流，被国民党投进息烽集中营。这次唱"独角戏"与前两次性质不同，但是有一点是相通的，即马寅初心中始终装着的是人民大众。1957年他在接受《文汇报》记者采访时说得好："你看看我们的人过去是怎样生活的，过去很多人是糠菜半年粮，饥荒时连糠菜都吃不到，吃草根，吃树皮，死亡遍野，乞丐满天下。"[3] 新中国成立后生产力发展了，人民生活提高了，但是这个提高受到很大的限制，一个重要的原因是人口增殖太快。马寅初正是站在人民大众立场上，站在发展生产力和提高人民物质文化生活的立场上，撰写发表他的《新人口论》并不惜一切代价捍卫他的理论尊严。由于心中装着人民大众，才感到"独角戏"并不孤独，面对200多篇文章笔伐和批判会一个接着一个的口诛，坚持把"独角戏"唱下去，并且越唱越有信心，罢官革职也在所不惜。

在对马寅初新人口论的两次批判中，毛泽东作为党和国家最高领导

① 参见马寅初：《新人口论》，北京出版社1979年版，第56页。

② 参见马寅初：《新人口论》，北京出版社1979年版，第57页。

③ 参见马寅初：《新人口论》，北京出版社1979年版，第66页。

人到底是什么态度，曾经引起各种猜测。笔者在主编《马寅初全集》时也想弄个究竟，曾经查阅不少相关资料，结果还是得不到直接的证明，无功而返。有人认为毛泽东是赞成和支持马寅初的，1957 年最高国务会议上表扬马寅初就是证明；有人认为是反对马寅初的，理由是对马寅初旷日持久的批判和撤职，毛泽东不可能不知道也不可能不管；还有许多人说不清楚，认为有支持也有反对，或者先支持后反对。笔者以为，毛泽东同志有无直接对马寅初的处理意见或指示、批示一类文字，并不十分重要。因为马寅初及其新人口论的结局，是 20 世纪 50 年代中后期政治、经济、社会变动和发展的必然结果，是一定历史条件下的产物。重要的问题是要对毛泽东同志的人口思想有一个实事求是的认识，怎样把他的人口思想合情合理地融入毛泽东思想体系。对此，笔者并没有完全思索透彻，但是仍然愿意把一孔之见表达出来，以向各界求教和讨论。

众所周知，新中国即将成立前夜，美国资产阶级代言人艾奇逊断言，中国革命胜利后解决不了经济问题，解决不了众多人口的吃饭问题。毛泽东同志站在中国人民大众立场，针锋相对地指出："中国人口众多是一件极大的好事。再增加多少倍人口也完全有办法，这办法就是生产"；"世间一切事物中，人是第一个可宝贵的。在共产党领导下，只要有了人，什么人间奇迹也可以造出来"，并将"革命加生产即能解决吃饭问题"视为一条真理，批驳了形形色色的悲观论者。[①] 据我所知，对于毛泽东同志的这些话存在不尽相同的理解。一种意见认为，清楚地表达了他的众民主义思想，主张增加人口；另一种意见认为，应当同他后来讲人口多也有困难和实行有计划的生育联系起来，这里只是与艾奇逊论战时讲的，不是专门讲人口多少问题，不能代表毛泽东基本的人口思想和主张。笔者以为，毛泽东同志对我国人口的基本观点，可用他讲过的两句话概括：

一句是"我国人口多，是好事，当然也有困难"[②]。这是 1956 年在

① 参见《毛泽东选集》第 4 卷，人民出版社 1991 年版，第 1511—1512 页。

② 参见《毛泽东文集》第 7 卷，人民出版社 1999 年版，第 228 页。

《关于正确处理人民内部矛盾的问题》中讲的，该著作被视为运用辩证唯物主义和历史唯物主义阐述我国现实问题充满哲理的典范，应当说是比较成熟的观点。毛泽东同志肯定我国人口多是好事，这是他始终如一的观点。新中国成立前夜，毛泽东在《唯心历史观的破产》一文中批驳了将革命说成是人口多的缘故的谬论，与艾奇逊叫板中国人口再增加多少倍也完全有办法，革命加生产即可解决吃饭问题。文章显然带有明显的政治色彩，不能据此就说毛泽东主张人口越多越好。但是有一点则是明白无误的：毛泽东不怕人口多。革命战争时期不怕人口多，他领导的农村包围城市、武装夺取政权的革命道路，坚持抗战，直至赶跑蒋介石解放全中国，靠的是什么？是人民群众。是依靠人民群众、组织人民群众、进行人民战争取得的胜利。就是在军事战略战术上，毛泽东运用最成熟、取得成效最显著的，也是集中力量打歼灭战。重大战役和战斗的胜利，几乎毫无例外的最终是集中力量打歼灭战的结果。革命胜利后进行经济建设需要资本。论国土面积，我国当时控制面积排在苏联、加拿大和美国之后，居世界第四位，自然资本不算不丰厚；然而在帝国主义列强侵略和蒋、宋、孔、陈四大家族官僚资本掠夺下，国家经济实力虚弱，处在一个饱经战乱以后落后农业国境地，社会生产总值在世界各国排名中不高，资源开发也受到开发力量不足的限制。至于新中国建立初期财政入不敷出、金融混乱、失业严重等情况，是历史上罕见的。在这种情况下，我们能够拿得出手的资本还有什么？只有人口和人力资源，这是其他国家所不能比拟的。如果我们能够将这一比较优势发挥得好，就可能取得其他优势，带动经济和社会发展。而艾奇逊看不到也不可能看到这一点，因而毛泽东的批判是唯物史观对唯心史观的批判，是应该的和合理的。只是批判中有的话说得过了一些，如“中国人口众多是一件极大的好事”——好事之前，还要加上“极大”；人口“再增加多少倍也完全有办法”——不是一般的增加，而是“多少倍”的增加等。不怕人口多、“人口多是好事”是毛泽东站在历史唯物主义立场得出的基本结论；人口多“当然也有困难”，则是运用辩证唯物主义“一分为二”方法所做出的具体分析，为了解决这个困难就要倡导“有计划的生育”。只有将辩证唯物主义与历史唯物主义结合起来，将二者统一起来，才能理解毛泽东在不同历史时期针对具体人口问题所做出的论述。才能理解为什么 1949 年回应艾奇逊时，讲“中国人口众多是一件极大的好事”。如果将二者分割开来、对立起来，就无法理解毛泽东观察和解决中国人口问题的立场、观点和方法，甚至出现各持一端打“语录仗”的现象。

另一句是“邵（力子）先生之道大兴之日，是七亿人口到八亿人口之时”①。这是 1958 年 1 月 28 日毛泽东同志在最高国务会上讲话中的一句话，是就邵力子先生关于避孕节育问题的发言有感而发的。毛泽东说：“人多好还是人少好？我说现在还是人多好，恐怕还要发展一点。你现在要人家节育，但我们一是工具不够，二是宣传不够。农民字都不认识。还有早婚的习惯，你强迫他节育，又不行，他不能控制自己。人类还不能掌握这个劳动力的扩大再生产，几亿人口还不能掌握自己的命运。我看要搞到七亿人口，就会紧张起来，邵（力子）先生那个道理就会大兴。邵先生之道大兴之日，是七亿人口到八亿人口之时。”又说，“你现在讲，他横直不听。但是我并不是说不要做宣传，不要制造工具。要做宣传，要尽可能做宣传。我是赞成节育的，并且赞成有计划地生育的。像日本人一样能控制。现在人多一些，气势旺盛一些。要看到严重性。同时也不要那么很怕。我是不怕的。再多两亿人口，我看问题就解决了。走到极点就会走向反面。现在我看还没有达到极点。中国地大物博，还有那么一点日。人多没有饭吃怎么办？少吃一点。要节育，一方面讲节育，一方面讲节省，要成为风气。”② 毛泽东同志这段话，清楚地讲出了他对开展计划生育的思路、部署和设计。有几层意思：

一是赞成节育和实行有计划地生育。要看到人口问题的严重性，但也不要那么怕，现在需要人多一些，气势旺盛一些。

二是现在不适宜大规模推开。因为条件不具备：避孕节育需要的工具不具备，无法大面积推开；宣传工作不到位，人们对避孕节育的意义、做法均不够了解；群众基础不具备，农民识字率低、早婚习惯没有

① 参见国家人口和计划生育委员会编《中国人口和计划生育史》，中国人口出版社 2007 年版，第 44 页。

② 参见国家人口和计划生育委员会编《中国人口和计划生育史》，中国人口出版社 2007 年版，第 44 页。

转变、多数群众还没有避孕节育的要求等。

三是关于全国开展计划生育的构想。总的思路是实事求是、因势利导、以客观形势发展为转移。要创造条件，包括开展耐心的宣传、等待群众认识和觉悟的提高。坚持“走到极点就会走向反面”唯物辩证法。人口再增加两亿问题就会突出出来，解决起来就会水到渠成。

后来的实践，基本上是按照毛泽东同志对形势的判断、开展计划生育设想的步骤走过来的。在其后十年和“文化大革命”十年中，控制人口增长和计划生育没有大的举动；直至“文化大革命”结束后控制人口增长的力度才加大起来，政策才逐步收紧起来。

四、《新人口论》的政策价值

从 1955 年《新人口论》初试锋芒遭到全国人民代表大会浙江小组一些人的反对开始，就注定了马寅初唱“独角戏”的命运，只是中间有一段得到赏识有点起色，也只能算是一个插曲而已。进入 1960 年，形势的发展已使马寅初无法继续担任领导工作，于是他申请并经批准辞去了北京大学校长职务，随后又被免去了全国人民代表大会常务委员会的职务，从学术舞台、政治舞台、社会活动舞台上彻底“蒸发”了，他的《新人口论》和其他经济理论也渐渐不再被人们提及。然而不被提及并不等于遗忘，《新人口论》对新中国成立后人口问题准确到位的阐述，符合国情民意的对策建议，以及长达五年之久声势浩大的批判和唱“独角戏”式的反批判，给学术界留下一桩悬案。最重要的，是我们可以从中找出认识和解决中国人口问题的一条清晰的脉络，为后来人口政策的制定和实施，作了必要的探索和理论准备。主要是以下几个方面。

第一，对新中国人口问题的性质，做了比较准确的定位和分析。1953 年第一次人口普查全国人口超过 6 亿，数据公布后引起社会各界有识之士的关注。1954 年邵力子先生率先提出传播避孕理论、指导避孕方法、供应避孕药物、放宽节育技术限制和适当提高婚龄等建议，目的是为了减轻家庭负担、增进母亲健康，对于人口是多了还是少了几乎没有涉及，偶尔涉及的基调也是“人多是喜事，但在困难很多的环境里，似乎也应有些限度”[①]。社会学派人口节制主义再起，应当说他们骨子里的观点是明确的，想证明人口过多对国家发展、家庭生活改善等的不利影响，只有节育才是“治本”的方略；但是由于惧怕戴上马尔萨斯人口论帽子，对中国人口问题性质的阐述，总是躲躲闪闪，避开人口“过剩”字样。党和国家领导人、中央政府的态度，有几点是明确的：一是取消过去过严的限制，积极制定新的避孕和人工流产办法；二是提倡节制生育，最早由邓小平提出；三是有计划地生育，1957 年毛泽东同志最先提出。然而领导同志的这些讲话和文件批示，主要出于减少女同志疾病不良后果、使家庭避免过重的生活负担、使子女受到较好的教育、得到充分的就业机会等考虑。讲到人口多带来的困难时，还不忘“当然是好事”，最多是“也好也坏”。[②] 这种情况表明，虽然 20 世纪 50 年代从上到下都在谈论我国的人口问题，但是没有或者不敢明言人口问题的性质，处于不甚明了状态。马寅初则不然，他明确认定人口“多了”，增长“太快”了：在人口与自然资源关系方面，是人多、地少，石油和矿产资源少；在人口与工业化方面，是人口多、资金少和投资少、现代化企业少；在人口与就业方面，是人口和劳动力多，就业岗位少；在人口与生活水平提高方面，是人口多、增长快，粮食、布匹等生活必需品少、增长慢；在人口与科学、教育、卫生等公共事业方面，是人口多、青少年多、病人多，科学研究少、学校少、医生和医院病床少；在人口与发展态势上，是人口增殖太快，资金积累和建设事业发展似乎不够快，等等。《新人口论》和在此前后马寅初发表的其他文章、报告、记者访谈等，一个基调是人口过多、增长过快，拖了资金积累和各项事业前进的后腿。人口“拖后腿”是什么意思？就是人口压迫生产力。虽然马寅初没有使用“人口压迫生产力”“人口过剩”字眼，但是上面几多几少、几快几慢方方面面的描述和分析，已将我国人口问题定性在过剩上面了。我们知道，人口问题基本上可分成人口不足和人口过

① 参见国家人口和计划生育委员会编《中国人口和计划生育史》，中国人口出版社 2007 年版，第 33 页。

② 参见国家人口和计划生育委员会编《中国人口和计划生育史》，中国人口出版社 2007 年版，第 19—33 页。

剩两类。前者表现为出生率很低、增长率很低甚至负增长、老龄化严重、人口和劳动力供给不足、社会负担沉重，从而影响到生产、交换、分配、消费、储蓄、投资、技术进步、社会保障等经济生活和社会生活诸多方面，属于生产力压迫人口性质。欧美、日本等发达国家，大都属于这类人口问题。后者相反，表现为高出生率、高增长率、年龄结构年轻化、人口和劳动力供给有余、就学和就业压力大，从而影响到生产、消费、积累、投资、技术进步、公共事业等的发展，从另一个方面制约着经济和社会的发展，属于人口压迫生产力性质。一般地说，发展中国家大都属于这类人口问题。在20世纪50年代新中国诞生后不久，马寅初先生就以他敏锐的目光、扎实的学术功底、深入实际调查研究的务实作风，将我国人口问题定格在人口过剩性质上，应该说定性准确、难能可贵。

第二，直接向中央领导进言，作用和影响与众不同。前已叙及，20世纪50年代主张节制人口并发表文章或言论者，大有人在。然而这些文章或言论，主要限于一般媒体，一般的学术聚会。马寅初则与众不同，他以人大代表、常务委员身份，到各地进行调查研究，召开座谈会，听取工人、农民、干部、知识分子各方面的意见，取得第一手资料，然后写成报告并提交人代会，属人大代表、人大常委履行职责范围内的事情，理应受到重视。1957年7月5日《人民日报》发表马寅初的“新人口论”，就是以人大代表书面发言形式刊载的。更值得提出的，是在1957年毛泽东同志主持召开的最高国务会议上，马寅初解放思想，畅谈他的新人口理论、控制人口和实行计划生育的主张，受到毛泽东同志的赞扬。后来的资料证明，刘少奇、周恩来、陈云、邓小平等中央领导同志以及各界知名人士，都知晓马寅初和他的新人口论，这是其他人口节制论者无法与之相比的。从另外的角度观察，对马寅初旷日持久的批判，反右斗争将其他人口节制主义者一网打尽，唯有马寅初还在单枪匹马地战斗，也起到了进一步扩大影响的作用。笔者就是在第二次批判马寅初，上百篇批判文章充斥《光明日报》等报纸杂志、大字报铺天盖地、批判会声讨之声不绝于耳情况下，抱着“探个究竟”心理接触到马寅初的人口理论和那些批判文章的，并由此埋下为其翻案的种子，结下同人口学研究的不解之缘。

第三，阐述全面解决人口问题的基本方针，兼顾人口数量和质量。马寅初新人口论重点阐发人口数量过多，同资金积累、工业化、技术进步、人民生活、科学教育等经济社会发展的矛盾和问题，因而必须控制人口增长。然而作为一名经济学、人口学理论大家，他不能不注意到理论体系的完整性，方针政策的全面性。他在重点阐述人口数量控制的同时，对人口质量给予了相当的关注。他在《新人口论》中已涉及人口质量，后又发表《为什么强调人口质量》一文，而在《我的哲学思想和经济理论》论文中，明确提出要“提高知识水平”，“提高人口质量”。他把人口的数量和质量联系起来考察，说明控制人口数量和提高人口质量是相互联系、相互促进的关系。他说：“在一穷二白的中国，资金少，人口多，把人民组织起来，利用它作为一种资源，不是没有好处的，但不要忘记亦有人多的坏处。人多固然是一个极大的资源，但也是一个极大的负担。我的新人口论主张保留它的好处，去掉它的坏处，保全这个大资源，但去掉这个大负担。方法是提高人口的质量，控制人口的数量。”马寅初从积极的意义上阐释了解决我国人口问题的根本方向，抓住了问题的关键。这不仅切中当时人口问题的要害，就是今天看来也是完全正确的，控制数量和提高质量是解决我国人口问题的根本大计。

第四，力主控制人口和实行计划生育，提出具体的对策建议。我们知道，1957 年 2 月底，毛泽东同志主持召开了第十一次（扩大）最高国务会议。在这次会议上，他在讲话中讲了人类对于生产人类自己就没有计划了，是无政府主义、无组织无纪律；随后在 3 月 1 日的会议上又讲到“人类要自己控制自己，有时候他能够增加一点，有时候他能够停顿一下，有时候减少一点，波浪式前进，实现有计划的生育。”[①] 也就是在这次会议上，毛泽东赞扬“马寅老讲得好”。两个多月后，1957 年 5 月 9 日《文汇报》发表马寅初《我国人口问题与发展生产力的关系》一文，强调指出：“总之，唯一的、最有效的办法就是控制人口，实行

---

① 参见国家人口和计划生育委员会编《中国人口和计划生育史》，中国人口出版社 2007 年版，第 25 页。

计划生育。”国外一般称计划生育为“家庭计划”（Family planning），中国讲计划生育实指控制人口增长，实际是生育控制（Birth control）。马寅初将“控制人口”与“计划生育”联系在一起，将目的与手段结合起来，合情合理。在手段和办法方面，提出扩大宣传、破除封建传统观念、提倡晚婚、修改婚姻法、实行避孕反对人工流产，以及少生有奖、多生征税等。这不仅符合当时的实际，而且具有一定的前瞻性，今天看起来也可以感受到它的影响力。

第三节　沉寂二十年的人口理论

批判了社会学派人口节制主义，特别是对马寅初新人口论更大规模、旷日持久的批判，造成很大的社会影响，致使其后二十年人口问题几乎无人问津。笔者作为刚刚踏进北京大学校门的学子，亲历北大和社会上两次批判马寅初新人口论的一幕又一幕，着实有点儿百思不得其解。为了探个究竟，便一头扎进北大图书馆第五阅览室（期刊阅览室），找来《新人口论》和《新建设》等报纸杂志刊载马老的文章，同时也找来《光明日报》等登载的批判文章读了起来。读着读着便浮现出批判老校长的场面，深为马老先生坚持真理直至战死为止的精神所感动，也为他勇于吸取批判者的合理成分、修正某些学术观点的高风亮节所折服。越读越觉得老先生讲得颇有道理，而那些批判文章，除少数还有一点学术味道外，绝大多数都是抽出马老的几句话，断章取义地上纲上线，贴上“地地道道的马尔萨斯主义”“诋毁社会主义制度”“为资产阶级服务”等政治标签，再引证几条马、恩、列、斯和毛泽东同志的几条语录，就算“批得体无完肤”“批倒批臭”了。这样的批判，不消说马寅初先生不服气，就是像笔者这样刚入门的学人也看出点儿门道来，心中未免愤愤不平。也记起历史常常是“谁笑到最后谁就笑得最好”至理名言，说不定哪一天颠倒的历史还会重新颠倒过来呢！没有想到，正是这种心理上最初的萌动，驱使本人在以后的一二十年里不断地搜集马寅初的有关资料，并在党的十一届三中全会后，撰写和发表了《为马寅初先生的新人口论翻案》的文章，在 1979 年 8 月 5 日《光明日报》发表。同时我将过去搜集的马寅初《新人口论》连同其他有关人口的文章、演讲、答记者问等，整理编辑出来由北京出版社出版，连续出了三版。至此，积压在心中二十年的一桩悬案总算有了结果，一块石头落地了。

在某种政治压力下"一边倒"式的两次批判马寅初新人口论，造成的影响是巨大的和严重的。尤其在中国人口科学、人口理论极不成熟的历史条件下，最易形成一些片面和教条式的理论，步入形而上学。有一些明显的表现：

1. 人口问题归结为政治问题，造成其后十多年无人敢于问津。

两次批判马寅初新人口论，将马寅初对现实存在的人口问题的分析，说成是揭社会主义的"疮疤"，"诋毁社会主义制度"，《新人口论》是向党和社会主义进攻的"利剑"。几乎所有针对马寅初控制人口增长的批判，都上纲为马尔萨斯人口论，马寅初姓马尔萨斯的"马"，不姓马克思的"马"，马寅初就是中国的马尔萨斯。谁说中国存在吃饭、穿衣、住房、就业、教育、医疗、卫生等人口问题，谁就是"攻击""丑化""诋毁"社会主义制度；谁讲中国人口"多了"、"过剩"、需要"控制"，谁就是宣扬马尔萨斯人口论，就是中国的马尔萨斯。这样一来，人口问题便成为谁也碰不得的政治问题。

众所周知，人口学作为一门独立的学科出现，是在 17 世纪的欧洲。虽然古代社会就有人口思想产生，如在古希腊柏拉图的"理想国"中，就有人口规模不多不少的适度人口思想，中国则有孔子的众民主义、韩非的寡民主义等，但是这些都不能称其为具有独立学科性质的人口学。到 16 世纪至 17 世纪，欧洲人鲍泰罗（Giovanni Botero，1544—1617）、格兰特（John Grant，1620—1674）、威廉·配第（William Petty，1623—1687）等相继发表论著，特别是格兰特应用教堂死亡登记资料，最早进行死亡统计分析，找出带有规律性的死亡分布，使人口学成为其他学科无法包容的一门独立学科，人口学从此诞生，他也因此被称之为"人口学之父"。但是此时还没有使用"人口学"这个词汇。威廉·配第在《政治算术》等论著中，分析人口和财富特别是人口和土地的关系，并把劳动力当作基本国力进行计算，设计了人口统计项目和要求，使人口统计学逐渐形成。进入 18 世纪以后，资本主义经济的发展提出了许多与人口相关的问题，人口与财富、人口增长与生活资料关系等的研究继续深入。但是狭义的人口学进展不大，主要是广义人口学有了新的进展。18 世纪中叶产业革命发生后，资本主义经济迅速发展起来，促进了统计学的发展，人口统计和整个人口学也跟着发展起来。1790 年美国进行了第一次人口普查，随后英国、法国、挪威、比利时、德国等相继进行了人口普查，还有其他多种专项调查，使得人口资料的搜集日益丰富起来，大大促进了人口科学的发展。法国学者基亚尔（A. Guilland，1799—1876）于 1855 年在《人类统计或人口学比较纲要》一书中，开始使用人口学（Demography）一词，并对人口内在变动因素进行了比较系统的分析，标志着人口学正式形成。从人口学形成这一简要的概括中，可以看出：

其一，人口学的诞生基于人口自身变动和发展的需要，人口学有其特有的研究对象和方法，非其他学科所能替代。

其二，人口学诞生后沿着两条途径发展下来：一条是具有统计意义的人口学，主要是微观人口学即关于人口自身再生产的研究，学科体系日臻完善；另一条是结合实践进行实证研究，特别在与经济、社会、资源、环境交叉研究中发展，形成诸多分支学科，拓宽了宏观人口学研究领域。无论微观人口学还是宏观人口学，尽管经济发展和社会进步的程度不同，不同时期面临的人口问题不同，人们观察问题的思想方法不同，对人口问题所持的态度和观点不同，但是人口学是一门比较规范的学科，是研究人口变动和发展规律的科学，并不附属于政治科学，更不是政治科学中的一门分支学科，这点是可以肯定的。

马寅初在新人口论中讲到的诸多人口问题，明眼人一看便知，是从积极方面讲的，是要我们正视这些问题，研究和解决这些问题，不是揭“疮疤”，更不是“诋毁社会主义”制度。至于马尔萨斯人口论，《新人口论》专门拿出“马尔萨斯的人口理论的错误及其破产”和“我的人口理论在立场上和马尔萨斯是不同的”两节，对马尔萨斯人口论做了相当深刻的批判，表明了他的原则立场。

首先，马寅初揭露了马尔萨斯人口论的反动本质。他分析并指出

"马尔萨斯的'人口论'学说是反动的"，"马尔萨斯写人口论的本意，就在于从理论上维护资本主义制度及其政府，掩盖英国政府的错误措施。他的人口理论无异乎告诉工人们说，工人们的普遍贫困，不是政府之过，主要是由于人口增加太快而粮食增加太慢引起的。这种论调是他'人口论'的出发点，也就在这一点上他根本错误了。"①

其次，马寅初用国内外经济和人口增长的事实，驳斥了马尔萨斯生活资料按算术级数增长、人口按几何级数增长的说教，"两个级数"就此破产。

再次，马寅初的新人口论鞭笞了马尔萨斯主义用疾病、战争等残酷手段消灭现有人口的罪恶目的。马寅初指出：马尔萨斯人口论在主张节育"消极抑制"的同时，主张运用战争、瘟疫、饥荒等惨无人道的"积极抑制"手段，消灭现有过剩人口，暴露出敌视劳动人民的资产阶级本性。他的新人口论与之比较有天壤之别："我们不要战争，更不能想象用战争来消灭人，我们从爱人出发，要我们的人生活得幸福和繁荣"；"我只主张把还没有生出来的人口，用避孕的方法控制起来而已"②。

然而批判者们不屑一顾马寅初的这些言词，认定他就是利用人口问题向党向社会主义进攻，就是中国的马尔萨斯，人口问题就是政治问题，必须从政治上把他批倒批臭！这样一来，有谁敢冒天下之大不韪讨论人口、研究人口问题？更不要说发表人口过剩一类的文章了。致使人口研究在世界第一人口大国中断了一二十年，成为无人敢于问津的"禁区"。

2. 用"人手论"取代"人口论"，宣布社会主义不存在人口过剩问题。

在批判马寅初新人口论的上百篇文章中，有一个共同的基调，说他把人看成了消费者，没有首先看到是生产者，是"见口不见手"。在两次批判马寅初新人口论过程中，逐步形成一种理论教条：人口越多劳动力越多——劳动力越多生产越多——生产越多积累越多——积累越多发

① 参见马寅初：《新人口论》，北京出版社 1979 年版，第 5 页。

② 参见马寅初：《新人口论》，北京出版社 1979 年版，第 53—54 页。

展越快，因而人口越多越好。甚至有人在《人民日报》上发表文章说：为什么人们只看到人有一张口，而不首先看到有一双万能的手呢？认为“人口”一词本身就值得推敲，应该将“人口”改为“人手”，将“人口论”改为“人手论”。据此，社会主义永远不可能存在人口过剩问题，人口过剩是资本主义特有的人口现象，成了一条铁律。

今天看来，这种形而上学的“理论”近乎可笑，而在当时看来，却是相当正统的人口理论哩！对于这种“人口多——劳动力多——生产多——积累多——发展快”的理论教条，由于是在批判《新人口论》中形成的，自然同马寅初的理论格格不入，马老的理论就是对这种理论的反批判。纳入人口学、人口经济学、人口社会学视野，可分成三个层次略加解剖分析。

其一，人作为生产者和消费者的关系。人口作为一种抽象的概念，是消费者和生产者的统一。一般地说，一个人在一生中所创造的财富要大于他自己消费的部分，这样才会有剩余，社会才会有积累和发展。从这个角度说，人作为消费者同作为生产者比较起来，作为生产者是主要的；人口和人手比较起来，人手是主要的。然而必须注意，有三个“不要忘记”：第一，不要忘记客观上存在一定的时间差。人一生下来在没有成为生产者之前首先是一个消费者，在年老之后又是一个纯消费者。就是说，一个人从降生下来到世间直至生命终结，始终是一个消费者；只有在劳动年龄（人口学认定15～59岁或15～64岁）才是生产者，作为消费者存在的时间远较作为生产者存在的时间为长。如果生育率和出生率过高、新增人口过多，低龄人口占比过高，就会加剧生产不足，20世纪五六十年代我国就是这种情况。第二，不要忘记人成为现实的生产者需要一定的条件。劳动年龄人口要进行生产，就要有一定的生产资料与之相结合；如果没有足够的生产资料与之相结合，劳动力再多也是枉然，只能是理论意义上的生产者，而不能成为现实的生产者。20世纪50年代我国人口多、底子薄、生产力不发达的基本国情主要特点十分突出，矛盾的主要方面是生产资料不足而不是劳动力缺乏，安排劳动年龄人口就业一直是一项十分艰巨的任务。一些批判者置我国基本国情于不顾，抓住人是生产力中“最活跃最积极的因素，是无穷无尽的社会财富的创造者”教条不放，得出“不是人口太多，而是人手不足”的结论，甚至可以抛开物质条件去创造“人间奇迹”，就只能是一厢情愿的奢谈，给大量增加人口注入一些强心剂罢了。第三，不要忘记技术进步对生产者的排斥效应。随着科学和技术的不断发展，工农业主要物质生产部门的技术革新和技术革命进步很快，而劳动者就业数量的变动与固定资产的增长成正比，与劳动者的技术装备成反比。工业化和现代化发展的历史表明，劳动力将逐步从物质生产部门向非物质生产部门转移，由农业向城镇工商业转移，再由城镇工商业向服务业为主的第三产业转移。因此在今天说来，工农业物质生产的发展一定要吸纳大量劳动力，已经是落了伍的观念。

其二，人口变动和积累的关系。批判者基于人是生产者比消费者更重要，人口多就生产多，从而得出积累也多的结论。我们知道，在积累率不变的条件下，一个国家积累的增长主要取决于国民收入的增长，而国民收入的增长又取决于生产的发展，取决于生产者和生产资料的状况。如前所述，只有在生产资料充裕的情况下，增加的劳动力才能有与生产资料相结合的机会，才能进入生产过程，才能增加生产和增加积累。如果没有充裕的生产资料同劳动力相结合，劳动力增加再多也不能进入生产过程，则不能增加半点儿积累。非但不能增加积累，这些人同样要生活，要吃、要穿、要住、要受教育，要消耗生活资料，使社会消费额和消费占国民收入的比例增大，在国民收入为一定的情况下，势必要减少积累。此外，还应注意到人口同物质生产有很大的不同。某工厂生产的产品出厂后的使用价值是一定的，不需要改变它的形态；人口初次生产出来的“产品”——新生儿——不能立即实现其使用价值，必须经过婴儿、儿童、青年等抚养教育阶段，才能变成现实的劳动力，实现其使用价值。在此期间，这些未成年人口是消费者，不是增加积累而是减少积累的因素。如果未成年人口在一定期间内增加过多，抚养和教育费用所占比例过大，则如同马寅初新人口论所分析的那样，就是积累的减少和工业化的推迟。

其三，人口变动和劳动生产率的关系。《新人口论》批判者一般不否定提高劳动生产率的作用，但却认为人口增加不是降低劳动生产率的因素，甚至可能促使劳动生产率获得巨大的增长，并举出当时城市人口、劳动力和劳动生产率同时增长“两全其美”的例子。说到农业劳动生产率随着人口的增加而增加，似乎批判者们觉得理由更为充足。他们举出“大跃进”不仅扩大耕地面积、开发山区、发展多种经营需要增加大量劳动力，而且兴修水利、深耕细作等提高单位面积产量等，也需要增加大量劳动力，劳动力增长是提高农业劳动生产率的保证。他们还以“大跃进”中出现劳动力“不足”为依据，证明要提高劳动生产率，就只有依靠人口和劳动力的不断增长。

我们知道，从事物质资料生产的劳动力和生产性固定资产、劳动生产率之间最基本的关系是：在劳动者技术装备不变条件下，劳动力就业人数同固定资产的增长成正比。固定资产增长，就业人数随着增加；而在固定资产一定的条件下，劳动力就业人数同劳动者的技术装备成反比。技术装备增加即劳动生产率提高，劳动力就业人数相应减少。因此，人口和劳动力怎样变动，同就业和劳动生产率的提高密切相关。马寅初写道：“要提高工业的劳动生产率，就要大力积累资金，加强每个工人的技术装备，同时还要控制人口，因为如人口增殖任其自流，资金很难迅速地积累。积累资金最快的方法是提高劳动生产率。劳动生产率提高以后工人的收入也当然提高，如农民的劳动生产率不能与工人的劳动生产率比例地提高，二者收入的差别愈来愈大，就影响着工农联盟。因此控制人口，实属刻不容缓，不然的话，日后的问题益形棘手，愈难解决。”又说：“社会主义事业愈发展，机械化、自动化必然随之扩大……我们考虑到人多，就不能很快地机械化自动化，我们现在不能多搞最大的工厂，要多搞中、小型工厂，就是因为中小型工厂可以安插好多人……我们过多的人口，却拖住了我们高速度工业化的后腿，使我们不能大踏步前进。”① 然而批判《新人口论》，竟连人口经济学这样的常识也“批倒批臭”，树立起人口和劳动力增长越快越有利于劳动生产率提高的“理论”，人们也只有叹息和苦笑而已。

3. 人口质量与种族优生混同，谁讲人口质量谁就是仇视劳动人民。

---

① 参见马寅初：《新人口论》，北京出版社 1979 年版，第 12—13 页、第 27 页。

批判马寅初的人口质量论，将其说成是“来源于资产阶级社会学者所倡导的优生学说，来源于法西斯主义所宣扬的种族论”①，“是对中国人的诬蔑，对帝国主义的效劳”②。实际上，人口质量是不容抹煞的客观存在。任何物质都有数量和质量两个方面，没有无一定质的量，也没有无一定量的质，质和量是物质统一体中不可分割的两个方面，人口也不例外。马寅初的人口质量论是否精确、全面另当别论，但是他讲的人的健康素质，特别是反复强调的科学、教育、文化素质是人口质量中的核心，是颇有见地、无可责难的，所谓“污蔑”“效劳”一类近乎无稽之谈。过去由于不加任何区分地批判“资产阶级优生学”，曾经造成某种不良影响，妨碍了人口素质的提升，造成一方面安排新增劳动年龄人口就业困难，另一方面国民经济发展急需的专家、工程师、科学技术人才严重短缺，人口数量与质量的矛盾比较尖锐。从总体上观察，人口由数量、质量和结构三部分组成，虽然一定历史时期人口数量控制表现为主要和主导的方面，但是人口质量的提高和结构的调整不可缺少，是全面解决人口问题不可或缺的重要组成部分。

4. 在社会主义人口规律问题上，突出人口的不断迅速增长。

批判马寅初新人口论中的人口节制主义，必然强调人口的迅速增长，把这一点放在突出位置。一些批判常常引征苏联《政治经济学教科书》中的一段话：把“人口不断迅速增加，人民物质福利水平很高，患病率和死亡率很低，同时有劳动能力的人得到充分而合理的使用”，视为社会主义人口规律的实质，我国人口的迅速增长就是社会主义人口规律作用的结果。从这种见地出发，主张实行鼓励人口增长的政策，“社会主义国家把人口的增长看作加速社会主义建设及共产主义建设、推动社会进步的伟大力量，因此，社会主义国家决不惧怕人口的高速增长，而是为人口的高速度增长创设一切有利条件”③。虽然有的批判文章也赞成一定意义上的计划生育，但是正如他们自己所说的那样，不是出于

① 参见《人民日报》1958年6月6日。

② 参见《经济研究》1960年第1期

③ 参见《新建设》1955年第12期。

人口多的原因，“而是为了保护妇女健康和更好的教养后代”①。“人口不断迅速增长是社会主义人口规律”这一教条，是从苏联《政治经济学》教科书中照抄照搬过来的。然而由于正好适合批判人口节制主义需要，这一教条便成为正统和主导的理论，且占据的时间更长，影响也更深远。

两次批判马寅初新人口论，形而上学的一套人口理论长期主宰理论界，影响深远，教训十分深刻。笔者以为，需要总结的主要经验教训有以下几点。

第一，要正确认识和处理学术问题与政治问题的关系。学术问题，特别是社会科学中的学术问题往往同政治有牵连，但它们毕竟属于不同的范畴，因而要用不同的方法去解决。马寅初先生参加最高国务会议和作为人大代表提出人口问题，从国家政治生活来讲是政治问题，意见和提案怎样处理，完全由国家权力机关决定。但他提出的人口问题本身，就内容来讲，属于学术性质，属于理论方面的问题，只能按照“百花齐放、百家争鸣”的方针，通过自由讨论和摆事实、讲道理的方法加以解决，切不可依仗人多势众实行压服。在学术问题上，真理有时不在多数人而在少数人手里。可是，20 世纪 50 年代后期至 60 年代初期的那场“大辩论”却违背了这项原则，特别是陈伯达和康生居心叵测插手以后，把马寅初当作艾奇逊来批判，一巴掌把人家打下去，把学术问题变成地地道道的政治问题。不禁堵塞了言路，使节制人口主张一夜之间消失得无影无踪，而且使人口问题变成无人敢于触及的“禁区”，此后一二十年基本上没有关于人口的文章问世。

第二，要有充分的民主。这场批判和辩论有一个奇怪的现象：辩论的一方人数颇多，上阵发表文章者超过百人；另一方却少得可怜，用马寅初的话说，是“单枪匹马”。是马寅初先生的学说没有人赞成吗？不是。对此，马寅初先生说：“自《新建设》十一号登出我的文章后，同意我的信已经不是少数了，有的虽表示同意，但不敢签名，只写‘读者谨上’字样。”其实，不仅赞成马先生新人口论的大有人在，就是他的

① 参见《新建设》1960 年第 4 期。

经济要综合平衡的意见，也有不少人支持。但是由于缺乏民主，既缺乏政治民主，又缺乏学术民主，却很少有人敢于站出来为之辩护。似此等“辩论”，又能辩出什么真理来呢?!

第三，要坚持实践是检验真理的唯一标准。旧中国人口生产具有高出生率、高死亡率、低增长率的特点。新中国成立后，党和政府有效地解决了失业、灾荒、饥饿和疾病等一系列问题，使人口死亡率大幅度地降了下来，出现了人口迅速增长的趋势。马寅初先生的《新人口论》，是在调查研究的基础上，针对人口变动这种新态势写出来的。然而，许多批判者既没有进行深入实地的调查研究，又不认真分析资料、研究人口变动和发展的新矛盾、新问题，不从实际而是从长官意志出发，从本本出发，凭借某些教条主义理论批判别人。结果是批判越狠，离开现实越远，造成的危害就越大，不利于科学的人口政策的出台和人口问题的解决。实践是检验真理的唯一标准，也是检验人口理论和人口政策的唯一标准，任何时候都必须坚持这一原则。

对马寅初新人口论的错误批判和由此形成的形而上学的片面理论，理论界和社会舆论成为“人口越多越好”论的一统天下，使我们不能也无法正视我国人口问题的性质，对政策的诠释也显得十分苍白无力。在这种情况下，为马寅初平反，为他的新人口论翻案，就成为人口理论拨乱反正、正本清源的关键。然而在当时“左”的思潮影响下，尤其在后来“文革”十年动乱情况下，这是不可能做得到的。就人口政策而论，在“人多是好事”高压舆论态势下，涉及人口理论和方针政策方面的问题，只能由党和国家最高领导出面下指示或下发文件。出现理论归理论，政策归政策，言论归言论，行动归行动，彼此互相不相匹配、不相协调的不正常的现象。直到 1978 年党的十一届三中全会恢复了实事求是的思想路线以后，以为马寅初新人口论翻案为契机，方才迎来包括人口科学在内的科学发展的春天，这种不相匹配、不相协调的现象方才从根本上得到改观。

第三章　在争议中逐渐升温的人口政策

通过第一章历代人口政策鸟瞰和第二章新中国成立后前三十年人口问题论争的回顾和讨论，可以看出，政策和文化对人口变动的作用和影响不可低估，是不容忽视的重要因素。然而特定历史条件下的人口变动，又不能完全用政策和文化来解释。因为人口问题说到底是发展问题，其变动和发展主要取决于特定历史条件下经济、科技、政治、社会的状况和发展水平。因此，研究新中国成立后前三十年人口政策变动的来龙去脉，还需要结合这一时期人口、经济、政治、社会状况，做出相关性较强的分析和考量。

第一节　人口在起伏中增长

新中国成立后前三十年（1949—1978）的人口变动，有点儿像人口理论争论不休一样，显示出跌宕起伏、大起大落变动走势。需要联系不同历史发展阶段的政治、经济、社会背景做出阐述。尤其要重视社会经济发展的基础作用，因为人口的变动和发展总是建立在一定经济基础之上的。按照时间顺序，新中国成立后前三十年人口的变动和发展，分述如下。

一、三年恢复时期：人口转变快速启动

迄今为止，人口转变理论被认为是人口学最成熟的理论之一。形成高出生、高死亡、低增长——高出生、低死亡、高增长——低出生、低死亡、低增长三个不同的变动阶段，人口较多国家均毫无例外地按照这一转变范式走过来，形成大同小异的转变轨迹。中国很早便是世界上人

口最多的国家，尽管在漫长的历史长河中发生过无数次人口增长——减少——增长变动，然而却没有发生过如此规范化的人口转变。1949 年中华人民共和国成立后，中国政治、经济、社会发生翻天覆地的变化，为规范化的人口转变提供了必要的条件，转变也就随之发生了。因此，有必要从政治、经济、社会发生了怎样的变动入手，阐发三年经济恢复时期即完成以死亡率下降为先导的第一阶段的人口转变。

三年国民经济恢复时期的情况是：在饱受帝国主义列强百年侵略、封建军阀连年混战之后、蒋介石集团败退台湾前又做了最后一次抢掠，经济社会可谓百孔千疮、百废待兴、百业待举。首要的任务是将革命进行到底，人民解放军如秋风扫落叶一样，迅速南下扫荡了国民党在华南、西南、西北的残余势力，建立了人民政权。1951 年西藏和平解放，完成除台港澳外的统一。解放全中国和抗美援朝战争的伟大胜利，大大巩固了国防，鼓舞了全国人民的斗志。相对近百年来战乱不断、人民颠沛流离的岁月说来，安居乐业是人口生产得以恢复和发展的必要条件。新中国的建立并进入三年恢复时期，我们具备了可以进行和平建设的条件了。

社会秩序安定使原本在外的流失人口得以重回家园，人口再生产有了一个“安居”的环境；但是要实现“乐业”，则必须发展经济。1949 年与抗战前的最高年份相比，农业产值减少 20%以上，粮食减少 22.1%，棉花减少 46.0%。工业生产减少更为严重，轻工业减少 30.0%，煤炭减少 47.6%，钢减少 62.2%，货运输物周转量减少 57.4%。[①] 商品流通和内外贸易渠道堵塞，生产、交换、分配、消费各生产环节运转不畅。不法商人不择手段囤积居奇，从事投机活动的银行钱庄疯狂追逐暴利。物质短缺严重，物价飞涨趋势难以遏制。国家财政入不敷出，城镇失业人口数量巨大，人民生活十分贫困。处在这种状态下的人口再生产，基本的状况是简单的再生产，人口死亡率和婴儿死亡率高、预期寿命短和增长率低是显著的特点。在这种异常困难的情况

① 参见柳随年、吴群敢主编《中国社会主义经济简史（一九四九——一九八三）》，黑龙江人民出版社 1985 年版，第 16 页。

下，年轻的共和国没有被吓倒，也没有束手无策，而是采取了一系列大刀阔斧的措施，为争取财政经济状况的根本好转和人民生活的有效改善而斗争。主要包括废除帝国主义特权，没收官僚资本；进行土地改革，实现耕者有其田；统一财政金融，稳定物价；合理调整工商业，扩大劳动就业；厉行增产节约，开展“三反”“五反”运动；组织重点项目建设，提升国民经济实力等。

经过三年恢复和建设，新中国医治了战争的创伤，到 1952 年底工农业生产超过历史上最高水平，交通运输、国内商业和对外贸易均达到新的水平，人民生活获得显著改善和提高。首先是物价稳定，与新中国成立前物价飞涨形成鲜明对比，粮食、布匹等生活必需品有了保障。其次是农民分得了土地，实现了耕者有其田，使得占全国人口近 90%的农民能够吃上饭，基本生活有了保证。再次旧中国遗留下来的城镇 400 多万失业人口一半以上得到就业，其余大都得到安置，城镇工商业得到恢复并且有了新的发展。1950 年率先在大中型企业实行劳动保险，公教人员实行医疗保险制度，新中国的社会保障事业由此开端。复次教育、卫生、文化事业获得较快发展，各级各类学校恢复并扩大了招生人数，医院病床数有了成倍的增长，肺结核等传染性疾病得到有效治疗，兴建了一批图书馆、文化馆，人民的物质文化生活逐步得到改善和提高。这表明，三年恢复时期的任务已经完成，从 1953 年起进入大规模的经济建设阶段。

三年经济恢复时期取得的巨大成就，基本上满足了大多数人口再生产对物质生活资料的需求，劳动资料满足劳动年龄人口就业需求也得到改善。医疗、卫生、体育等事业的发展，更直接降低了人口死亡率，特别是婴儿死亡率呈现直线下降走势。社会安定团结，战争、瘟疫等风险死亡率大幅度下降，推动人口再生产由高出生、高死亡、低增长，向着高出生、低死亡、高增长类型转变。参见表 3.1。①

① 资料来源：中华人民共和国国家统计局编《中国统计年鉴 1986》，中国统计出版社 1986 年版，第 92 页。

表 3.1 1949 年至 1952 年人口自然变动

	1949	1950	1951	1952
出生率（‰）	36.00	37.00	37.80	37.00
死亡率（‰）	20.00	18.00	17.80	17.00
自然增长率（‰）	16.00	19.00	20.00	20.00
总和生育率（TFR）	5.80	5.81	5.70	6.05

表 3.1 表明，1949 年至 1952 年，人口出生率一直维持在 37.0‰左右的高水平，表现出高生育率延续性特点；死亡率比较高，但趋势是逐步下降的，于 1952 年下降到 17.0‰，反映出死亡率首先下降的特点；自然增长率呈上升趋势，1951 年、1952 年已上升到 20.0‰的较高水平。这说明，在新中国成立后短短三年国民经济恢复期间，即实现了人口再生产向着高出生、低死亡、高增长类型的转变，展示出新的人口增长势能。

二、"一五"时期：第一次生育高潮应声而至

三年国民经济恢复时期完成人口再生产由高、高、低向高、低、高转变，形成新的增长态势。这种态势能否继续下去？理论上批判了社会学派人口节制主义，营造了有利于人口增长的舆论。政策上不但没有任何控制生育的规定出台，相反还偶有奖励多生多育"英雄母亲"事件发生，营造了有利于人口增长的政策导向。更为重要的是国家推出一系列重大举措，尤其是旨在进行大规模经济建设的第一个五年计划隆重推出，营造了促进生育的社会环境。

1952 年党中央提出过渡时期的总路线，基本点是"从中华人民共和国成立，到社会主义改造基本完成，这是一个过渡时期。党在过渡时期的总路线和总任务，是要在一个相当长的时间内，逐步实现国家的社会主义工业化，并逐步实现国家对农业、对手工业和对资本主义工商业的社会主义改造。"这条"一化三改"的过渡时期总路线，形象地被称为"主体两翼"："主体"是"一化"，"两翼"是"三改"。到 1956 年对农业、手工业、资本主义工商业的社会主义改造基本完成，全民所有制

经济、集体所有制经济、公私合营经济占国民收入的比例达到90%以上，个体经济、私营经济所占比例急速下降。这给计划经济提供了极大的便利，包括劳动就业在内的高度集中统一的计划经济体制逐渐形成。

按照"一化三改"总路线要求，全国集中精力进行"一五"大规模经济建设。重点是以当时苏联援助的156个大型项目为中心，由694个限额以上建设单位组成的工业建设。到1957年，"一五"计划超额完成。五年内，基本建设投资新增固定资产460亿元，建设了一批大型煤炭、钢铁、机器制造、有色金属、化学肥料等工矿企业，兴建了多条铁路、公路交通干线，大型农田水利建设工程的完成提高了抗灾减灾的能力，科学、教育、文化、卫生、体育事业有了新的发展，人民生活水平显著提高。1952年与1957年比较，社会总产值由1 015亿元增加到1 606亿元，按可比价格计算增长70.9%；其中工业总产值由349亿元增加到704亿元，增长128.6%，所占比例相应由34.4%提高到43.8%；农业总产值由461亿元增加到537亿元，增长24.8%，但是由于远不及工业、建筑业、运输业和商业增长为快，所占比例由45.4%下降到33.5%。国民收入由589亿元增加到908亿元，人均国民收入由104元提高到142元，增长36.5%。① 不难看出，虽然"一五"建设中也存在这样那样的问题，但是重点突出、保质保量、计划性强是显著的特点。经济发展既迅速又平稳，人民生活取得明显的改善和提高，为人口生产提供了新的基础。在这种情况下，出现新中国人口史上第一次生育高潮。参见表3.2。②

表3.2　1953年至1957年人口自然变动

	1953	1954	1955	1956	1957
出生率（‰）	37.00	37.97	32.60	31.90	34.03
死亡率（‰）	14.00	13.18	12.28	11.40	10.80

① 资料来源：中华人民共和国国家统计局编《中国统计年鉴1986》，中国统计出版社1986年版，第36、37、39、52页。

② 资料来源：中华人民共和国国家统计局编《中国统计年鉴1986》，中国统计出版社1986年版，第92页。

续表

	1953	1954	1955	1956	1957
自然增长率（‰）	23.00	24.79	20.32	20.50	23.23
总和生育率（TFR）	6.05	6.28	6.26	5.85	6.41

1952 年全国人口为 57 482 万人，1957 年增加到 64 653 万人，5 年时间增加 7 171 万人，年平均增加 1 434 万人，年平均增长率达到 23.79‰，形成新中国人口史上第一个生育高潮。这次生育高潮的特点，一方面表现出高出生率的延续性，但是延续中已经略有下降；另一方面死亡率下降的趋势更为明显，5 年共下降 6.2 个千分点，年平均下降 1.24 个千分点。在这种情况下，人口年平均增长率达到近 24.0‰，创造第一个隆起的高峰。

三、"大跃进"和三年困难时期：生育低潮相伴而行

第一次生育高潮为 1958 年"大跃进"所打断。全国人民在鼓足干劲、力争上游、多快好省地建设社会主义总路线指引下，意气风发、斗志昂扬，投身到"大跃进"之中。同时，人民公社化运动风起云涌，融入"大跃进"变成"人有多大胆、地有多大产"，"思想解放"、大放"卫星"被推到前所未有的高度。当年毛泽东同志在最高国务会议上的讲话中说："人多好还是人少好？我说现在还是人多好，恐怕还要发展一点"。又说："现在人多一些，气势旺盛一些。要看到严重性。同时也不要那么很怕。我是不怕的，再多两亿人口，我看问题就解决了。"[①] 5 月，刘少奇同志在代表中国共产党中央委员会向第八届全国代表大会第二次会议的工作报告中，不指名批评了以马寅初为代表的人口节制主义。该报告说："某些学者甚至断定，农业增长的速度赶不上人口增长的速度。他们认为，人口多了，消费就得多，积累就不能多……他们只看到人是消费者，人多消费要多，而不首先看到人是生产者，人多就有可能生产得更多，积累得更多。显然，这是一种违反马克思列宁主义的

① 参见国家人口和计划生育委员会编《中国人口和计划生育史》，中国人口出版社 2007 年版，第 44 页。

观点”。12 月 10 日，中共八大六中全会通过的《关于人民公社若干问题的决议》，一反过去人多地少的观点，对未来的憧憬这样的描述：“过去人们经常忧愁我们的人口多，耕地少。但是 1958 年农业大丰产的事实，把这种论断推翻了。只要认真推广深耕细作、分层施肥、合理密植而获得极其大量的高额丰产的经验，耕地就不是少了，而是多了，人口就不是多了，而是感到劳动力不足了。这将是一个极大的变化。应当争取在若干年内，根据地方条件，把现有种农作物的耕地面积逐步缩减到例如三分之一左右，而以其余的一部分土地实行轮休，种牧草、肥田草，另一部分土地植树造林，挖湖蓄水，在平地、山上和水面都可以大种其万紫千红的观赏植物，实行大地园林化。”①

然而“大跃进”以生产力遭到巨大破坏而告终，人民公社也逐步退回到农业合作化初期水平，直至改革开放后演变为联产承包责任制。生产力遭到巨大破坏对人口生产是重大打击，一些文章对此做出不同的估算。其实，国家统计局给出的统计资料已经很清楚了，只要依据“大跃进”之前的数字推算，答案就自然流淌出来了。以此，“大跃进”之前 1957 年与三年困难时期最后一年 1961 年比较，出生率由 34.03‰下降到 18.02‰，下降 16.1 个千分点。死亡率由 10.80‰提高到 14.24‰，提高 3.4 个千分点；其中 1960 年提高到 25.43‰，提高 14.7 个千分点。自然增长率由 23.23‰下降到 3.78‰，下降 19.6 个千分点；其中 1960 年下降到—4.57‰，下降 27.57 个千分点。参见表 3.3。②

表 3.3　1958 年至 1961 年人口自然变动

	1958	1959	1960	1961
出生率（‰）	29.22	24.78	20.86	18.02
死亡率（‰）	11.98	14.59	25.43	14.24
自然增长率（‰）	17.24	10.19	−4.57	3.78

① 参见彭珮云主编《中国计划生育全书》，中国人口出版社 1997 年版，第 4 页。

② 资料来源：中华人民共和国国家统计局编《中国统计年鉴 1986》，中国统计出版社 1986 年版，第 92 页；国家统计局人口与就业统计司编《中国人口主要数据手册 1995》第 40 页。

续表

	1958	1959	1960	1961
总和生育率（TFR）	5.68	4.30	4.02	3.29

四、经济调整和“文化大革命”时期：第二次生育高潮不期而至

面对国民经济三年严重困难，1960 年 9 月，中央提出“调整、巩固、充实、提高”的“八字方针”，到 1962 年调整取得初步成效。1962 年 5 月，中共中央召开工作会议，讨论和批准了中央财经小组关于 1962 年经济调整计划的报告，做出必须退够才能前进，进一步对国民经济进行全面调整的决策。这里所说的“国民经济全面调整”，是指在 1962 年调整取得初步成效基础上，其后三年继续做出进一步调整，时间跨度至 1965 年。

“大跃进”导致的经济困难，就节制生育和控制人口增长说来，它比任何政策实施的威力和效果都大。不过这样的效果并非正常的，也不是我们所期望的。果不其然，经济困难时期一经过去、进入恢复调整阶段，便同新的生育高潮不期而遇，出现带有补偿性，甚至可以说带有报复性的巨大增长。

1962 年至 1973 年间，出生率在 30.0‰以上多达 10 年，其余两年分别为 29.8‰和 28.0‰，同 30‰也很接近。死亡率呈逐步下降走势，由 10.02‰逐步下降到 7.04‰。自然增长率在 23.33‰以上也达 10 年，1963 年创造出 33.33‰的高增长率，为新中国人口增长史上唯一突破 30‰之“珠穆朗玛峰”！第二次生育高潮期间出生 3.2 亿人口，至今尚在者还有 3 亿左右，构成人口年龄结构中异常庞大群体，分外突出，对其后的人口变动、社会经济发展，产生长期、深刻、难以改变的影响。参见表 3.4。[①]

① 资料来源：中华人民共和国国家统计局编《中国统计年鉴 1986》，中国统计出版社 1986 年版，第 92 页；国家统计局人口与就业统计司编《中国人口主要数据手册 1995》第 40 页。

表 3.4　1962 年至 1973 年人口自然变动

	1962	1963	1965	1968	1970	1973
出生率（‰）	37.01	43.37	37.88	35.59	33.43	27.93
死亡率（‰）	10.02	10.04	9.50	8.21	7.60	7.04
自然增长率（‰）	26.99	33.33	28.38	27.38	23.83	20.89
总和生育率（TFR）	6.02	7.50	6.08	6.45	5.81	4.54

1973 年至 1978 年，无论出生率、死亡率还是增长率，均呈缓慢下降走势。比较而言，出生率由 27.93‰下降到 18.25‰，下降 9.7 个千分点降幅为最大。死亡率由 7.04‰下降到 6.25‰，仅下降 0.8 个千分点降幅为最小。自然增长率由 20.89‰下降到 12.00‰，下降 8.9 个千分点居中。总和生育率由 4.54 下降到 2.72，降幅达到 40%，缩短了与更替水平的距离，表明此次生育高潮的终结。

第二节　政策在徘徊中升温

新中国成立后前三十年的人口变动，无论增长或者减少，总是同人口政策有着一定的关联。前已叙及，这种关联不是亦步亦趋性质的，因为还要看决定人口变动的经济基础、社会结构怎样变动。无疑，一般情况下政策特别是生育政策与人口变动呈现正相关关系，相辅相成；特殊情况下，则成负相关关系，相反相成。既要看到一般变动的规律，也要分析特殊情况下的具体变动，一切以时间、地点、条件为转移。

前三十年以生育政策为主的人口政策，总体上说来，处于创立和形成阶段。按照前面分析采用的历史阶段划分，人口政策的演进过程大致如下。

三年国民经济恢复时期。新中国成立时的主要任务，是稳定社会秩序，推进民主改革，发展生产和改善人民生活，尽快将经济恢复到战前水平。对于人口问题，全国人民受到毛泽东同志批判艾奇逊鼓舞，一扫中国人口多的种种悲观论调，用短短三年时间完成由高出生、高死亡、低增长向着高出生、低死亡、高增长的转变，政策指向主要是保护生育、防止随意堕胎。1950 年 4 月 20 日，中央人民政府卫生部、中国人民革命军事委员会卫生部发布了《机关部队妇女干部打胎限制的办法》，规定“打胎以前，必须本人丈夫同意并签字”，经公立医院妇产科医生证明，申请批准，方可施术。“凡未经批准施行打胎者，对其本人及执行打胎者，应分别予以处分”。1952 年 12 月，中央人民政府政务院文化教育委员会答复卫生部，同意《限制节育及人工流产暂行办法》和《婚前健康检查试行办法》两份草案。《限制节育及人工流产暂行办法》规定：“凡违反本办法，私自施行绝育手术或人工流产手术者，以非法堕胎论罪，被手术者及实行手术者均由人民法院依法处理……医师应予以行政处分。”此外还规定，药房出售节育药具，须向当地卫生主管机关呈报核准。未经批准之店铺摊贩一律禁止出售节育药具。[①] 应当说，这些政策性规定主要的对象是妇女干部中的人工流产者和绝育手术者，以及控制避孕药具的非法出售者。对于广大民众和绝大多数妇女说来，这些限制似有若无，因为那时一般劳动妇女并没有节育的要求。还要注意到，第二次世界大战结束后国际上曾经出现过一段时间的生育高潮，这同当时禁止堕胎及人工流产呼声颇高、不少国家纷纷制定了相关的法律和法规，有着一定的关联。不管怎样，20 世纪 50 年代中前期出台的这些限令，矛头指向随意堕胎行为，出台相应的法律规范，是可以肯定的。

有无不同的声音？当然有。1953 年 8 月，时任政务院副总理的邓小平同志指示卫生部，改正限制节育、禁止避孕药和用具进口的做法，催促制定和下发《避孕及人工流产办法》。1954 年 5 月 27 日，全国妇联副主席邓颖超写信给邓小平，反映机关妇女干部要求实行节育的意见。第二天，邓小平即做出批示：“我认为避孕是完全必要的和有益的，卫生部对此似乎是不很积极的，请文委同卫生部讨论一下，问问他们对此问题的意见，如他们同意，就应采取一些有效的措施。”周恩来总理

① 参见国家人口和计划生育委员会编《中国人口和计划生育史》，中国人口出版社 2007 年版，第 17—18 页。

曾经表示："要提倡节制生育，这个问题的发明权本来是邓小平同志的。"[①] 1955 年 2 月，卫生部党组向党中央提交了关于节制生育的报告，检讨了过去对节育"没有从思想政策上引起重视，没有加以认真的研究，就草率地采取了反对节育的政策"，"既未认真研究，亦未及时向中央反映情况和请示方针，就自作主张，这是忽视党的领导，是严重的分散主义的错误，今后应引以为戒"。报告提出，"根据党中央的精神，我们认为在中国今天的历史条件下，是应当适当地节制生育的；在将来，也不应当反对人民群众自愿节育的行为"，并且拟定了相应的方针和具体措施。3 月 1 日党中央做出批示："我们党是赞成适当地节制生育的。各地党委应在干部和人民群众中（少数民族地区除外），适当地宣传党的这项政策，使人民群众对节制生育有一个正确的认识。"[②] 到 1956 年，周恩来总理在《关于发展国民经济的第二个五年计划的建议报告》中，重申"我们赞成在生育方面加以适当的节制"；《一九五六年到一九六七年全国农业发展纲要(修正草案)》，则提出"提倡有计划地生育子女"[③]；1957 年 3 月 1 日毛泽东同志在最高国务会议第十一次（扩大）会议讲话中，明确提出"要提倡节育，要有计划地生育"[④]。这表明，以毛泽东同志为代表的党中央对节制生育的新的认识，发生由过去限制节育到赞成节育的转变。并且提出了"有计划地生育子女"——最早的计划生育思想。

不过"一五"时期节制生育和有计划地生育子女的提出还是初步的，有一定限度的。卫生部党组关于节育问题向中央的报告，用了几个"适当地"：一是认为今天"是应当适当地节制生育的"；二是"节育应该一律不加限制，并应适当地加以提倡"；三是要"适当的宣传和指导，使群众对节育有正确的认识，防止可能的偏向。但不应形成一种宣传运

---

① 参见国家人口和计划生育委员会编《中国人口和计划生育史》，中国人口出版社 2007 年版，第 20 页。

② 参见彭珮云主编《中国计划生育全书》，中国人口出版社 1997 年版，第 1 页。

③ 参见彭珮云主编《中国计划生育全书》，中国人口出版社 1997 年版，第 3 页。

④ 参见国家人口和计划生育委员会编《中国人口和计划生育史》，中国人口出版社 2007 年版，第 24—25 页。

动”。中央的批示也用了两个“适当地”：一是“我们党是赞成适当地节制生育的”；二是“适当地宣传党的这项政策”。① 自上而下、自下而上一连串多个“适当地”，说明尽管取消了对节制生育的限制，但是强调实施节制生育的范围要适当，提倡要适当，宣传要适当。为什么如此强调“适当地”？根源还在节制生育的原因和目的上。卫生部党组的报告认为：“中国现在已有六亿以上的人口，而且每年要增加人口一千二百万到一千五百万……人口增加过速，会使国家和家庭暂时均感困难。国家的困难是：托儿所、小学校以及生活资料来不及供应。家庭的困难是：子女多了，父母负担过重，影响工作、学习和生活，也影响对子女的教养。”② 中央对卫生部党组报告的批示，已经提到“为了国家、家庭和新生一代的利益”高度，较过去仅仅为了母亲和儿童的健康，有利于父母亲的工作和学习等提法，前进了一步。然而没有也不可能指出人口问题的过剩性质，回避了限制人口增长的目的。卫生部党组的报告还特别说明我们提倡节育，与马尔萨斯人口论以及新马尔萨斯主义“毫无共同之点”，生怕有人给戴上马尔萨斯主义人口论的帽子。

20 世纪 50 年代中期提出“应当适当地节制生育”，尽管还停留在上层讨论阶段，最多是试点性质的推广，主要是在大城市和个别人口稠密农村的试点推广。然而随着时间的推移，在“人口多一些好还是少一些好”的摇摆不定中，当 1962 年刚从困难中走出来即将跨进新的生育高潮的时候，全国人口达到 67 295 万人，比 1949 年共和国成立时净增 13 128 万人，这个现实不能不引起重视。1962 年 12 月，中共中央、国务院发出关于认真提倡计划生育的指示；1963 年批转卫生部党组关于卫生厅局长会议的报告，批准第二次城市工作会议的指示；1965 年又批转上海市委、市人委关于计划生育工作的报告。③ 这一系列指示、报告增添了不少新的精神，充实了人口和计划生育政策内容。概括起来主要是以下几点。

---

① 参见彭珮云主编《中国计划生育全书》，中国人口出版社 1997 年版，第 1—3 页。
② 参见彭珮云主编《中国计划生育全书》，中国人口出版社 1997 年版，第 2 页。
③ 参见彭珮云主编《中国计划生育全书》，中国人口出版社 1997 年版，第 4—6 页。

第一，实行计划生育，是我国社会主义建设中既定的政策。《中共中央、国务院关于认真提倡计划生育的指示》（中发〔62〕698号），于1962年12月18日下发（以下简称《指示》）。这是中央文件中第一次使用“计划生育”字样，是指导这一时期人口工作的一份纲领性文件。《指示》指出：实行计划生育“这是我国社会主义建设中既定的政策。认真地长期地实行这一政策，有利于保护母亲和儿童的健康，有利于教养后代，有利于男女职工在生产、工作、学习中充分发挥自己的力量，也有利于我国民族的健康和繁荣。因此，提倡节制生育和计划生育，不仅符合广大群众的要求，而且符合有计划地发展我国社会主义建设的要求。决不能把我国提倡节制生育，同反动的马尔萨斯人口论混为一谈。鉴于最近几年来放松了节制生育和计划生育的工作，中共中央和国务院认为有必要向各级党委和政府重申重视和加强对这一工作的领导”①。《指示》开头的这一段话很重要。首先，它给计划生育以明确的定位：是一项“既定的政策”，必须“认真地长期地实行”的一项政策。其次，它阐明了为什么要实行计划生育，实行计划生育的目的和意义。这里用了四个“有利于”，突破了过去仅仅着眼于母亲、儿童和家庭范畴，上升到“也有利于我国民族的健康和繁荣”。1963年中共中央、国务院批准下达的《第二次城市工作会议纪要》，提出实行计划生育六个“有利于”：“有利于社会主义建设的计划化；有利于控制城市人口的增长，减轻农业的负担，和缓城市的生活供应以及住宅、校舍和其他市政设施的紧张状况；有利于增加国家的积累和提高人民的消费水平；有利于职工的生产、工作、生活和学习；有利于保护母亲和儿童的健康；有利于第二代的教养。”② 在中央文件中将实行计划生育提升到国家和民族宏观层面，阐述同计划经济、积累、消费、人口控制等的关系，是政策层面认识论上的升华，一次有重要理论意义和现实意义的升华。再次，指出最近几年放松节制生育和计划生育工作的缺点，要求各级党委和政府“重视和加强对这一工作的领导”，“各地党委和政府要把这一工作列为

① 参见彭珮云主编《中国计划生育全书》，中国人口出版社1997年版，第4页。

② 参见彭珮云主编《中国计划生育全书》，中国人口出版社1997年版，第5—6页。

议事日程”，从而为政策的实施提供了组织保证。

第二，实施计划生育的主要目标，是要降低人口的出生率和自然增长率。1962年中央和国务院的《指示》，明确指出“适当控制人口的自然增长率”。1963年中共中央和国务院批转的《第二次城市工作会议纪要》，则提出“所有城市都应当努力降低人口出生率”，并提出具体的降低目标：“争取在三年调整时期，把城市人口的自然增长率，降到20‰以下；在第三个五年计划期间，降到15‰以下；在第四个五年计划期间，降到10‰以下。”① 这也是首次在中央批转的文件中，提出具体的出生率控制的目标，开计划生育目标管理先河。

第三，开展计划生育的对象，确定为以城市和人口稠密的农村为主。中国幅员辽阔，自然条件优劣千差万别，经济、科技、文化、社会发展不平衡，人口密度、素质、结构和种族、民族构成差别很大。20世纪60年代前期，许多地方交通还比较闭塞，信息交流困难，开展计划生育必须分清情况，区别对待，不能搞“一刀切”。这就要求要有一个明确的区别对待的政策。《指示》和上面提到的几份中央文件，均十分确切地指出“在城市和人口稠密的农村提倡节制生育”或“倡导计划生育”。由此看出，当时开展的计划生育，是部分地区而不是不分青红皂白地全国一拥而上，具有试行和逐步扩大推广含义。

第四，开展计划生育要做好宣传教育，加强节育技术指导。《指示》对宣传教育做出具体规定：宣传内容，主要讲解计划生育对保护母亲和儿童的健康、对个人和家庭的好处。宣传对象，是城镇厂矿和人口密度大的农村，主要是已婚的青壮年男女职工、公社社员、城市居民等；对未婚的青年男女职工、艺徒、高等院校学生和公社社员，也应当进行关于严禁早婚提倡适当推迟结婚年龄的宣传；在高等学校中要加强学生的思想政治教育，提倡集中精力学好本领，不要过早恋爱和结婚，以致妨碍学习，加重自己的负担。宣传工作原则，强调必须注意群众的风俗习惯和思想情况，从实际出发，区别对象，防止庸俗化；严防乱提口号、乱订指标、搞竞赛等错误做法；少数民族、人口稀少或自然灾害严重、

① 参见彭珮云主编《中国计划生育全书》，中国人口出版社1997年版，第6页。

妇女病很多的地区，不做普遍宣传，但对个别生育过多过密，有节育要求的男女职工和社员，也应当作好技术指导工作。宣传方式，要以口头宣传为主，小型为主。宣传包括避孕知识的宣传，必要时可由卫生部门发行内部小册子，不要在报刊上公开介绍。

第五，实行计划生育要以避孕为重点，做好避孕药具的生产和供应工作。《指示》明确指出：节制生育有效的办法是实行避孕，要向群众讲清楚人工流产是有害妇女健康的。由于目前避孕知识尚未普及，避孕药物的数量和质量不能满足群众需要，为了防止群众因不能进行科学的人工流产手术而私自堕胎，造成终身疾病或伤亡，卫生部门应制订具体办法并积极创造条件，帮助群众进行人工流产或施行绝育手术。《指示》还强调要做好避孕药品、用具的生产供应工作。不断提高产品质量，增加品种、规格；改进供应办法，扩大供应网点，便利群众购买；并规定避孕药品、用具的价格，一律不予提高。

从以上五个方面可以看出，1962 年至 1965 年国民经济全面调整时期的人口政策——主要是计划生育政策，处在逐步趋于全面、走向成熟阶段。肯定了这是一项必须长期坚持的既定政策，明确了实行这一政策的目的和意义、需要遵守的基本原则、具体的内容和方法，以及做好宣传教育、以避孕为主和进行节育技术指导等。从理论上说，虽然这一时期人口理论还处在“禁区”状态，没有见到有文章发表；但是在中央《指示》和批转的文件中，突破过去节制生育仅是有利于妇女和家庭的局限，将其提高到同计划经济相适应、有利于国家和民族的健康和繁荣高度，表明对我国人口问题的认识前进了一大步。这种进步还表现在计划生育组织机构的逐步建立。1962 年以前计划生育一直由卫生部管理，该年在该部妇幼司设立了计划生育处；1963 年中央和国务院批转《第一次城市工作会议纪要》，要求中央和地方，都要成立计划生育委员会，具体领导这方面的工作。根据这一要求，1964 年 1 月国务院计划生育委员会成立，由时任国务院秘书长的周荣鑫担任主任。随后，北京、天津、河北、山西、辽宁、吉林、黑龙江、上海、江苏、浙江、安徽、福建、山东、河南、湖北、湖南、广东、广西、四川、贵州、云南、陕西、甘肃、青海、新疆共 25 个省、自治区、直辖市，成立了省一级计划生育委员会。没有成立的省和自治区，有的也成立了技术指导委员会，加强计划生育技术指导工作。随着认识上的提高和政策的日益完整，各地组织领导机构的逐步落实，许多省、自治区、直辖市提出和制定了更为具体的生育政策，从中可以看到后来人口和计划生育政策的雏形。参见表 3.5。①

表 3.5　1962 年至 1965 年各地提出的计划生育数量要求

省、自治区、直辖市	年　份	生育子女数量要求
天津市人民委员会	1962	生育二个合理，有条件可生育三个
山东省文登县	1963	提出“晚、稀、少”要求
上海市	1963	市区提倡“少、稀、晚”
辽宁省	1963	限制生育第三胎
安徽省	1964	机关和企事业单位提倡晚婚
广东省	1964	提倡“晚、稀、少”
云南省	1963	提出“一个不少、两个正好、三个多了”
陕西省	1962	最好两个，最多不超过三个

1966 年开始的史无前例的“文化大革命”，直把国民经济搞到崩溃的边缘，把正常的社会秩序搞到无政府主义边缘，各项事业受到极大的冲击。然而各项事业受到冲击的程度有所不同，就是同一项事业在不同时间阶段，受到的冲击也有所不同。在“文革”十年中，人口政策和计划生育事业前期要比后期受到的冲击更大一些，后果和影响要更严重一些。故这一时期人口政策的探讨，不是按照“文革”十年划分，而是按照政策要求和政策实施的效果，分成“文革”前期（1966—1970）与后期至改革开放以前（1971—1978）。本来十年“文革”止于 1976 年，但是其影响真正消除则持续到 1978 年党的十一届三中全会召开前，故将这里的后期延长两年。

“文革”前期（1966—1970）的人口生育政策，总的说来，坚持了前期的提法，没有大的改变。这可由 1966 年 1 月中共中央在钱信忠同

① 参见国家人口和计划生育委员会编《中国人口和计划生育史》，中国人口出版社 2007 年版，第 58—59 页。

志《有关计划生育的几个问题》的报告上做出的批示，得到证明。中央批示说："实行计划生育，是一件极为重要的大事。中央1962年曾经指示各级党委加强领导，实行计划生育；近几年来的经验证明，这不仅符合广大群众要求，而且符合有计划发展我国各项社会主义建设的需要。同时，只要方法对头，群众自愿，就能够做出成绩来。钱信忠同志所写的有关计划生育问题的材料很好。当此第三个五年计划开始实行的时候，请各地党委按照中央、国务院1962年12月的指示，参照这份材料，认真总结经验，逐步推广，在城市和人口稠密的农村，积极开展计划生育工作，使人口增长的幅度继续下降，同发展经济和改善人民生活的要求相适应。"① 但是由于"文革"特别是"文革"前期无政府主义肆意泛滥，党政领导机关受到前所未有过的冲击，许多时候处于瘫痪和半瘫痪状态，包括计划生育在内许多工作常常无人抓、无人管、无人过问，致使这一时期人口计划生育政策的贯彻执行大打折扣，常常处于无政府状态。

当历史的脚步踏进1970年的时候，世界人口增长到369 699万人，比20年前增加117 752万人，增长46.7%，年平均增长率达到1.94%，是世界人口增长最快的时期之一。人口如此迅速增长，引起各国有识之士的关注。1972年发生两件很有影响的事情：一件事，是罗马俱乐部麦多斯（Donella H. Meadows）等人的报告《增长的极限》（The Limits Growth）发表，引起世人震动。该报告依据过去70年人口、粮食、自然资源、工业化、污染变动和发展的数据，纳入计算机模型外推计算，100年内将达到增长极限。该报告描绘说："是这么一个世界：工业生产降到零，人口剧烈减少，海陆空污染到了不能补救的程度，文明已成为遥远的记忆……""更叫人惊骇的是：崩溃之降临，不是轻移莲步，姗姗而至，而是突如其来，势若排山倒海，锐不可挡……"该报告一经发表，即被多国翻译成书出版，引起强烈反响。它提出并且做出别具特色的论证，回答了人类的困境、有限的世界与无限的需求、不盲目反对发展但反对盲目发展等关系人类前途和命运的重大问题。各界对该报告

① 参见彭珮云主编《中国计划生育全书》，中国人口出版社1997年版，第8页。

的反映截然不同，大致说来，经济学家反对居多，生态学家赞成居多，其余则部分赞成，部分反对。人口学家赞成与反对者均有，多数为部分赞成、部分反对。但是不管怎样，该报告提出并阐述了对人口增长的独特的见解，联系人口与自然资源、粮食生产、工业化、环境污染的变动和发展进行分析，提升了对人口增长后果的认识，则所见略同。

另一件事，是1972年6月联合国人类环境会议在瑞典首都斯德哥尔摩召开。会议通过了《联合国人类环境会议宣言》，强调人既是环境的产物，又是环境的塑造者，人类在计划行动时必须审视造成的环境影响，提出“合乎环境要求的发展”“无破坏的发展”“连续的和持续的发展”等概念。这是各国政府讨论当今环境问题并寻求全球环境保持的第一次会议，将人口变动与环境变迁联系起来。如何实现人口与环境的可持续发展，提到世人面前。

20世纪70年代初期，我国尚没有打破闭关锁国的状态，这两件大事对我国人口决策的影响，不好量化。但是，历史总会有巧合之处，正所谓“无巧不成书”。前已叙及，毛泽东同志曾经说过：“邵（力子）先生之道大兴之日，是七亿人口到八亿人口之时。”8亿人口是人们最为关注的人口数量，是中国人口发展史上的一道坎儿。恰在20世纪60年代与70年代之交，全国人口突破8亿大关，人口问题凸显，人口形势日渐严峻，客观上与国际社会发生的两件大事遥相呼应。不过此时“文革”动乱尚未结束，干部下放干校劳动走“五七”道路，知识青年插队上山下乡，在一定程度上缓解了城市人口增长的压力。但是这些逆人口城市化而动的政策难以持久，只能缓冲而不能从根本上解决欠账已久的人口问题。当20世纪70年代初越过8亿人口这道坎时，从上到下，人们平添了几分忧虑，切实控制人口增长及其政策的出台，已经箭在弦上、蓄势待发。于是一扫“文革”前期人口和计划生育的无政府状态，生育控制和生育数量收紧的政策应声而出，发出新的信号。

其一，将人口政策生育指标具体化。20世纪五六十年代的人口和生育政策，表现为一般性的号召，强调各级党委和政府加强领导，将计划生育列入议事日程。个别时候在国民经济发展计划中提到人口指标，如1966年中央批转钱信忠同志《关于计划生育的几个问题》的报告，该报告提到“三五”计划草案提出，到1970年全国人口应控制在八亿；上海、天津、河北、山东、四川等省、直辖市，也提出相应的人口控制目标。进入70年代以后，则明确提出人口增长率控制目标。1973年6月，国家计划委员会在《关于国民经济计划问题的报告》中，提出“争取1975年把城市人口净增率降到千分之十，农村人口净增率降到千分之十五以下”；1978年2月，国务院批转《全国计划生育工作汇报会的报告》，提出三年内人口自然增长率降到10‰，并在随后召开的五届人大一次会议的《政府工作报告》中向社会公布。1978年中央批转的《关于国务院计划生育领导小组第一次会议的报告》重申了这一控制目标，并且进一步提出1985年要把全国人口自然增长率降到9‰。[①] 可见，不仅提出生育率和人口增长率控制目标，而且这一控制目标有收紧的趋势。与此同时，生育子女数量指标也逐渐明确。前面提到，早在60年代前期和中期，各地曾经提出生育子女数量“最好两个、最多不超过三个”“晚、稀、少”要求，以及“一个不少、两个正好、三个多了”等不同提法，要求也不尽一致。到了70年代，生育子女数量出现全国统一化的趋势。1978年10月中央批转的《关于国务院计划生育领导小组第一次会议的报告》，提出“提倡一对夫妇生育子女数量最好一个最多两个。生育间隔三年以上。各地根据人口规划的需要，对生得晚一点、稀一些，可根据实际情况进行具体安排”。对于晚婚年龄，该报告提出“农村提倡女23岁，男25岁结婚，城市略高于农村”等要求。[②] 这是在中央文件中，首次出现一对夫妇生育子女数量“最好一个最多两个”字样，实际上距离后来号召一对夫妇只生育一个孩子，已经只有一步之遥了。众所周知，在计划经济时代，经济和社会发展的计划性的一个突出特点，就是下达计划指标。20世纪70年代以生育控制为中心的中国人口政策，也终于走上指标管理体系。

其二，将人口目标纳入国民经济计划。在计划经济年代，国家下达

---

① 参见国家人口和计划生育委员会编《中国人口和计划生育史》，中国人口出版社2007年版，第86—87页。

② 参见彭珮云主编《中国计划生育全书》，中国人口出版社1997年版，第14页。

的经济和社会发展指标，具有指令性法律效力，是必须完成的指标。为了保证人口增长目标和具体生育数量目标的实现，从 1973 年开始，将人口控制目标纳入国民经济计划指标系统。前面提到的 1973 年 6 月国家计划委员会在《关于国民经济计划问题的报告》中，提出“要大力开展计划生育，降低人口出生率。争取 1975 年把城市人口净增率降到千分之十，农村人口净增率降到千分之十五以下”，首次将人口增长指标纳入国民经济计划，由此将人口纳入计划经济管理体系。中共中央批转国家计划委员会《关于 1975 年国民经济计划的报告》中，第 7 款规定：“计划生育是毛主席提倡的，人口非控制不行。遵照党中央指示，各级党委都要把这项工作列入议事日程，指定一位负责同志分工抓好这项工作。要动员各方面的力量，搞好宣传教育，提高群众实行晚婚和计划生育的自觉性。”在计划经济条件下，将人口指标纳入国民经济发展计划非常重要。只有列入计划经济指标体系，才能真正摆上各级党和政府议事日程，才能认真贯彻落实。

其三，提出贯彻执行人口政策的“36 字方针”。1973 年将人口增长指标列入国民经济计划同时，国务院恢复成立计划生育领导小组及其办公室，任命国务院业务组成员华国锋同志为组长，主持人口计划生育工作；1976 年由时任国务院副总理的吴桂贤，继任国务院计划生育领导小组组长；1978 年 6 月，国务院〔1978〕117 号文件发出《关于调整补充国务院计划生育领导小组成员的通知》，任命国务院副总理陈慕华兼任国务院计划生育领导小组组长，王首道、江一真、苏静、栗秀真为副组长。陈慕华上任后，即召开领导小组会议，总结各地开展计划生育工作的经验，提出“书记挂帅、全党动手、宣传教育、典型引路、加强科研、提高技术、措施落实、群众运动、持之以恒”的“36 字方针”。

一是突出中国社会性质。“36 字方针”突出党的领导、书记挂帅，将人口和计划生育事业纳入党的各项工作之中，纳入党的工作议程。中国实行计划生育和控制人口增长为什么能够取得成功？笔者接触国际社会各界人士，他们的一个共同认识是：中国是一个有组织的社会，潜台词主要是有党的领导，有一个自下而上的党的领导系统，有组织保证。国外也有试图实施大力控制人口增长政策的事例，如印度在英迪拉·甘地夫人时代就曾力主实施严格控制人口增长的政策，但是没有成功。

二是强调宣传教育。讲清为什么要控制人口增长，控制人口增长对国家、民族和个人家庭有什么好处。同时培育计划生育典型事例，以实例做宣传是最有说服力的，榜样的力量是无穷的。广大群众特别是广大农民看到成功典型事例，增强他们的自觉性。

三是重视避孕节育技术指导。要本着对人民负责态度，生产安全、高效、方便的避孕药具，以方便群众，使政策易于为群众所接受。

四是做好深入细致的思想工作。要动员群众，组织群众，持之以恒地开展下去。在当时特定历史条件下，“36 字方针”的贯彻实施充分体现了中国特色，起到一定的作用。

其四，将计划生育写进宪法。1978 年 3 月 5 日，第五届全国人民代表大会第一次会议通过的《中华人民共和国宪法》，第五十三条规定：“妇女在政治的、经济的、文化的、社会的和家庭生活的各方面享有同男子平等的权利。男女同工同酬。男女婚姻自主。婚姻、家庭、母亲和儿童受国家的保护。国家提倡和推行计划生育。”这是国家首次将提倡和推行计划生育纳入宪法。这为控制人口增长、实行计划生育政策，提供了最重要的法律保障。

第三节　理论在实践中验证

从总体上观察，新中国成立后前三十年的人口理论有喜有忧、有创新也有形而上学。喜者，无论社会学派节制主义还是马寅初先生极力维护的新人口论，都联系新中国成立后出现的人口问题，运用社会学、经济学、统计学理论加以分析研究，提出他们的认识、理论、主张和政策建议。对此，前面已经做出概括性的介绍和阐述。由于新中国成立后并无规范人口学意义上的人口理论，社会学派、马寅初与人口相关的理论、观点、方法，具有一定的开创性质，有必要将其主要观点加以提炼和条理化分列出来，予以肯定。

社会学派人口节制主义基本观点。在检讨了 20 世纪二三十年代受马尔萨斯人口论影响、起到传播和宣传马尔萨斯人口论和主张作用基础上，对马尔萨斯人口论做出不同程度的批判，指出其站在资产阶级立场、为资本主义制度辩护的本质，提出自身关于节制人口的理论、主张和政策建议。发展了“适中人口密度”说，强调按目前增长速度增加下去，将会超过8亿适中人口界限，使工业化速度和农业现代化速度受到牵累，过渡时期必定会因为人口增加太快而大大地拖长，造成活劳动和物化劳动比例失调等人口问题，需要认真实施节制人口的政策。有的将新中国成立前后人口出生率、死亡率、增长率加以比较，说明人口问题的严重性，提出从经济、政治、社会不同角度解决的方案，同时认定，这些均不是从根本上解决人口问题的办法，要想从根本上解决人口增长带来的问题，非实行节制生育不可。他们指出：节育不是消极而具有积极意义，“无论对家族生活，对国家建设以至整个民族的健康和兴旺，都有莫大的好处”。节育的具体办法，一致赞同晚婚，多数人不赞同绝育和人工流产。

马寅初新人口论则主要从经济学，特别从财政经济学角度阐释当时存在的人口问题，分析并指出人口增长过快与资金积累、劳动生产率提高、工业原材料供给、人民生活水平提升、科学教育发展之间的矛盾和问题，以统计数据资料和统计方法阐述，颇具宏观说服力。他所提出的再做一次人口普查，用统计分析说话；大力进行宣传教育，破除封建生育观念；以及修改婚姻法，提倡晚婚，奖励生育两个孩子，生育三个以上孩子征税，以征得来的税金作奖金等政策建议，更体现出财政经济学、人口经济学特征。

由此可见，20世纪50年代因人口问题引起的这些关于中国人口问题的论述，以及相关的可归结到人口经济学、人口社会学的诸多论文、答记者问等论著，是在现代中国人口学尚未形成之时留下的珍贵遗产，代表着一个时期人口学研究的方向、基本的学术观点和方法。只是这些论著遭到不应有的批判，是作为被批判对象保留下来的。至于那些几百篇批判性文章，代表那个时代政治、经济、社会的主导倾向，也是当时时髦的观点，政治色彩浓厚特点突出。只是在特定历史背景下，如此形而上学的观点、论证方法、基本结论，却能堂而皇之地占据政坛、学坛一二十年，不是过来人理解着实有一定困难。所幸的是，虽然形而上学的理论占据主导舆论阵地，“人口越多越好”口号喊得震天价响，然而毕竟实践才是检验真理的唯一标准——人们从实践中切身体验到人口多非但没有带来诸多好处，反而使人们陷入贫困而难以自拔。十七八年后，这种形而上学一统天下的人口理论终于开始松动，一本篇幅不大的新作问世了。

1977 年 12 月，北京经济学院人口研究室（中国人民大学人口研究所前身）编写的《人口理论》，由商务印书馆出版。虽然这是一本只有 10.8 万字的小册子，但是由于之前长期没有人口学方面的论著问世，还是产生一定的影响。该书发表一年多以后，中国社会科学院经济研究所《经济研究》编辑部，收到两篇来稿。编辑部德高望重的徐雪寒先生请笔者帮助审阅这两篇稿子，看看能否发表。这两篇稿子开头对《人口理论》一书作了某些肯定，然后笔锋一转，对书中的主要观点，如对马寅初等主张节制人口的批判、对“土地肥力递减规律”的批判、对资本主义绝对贫困化的阐释、对“人是第一个可宝贵的”论述等提出异议，认为还是过去批判马寅初时“左”的一套，必须加以澄清，消除其影响。两篇稿子针对《人口理论》的基本观点，阐发了与之不同的理论和观点。笔者看了以后，向徐老提出笔者的意见：这两篇稿子所阐述的理论观点和对《人口理论》的批评意见，应该说是正确或比较正确的，但是笔者不赞成在《经济研究》上发表，理由有几点。

第一，《人口理论》是在人口学和人口研究停滞 17 年以后，问世的第一本人口学专论。对于这样一本专论的理论和主要观点一发表，就拿出来加以批判，这对当时的人口研究和人口科学的发展是不利的。以往我们吃批判的亏太多了，批得多、立得少，批来批去不知正确的理论为何物。还是宽容一些好。即使有些理论和观点存在某些问题，也不要忙于批判，放一放没有什么关系。时间是最公正的裁判员。随着时间的推移，对与错会看得更加明白。

第二，历史地看待人口科学研究的成果。《人口理论》1977 年底出版发行，虽然此时“文革”已经结束，“四人帮”已经退出历史舞台；然而是在党的十一届三中全会召开之前，也是在为马寅初新人口论平反之前发表的。清除“左”的思想的毒害需要时日，为马寅初先生新人口论翻案和人口理论的拨乱反正也需要时日，对在此之前出版的论著，不能用后来的眼光去看待、去评价。

第三，尽管《人口理论》若干理论观点值得商榷，但它对中国人口问题阐述的基本的立足点，是中国人口多是好事，当然也有困难；要有计划地控制人口增长的速度，实行计划生育；用了较长的篇幅讨论实行计划生育的理论依据、必要性和可能性，编制人口规划的原则和方法等，还是有一定针对性、有一定价值的。至少它给人以启迪，在某些方面提出了自己的见解。

后来编辑部采纳了笔者的意见。

人口理论研究离不开大的环境，离不开当时理论界的总体状况。1978 年 5 月 10 日，《理论动态》第 60 期发表了《实践是检验真理的唯一标准》一文，由此展开了真理标准大讨论，批判了“两个凡是”的错误，给人口研究送来一线曙光。这反映在 1978 年 11 月召开的全国人口理论科学讨论会上。会议收到 30 多篇论文，围绕社会主义人口规律、人口与四个现代化的关系展开讨论。关于社会主义人口规律，多数赞同《人口理论》的提法，即“人口有计划地增长是社会主义人口再生产的客观规律”。也有人对社会主义人口规律的实质、表述、内容、作用机制等，提出某些不同意见或补充。不难看出，苏联《政治经济学教科书》关于“人口不断迅速增长”是社会主义人口规律的教条，已在一定意义上有所突破，变为“有计划地增长”。但是，论文论证的主要理论依据，差不多都是社会主义国民经济是有计划、按比例的，因而人口也必须有计划地生产；而且一旦从马克思、恩格斯、列宁、斯大林、毛泽东的论著中寻找到依据，仿佛真理的论证即已完成。关于人口与四个现代化的关系，会议讨论要比人口规律深入一些，从我国人口增长较快实际出发，论述了有计划地将人口增长率控制在较低水平，有利于劳动力的充分合理使用，有利于增加社会积累，有利于提高全民族的科学、教育、文化水平，有利于劳动生产率的提高，有利于人民物质文化生活的改善，有利于妇女的解放等，因而控制人口增长是实现四个现代化的必要条件。这次会议是经时任中央政治局候补委员、国务院副总理、国务院计划生育领导小组组长陈慕华同志批准召开的。会议期间，她到会听取了部分代表的讨论，并就理论与实践的关系、当前需要研究的问题和做好理论宣传三个方面，做了长篇讲话。陈慕华同志的讲话是否代表了当时的主流人口理论？分段摘录如下。

陈慕华同志说：理论从实践中来又反过来指导实践。我们研究理论首先要联系实际，包括中国的实际，也包括外国的实际。从统计材料看，美国人口增长率不高，法国多少年来只维持五千万人左右，两个德国的特点是人口都下降，而另外有一些国家人口增长率又很高。也有些国家出生率高，增长率并不高。这就需要研究：人家为什么会出现这种情况？他们究竟在社会政策上有些什么特点？在经济方面有什么特点，采取了什么政策？为什么反映在人口上是这样的？这些问题我们要研究。我去捷克斯洛伐克看过，他们的妇女不愿生孩子。他们鼓励妇女生育，生了孩子送给一辆漂亮小孩车，还给长时期休假，给补贴。他们鼓励生育，但人们不愿生。我国实行计划生育，有人不愿意少生，这是什么原因？我们可以将中国和外国的情况对照起来研究。

我们批判马尔萨斯人口论，可是这个理论在资本主义世界究竟有多大市场？他们是按照马尔萨斯理论来办的，还是按另外的什么规律来办？什么理论在起作用？我们说人是最宝贵的财富，因为人可以创造财富，会劳动，一切财富都是人创造的，没有人不行。不管怎么自动化，以后也要人来按一下电钮。这是肯定的。然而当生产水平还不高，人作为消费者的一面就会很突出。人有两个方面，既是生产者又是消费者。在劳动生产率很低的情况下，人作为消费者的一面就显得突出了，人口过多就会造成社会很重的负担。要根据国家的不同情况采取不同的人口政策。

理论研究一定要和实践相结合。理论从实践中来，又要返回去指导实际，使我们行动更加自觉。我们的计划生育工作搞了二十多年了，但我们对人口理论的研究还显得薄弱。要加强这方面的研究，以提高计划生育工作的自觉性。我们有些观点对不对，还要经过实践检验。实践是检验真理的标准，不对的要纠正，对的要坚持。要把实践上升到理论，理论再回到实践，然后再提高到理论。要有几个反复，这是个不断提高的过程。大家思想再解放一点，要打开“禁区”。我们在学术讨论中要贯彻“三不主义”，谁说的对就照谁的办。过去大家不敢算经济账，一算账就被指责是马尔萨斯主义。现在我们也算账了，并没有人说是马尔萨斯主义。因为这是个客观存在，闭着眼睛不承认是不行的。总之，理论要联系实际，认识要受实践的检验。哪些是正确的，我们就发扬、就坚持；哪些是错误的，我们就改正。

陈慕华同志结合当时实际，提出一批需要研究的课题，特别是以下几个方面。

1. 我国人口发展是持平好，缓慢发展好，还是增长速度降低一点好？或者一个时期持平，一个时期降低一点，再一个时期发展一点好？

2. 现在物质生活好了，医疗条件好了，寿命也延长了，过去说人生七十古来稀，现在活七十岁一点不稀奇。有人说这样人口会老化，即老年人比重增加，青少年相对减少。还有人说，这样劳动力的质量会下降。这些问题可以研究。

3. 现在我国每年出生人数一千八百万左右，死亡六百万左右，每年净增一千二百万左右。如果人口发展达到持平，保持人口不增，这对发展生产是有利还是不利？持平几年以后是否要往上增？是否增一点对生产更好？如果需要增长，那么，增长千分之几最好？是千分之七、八，还是千分之十，还是千分之五？需要论证。应该把眼界放开阔一些，多设想一些情况，更好地给领导确定人口政策提供理论依据。

4. 国家计划中从1973年开始有人口指标。现在是按华主席在五届人大政府工作报告中提出的指标来规定的。这样科学不科学？大家可以论证一下。指标是可以变动的。意见不成熟不要紧，可以内部讨论，供领导参考。希望大家在理论上做些研究，提些建议。但一定要讲清道理。

陈慕华同志还说，我们不仅要研究理论问题，而且要针对群众中存在的思想问题，多做些宣传指导工作。比如养儿防老的思想在我们社会很普遍，为什么呢？在资本主义国家，养儿是不防老的。孩子长大了分开住，回来吃饭要给钱，父母上子女家吃饭也要给钱，各人顾各人。他们为什么有这样的思想？我们又为什么有养儿防老的思想？可能有孔孟思想影响，也可能因为社会政策的关系。需要研究和宣传。又比如，女儿出嫁后不能照顾父母亲的问题。女婿上门受歧视，人们背后讽刺。生产队派工也不一视同仁，派他脏活、累活、收入少的活。这些思想和做法都是不对的。可以写文章宣传。但是进行宣传也要针对具体情况，不能千篇一律。比如，女儿是不是都一定要嫁到男家去？是不是大家都一定想生男孩？也不一定。城里的人往往还想生个女孩，说是“贴身小棉袄”，妈妈愿意跟姑娘在一起生活。可见，同是在一个中国，城市和农村情况就不大一样。这些都需要做工作，一方面是研究理论，一方面是为实践服务。对思想问题则要写些文章，宣传教育。做好计划生育工作，牵涉的面很广。同医疗卫生、妇幼保健等都有关系。同教育工作也有密切关系。我们要办好教育，把孩子教育好，培养成高质量的人。现代化的生产要求高水平的工人，我们必须普及科学文化教育，提高全民族的科学文化水平。反过来，科学技术发展了，对计划生育也有帮助。盲目生育在相当程度上也反映我们科学文化水平低。计划生育工作做好了，大家身体好了，生活水平提高了，无数的忧虑消除了，积极性就会提高。

陈慕华同志鼓励大家说，过去的宣传工作，做对了的要坚持，不够的地方要补充。过去思想有顾虑，总觉得宣传计划生育不能登大雅之堂。这种思想不对。计划生育是件大事，要理直气壮地进行宣传。要研究，要写书，要讲清道理。①

陈慕华同志的这个讲话，号召大家解放思想，理论联系实际，开展理论与实践相结合的研究，积极为我国人口问题的解决献计献策，揭开人口研究从无人问津到解禁的序幕，对推动人口科学的发展起了积极的作用。其实，在人口理论界沉睡 17 年静悄悄的日子里，中央有关领导同志讲话、中央文件中涉及人口问题的一直不断，认识上不断有所前进。一个明显的进步，是将控制人口增长和实行计划生育从原来为了母亲和儿童的健康、减轻家庭负担等说教中解放出来，提升到关系国民经济发展、四个现代化、科学文化发展以及整个民族的兴旺发达高度，是关系国家和民族命运和前途的大事。有的已提到人口过剩问题，从本源上为人口生育政策收紧做了必要的舆论准备。

---

① 参见《第一届全国人口理论科学讨论会论文集》（内部文本），第 2—4 页，1978 年 11 月。

第二编

提倡生育一个孩子政策始末

第四章　人口理论拨乱反正

新中国成立后历史的车轮走到 20 世纪 70 年代后期，在经历了政治、经济、社会各种跌宕起伏之后，终于迎来改革开放历史性的转折。这个转折首先从拨乱反正、正本清源开始，把颠倒的历史重新颠倒过来。人口研究、人口政策也不例外，从理论拨乱反正切入。

第一节　为马寅初新人口论翻案

前已论及，由于批判社会学派节制主义，尤其对马寅初新人口论的批判，形成“人口越多越好”的理论教条。实事求是思想路线恢复后，各条战线掀起拨乱反正、正本清源热潮，需要破除过去形成的各种思想禁锢、理论教条和行为准则。理论上的正本清源具有先行、开拓、引领性质和作用，因而成为全局的关键。不为马寅初新人口论翻案，人口理论拨乱反正就无法实现，正本清源就是一句空话；不为马寅初新人口论翻案，在以往运动中同人口相关的冤假错案就很难平反；不为马寅初新人口论翻案，人们在批判中产生的心有余悸就难以消除。因而需要联系当时人口、经济、政治、社会背景和实际，分别做出符合实际的阐发。

在两次批判马寅初新人口论中，涉及多层面人口问题，形成诸多形而上学的理论。自 20 世纪 70 年代以来，国家切实加强计划生育，努力控制人口增长，取得明显成绩。人口科学研究也试图有所突破，开始触动原来属于“禁区”的某些问题。然而，直至党的十一届三中全会召开前，人们还心有余悸，发表的屈指可数的文章，还时不时地不忘记进行大批判。在批判马尔萨斯人口原理时，不忘记对马寅初的新人口论做出批判。党的十一届三中全会恢复了实事求是的思想路线，人口科学战线能不能恢复、怎样恢复这条路线，为马寅初的新人口论翻案成为全部问题的关键。如前所述，马寅初经过实地调查研究，实事求是地分析了我国存在的人口问题，提出符合实际的解决方略和主张，最后却遭到不应有的批判，被罢官革职，影响所及，致使此后的十多年中人口研究无人问津。因此，不为马寅初新人口论翻案，人们的思想禁锢就不能打破，从事人口研究就心存疑虑，害怕有一天会成为马寅初第二、第三。不为马寅初新人口论翻案，就不能正视中国人口问题的性质，就不能在人口科学研究中贯彻实事求是的思想路线，开创“双百”方针要求的学术繁荣新局面。因此，三中全会后为马寅初的新人口论翻案，成为人口科学拨乱反正、正本清源必须冲破的一道关口，人口科学研究能否沿着正确道路向前推进的关键。

提到为马寅初新人口论翻案，不能不牵涉到《光明日报》1979 年 8 月 5 日发表的笔者的《为马寅初先生的新人口论翻案》一文。有一位学术界同事，对笔者写这篇文章和重新编辑出版马寅初《新人口论》一书，摸不着头脑，在互联网上发文猜测说：当时中央要为马寅初平反，任务落实到中国社会科学院经济研究所（此时笔者在经济研究所）。可能田雪原过去在教育部门工作、北京大学毕业，也可能加上他本人对这个问题具有独特、敏锐的认识、为马寅初平反的一些工作就落到他的头上。看到这段文字，能够理解这位同事的心情和他猜想时的推理判断，只是他没有说对。前已叙及，1959 年笔者作为初入北大的一名学子，一踏进校门便赶上第二次批判马寅初新人口论。当时知少识浅，利用课余时间找来马老的几篇文章和批判他的文章读了起来，感到马老讲得颇有道理，那些批判文章大都千篇一律，空喊政治口号，由此心中有些愤愤不平。后来马老无名“蒸发”，心中的不平又平添几分；再看看马老誓死为真理而战，铮铮铁骨掷地有声，便有意搜集一些相关资料保存下来，还时不时地想到这桩公案，难道就这样了结了吗？甚至想到会有翻案一天的到来。1976 年粉碎“四人帮”后，笔者曾动笔撰写为马老翻案文章，但是当时的形势是“两个凡是”当道，估量也不能发表。十一届三中全会恢复了实事求是的思想路线，笔者几易其稿，文章最后定名《为马寅初先生的新人口论翻案》，送到《光明日报》。为什么送《光明日报》？一是因为《光明日报》是教育科学方面的“当家报”，比较适合刊载这方面的理论文章；二是因为当年《光明日报》充当了批判马寅初新人口论的急先锋，理应对过去的批判有一个交待。报社收到稿子后很重视，告诉我准备作为“重头文章”刊用。在这期间，曾有两篇为马寅初“鸣不平”短文发表，报社领导告诉我说，是“下毛毛雨”，我的文章准备作为报社当年对马寅初错误批判的总清算发表。后来发表时，报社加了“编者按”，表达了这样的意思。所以，那篇为马寅初新人口论翻案的文章，不是“奉命”之作，而是笔者“蓄谋已久”——长达二十年磨一剑的结果。附带说一句，虽然是二十年磨一剑，但是发表时，由于报社的上述考虑，却不是最早的一篇。有同事称之为“为马寅初平反第一篇文章”，不是事实；只是该文比较长、阐发比较全面或者影响大一些而已。

为马寅初新人口论翻案，开创了人口理论拨乱反正新的篇章，也为新时期的人口政策提供了新的理论支持、必要的社会舆论。笔者以为，最主要的是以下几个理论问题。

其一，人口与“四个现代化”。实现工业、农业、科技和国防的“四个现代化”，是鸦片战争以来全国各族人民的梦想。与人口的变动和发展有什么关系？马寅初在新人口论中指出，“四个现代化”主要依靠提高劳动生产率，依靠科学、技术、教育、健康水平的提高实现。因此，一方面要控制人口增长，一方面要发展科学教育事业，提高人民素质，根本在控制人口数量，提高人口质量。马寅初新人口论批判者，按照“大跃进”劳动力不足理论，认为加快实现工业、农业现代化，人口和劳动力就要不断增加。“四个现代化”不但不排除人口不断增长，相反人口不断迅速增长是根本的动力。为马寅初新人口论翻案，就要将这种颠倒了的理论重新颠倒过来。认识到在不同历史发展阶段，由于生产力发展水平不同，对人口数量和质量的要求也有所不同，甚至截然不同。我们进行社会主义现代化建设，要尽量采用先进技术，提高劳动者的技术装备和生产的有机构成，实现生产的机械化、自动化、电气化，大幅度地提高劳动生产率。即包括“四化”在内的社会经济发展，必然经历由主要依靠劳动者数量的增加，转变到主要依靠劳动者素质的提升。关系表现为，体能健康素质的提升是基础，智能科教素质的提升是关键，素养文明素质的提升是前提和保障。

这是由不同历史发展阶段对资本的不同需求决定的。众所周知，任何社会的经济发展，都离不开一定的资源和资本。而社会经济发展时代或阶段的划分，不是按照生产什么，而是按照怎样生产和使用什么样的生产工具进行生产为标志。如此，可将人类社会经济发展，划分成三个经济时代或阶段。这三个时代或阶段，对应的主导生产工具、核心资本、主要驱动力，它们之间的相关程度很高。参见表 4.1。

表 4.1　不同经济社会形态的主导生产工具、核心资本、驱动力

经济社会形态	主导生产工具	核心资本	主要驱动力
农业及以前社会	手工工具	自然资本	人、畜、风、薪柴等
传统工业化社会	机器工具	产出资本	煤炭、石油、电力
后工业化社会	智能工具	人力资本	电力、核动力

不同经济社会形态下，主导生产工具、核心资本、主要驱动力的不同，对人口和劳动力的要求也迥然不同。包括占据人类发展史时间最长的原始社会、奴隶社会、封建社会——统称为农业及以前诸社会形态，虽然生产工具在不间断地改进，但是没有脱离手工工具性质，人的手臂是其最基本的力量。他们在大自然面前作为有限，大自然赋予的气候、雨量、土地、森林、动物、植物等的数量和质量具有本源和决定的意义，自然资本左右着最初的社会经济发展。人口和劳动力的作用，主要体现在人口及其劳动力的数量上。气候适宜、雨量丰富、土地肥沃、动植物繁盛的地方，古代文明往往率先垂顾，成为最早发展起来的文明古国。18 世纪中叶产业革命发生后，蒸汽机取代手推磨，纺纱机取代手摇纺车，社会生产力出现前所未曾有过的飞跃，工业文明取代农业文明。这对包括劳动年龄在内的总体人口提出了新的要求，发生由主要依靠人口数量向主要依靠人口质量的转变。

不过在工业化社会初期，以工业产品数量增长为主要目标的传统工业化阶段，对人口和劳动力素质的要求仍然不高，相对剩余价值和绝对剩余价值的生产难分伯仲，发展主要由产出资本推动，到了后期转变才逐渐发生。第二次世界大战结束后，以微电子为前导的新技术革命蓬勃兴起，新材料、新能源、新技术层出不穷，周期不断缩短。如今已推进到以生命科学为主导、以智能工具为主要标志的后工业化时代，对人口数量和质量的要求发生革命性变革。智能工具取代机器工具、人力资本取代产出资本是最主要的标识。所谓人力资本，即人所具有的知识、技能、经验和健康具有的价值。有一位知名女企业家说得好：再好的企业设计，没有人才等于零。现代化社会最重要的竞争，是人才的竞争、人力资本的竞争。因此，当今社会经济发展主要取决于人力资本——人口和劳动力的质量，而不是人口数量。也不要求人口数量继续不断地增长，更不要求快速增长。再依照以增加劳动量为主的外延式扩大再生产，已经同手摇纺车一样地落伍了。对人口要求迫切的，当属人口素质的提升，体能健康素质、智能科教素质、素养文明素质的全面提升。

其二，“人口论”与“人手论”。前面提到，在批判马寅初新人口论和其他人口节制主义过程中，常常祭起理论上的一面旗帜，就是“见口不见手”，批判马寅初只看到人有一张吃饭的口，没有首先看到人有一双万能的手。“人手论”无论在人口学还是其他学科并不见经传，是大批判中的一项发明创造。众所周知，对于一个正常的人说来，“口”和“手”是不可分的，将一个整体的人分开“口”和“手”来论述，本身就是不科学的。然而就批判者的“人手论”本意说来，他们所要强调的，无非是人“手”作为生产劳动价值之高、之重要，人“口”作为消费意义价值之低、之无足轻重。他们的逻辑是，既然人有一双万能的手，就可以创造无限的财富，因而人口越多，创造的财富就越多，人口越多越好。为马寅初新人口论翻案，纠正了强化重生产、轻生活的经济学，扫除了这种形而上学理论的影响，还人作为生产者与消费者统一的理念和价值观，颇具本源意义。从理论层面上说，如果人口的变动与发展同经济、社会发展，以及资源、环境的状况相适应，无论作为生产者还是作为消费者，稳定型人口就是适宜的。如果人口和劳动力处于不足状态，不管作为生产者还是作为消费者，人口的增加都是必要的和有益的。如果人口和劳动力处于过剩状态，人口从而生产者和消费者的增加，都是不利于经济、社会发展，不利于人口与资源、环境协调发展的。结合批判马寅初新人口论之时中国人口过剩实际，必须在看到人作为生产者或生产力中最活跃因素的同时，看到在短缺经济和过剩人口并存情况下，人口和劳动力增加引起的就业不足，人口增加引起的消费供给短缺加重问题。由于人口再生产具有周期长和稳定增长的特点，一个人从出生到成长为劳动力需要一二十年的时间，增加人口首先是增加消费，加剧短缺经济与过剩人口矛盾的事实。劳动年龄人口作为生产者要求与之相适应的生产资料、相应的就业岗位，没有足够的生产资料和就业岗位，能不能成其为现实的生产者。立足于我国人口和劳动力过剩实际，不可一味强调人是生产者一面，而忽视消费者一面的作用和影响。

其三，人口与物质资料“两种生产”。这是在人口理论拨乱反正中的一项创造。不过该项创造与“人手论”不同，有着特定的历史背景。由于刚刚为马寅初新人口论平反，实事求是思想路线刚刚恢复，人口理论研究还不得不求助于马克思主义经典作家的论述。于是学术界从马恩《德意志意识形态》《家庭、私有制和国家的起源》等著作中寻找理论根据，特别是恩格斯的这一段话常被引用：“根据唯物主义观点，历史中的决定性因素，归根结蒂是直接生活的生产和再生产。但是，生产本身又有两种。一方面是生活资料即食物、衣服、住房以及为此所必需的工具的生产；另一方面是人类自身的生产，即种的蕃衍。”[①] 据此，提出并论证了物质资料生产是基础，人口生产必须与物质资料生产相适应；同时人口生产也不是消极的，它可以促进或延缓物质资料生产的发展。久而久之，使用多了，耳熟能详了，便形成人口与物质资料“两种生产”概括。从我国人口与物质资料生产实际出发，提出和论证总体人口与生活资料，劳动年龄人口与生产资料，人口科学、教育、文化素质与经济、技术进步，人口城乡结构与产业结构等“两种生产”不相适应的情况，提出在大力发展物质资料生产同时，努力控制人口数量、提高人口质量、调整人口的结构，使人口生产同物质资料生产相适应的理论。这一理论在特定历史条件下，对于人口经济理论拨乱反正曾经起到一定的作用。只是后来出现一种倾向，“两种生产”被越推越广，推论、演

① 《马克思恩格斯选集》第4卷，人民出版社1972年版，第2页。

绎过于宽泛，未免有越位之嫌。

其四，适度人口论。适度人口（Optimum Population）或译为适中人口论，是19世纪末期英国经济学家坎南（Edwin Cannan）提出的。认为在一定生产发展条件下，存在一个适宜的人口数量，能够保证按人口分配的收入最大化；超过或低于这个适度人口数量，按人口分配的收入就要减少。在此基础上，道尔顿（Hugh Dalton）提出一个数学公式：

$$M=(A-O)\div O$$

其中O代表适度人口数，A代表实际人口数，M代表人口失调的程度。若M为正值，表示人口过剩；若M为负值，表示人口不足；若M=0，则为适度人口。后来法国人口家索维（A. Sauvy）发展了适度人口学说，提出和论证了经济适度人口和实力适度人口：经济适度人口，是取得最大经济利益的人口；实力适度人口，是国家获得最大实力的人口，是更高一级的适度人口。尽管学术界对适度人口存在不同的观点，在颇大程度上限于学术争论范畴，但是该学说在人口学理论中仍占有一定的地位。长期以来，我们把适度人口理论当作资产阶级理论、为资本主义制度涂脂抹粉加以批判，阻碍了这方面研究的开展。为马寅初新人口论和人口节制主义翻案，肯定了适度人作为一种人口学理论的意义，推动了这方面的研究。20世纪80年代初期，曾经掀起一股适度人口研究热，推出不同学科研究取得的一批成果，研究方法也有所创新。

其五，社会主义人口规律。批判社会学派人口节制主义，尤其是批判马寅初新人口论之后，苏联《政治经济学教科书》关于“人口不断迅速增长是社会主义人口规律”的教条，被纳入人口学、经济学、社会学教学内容，直至成为撼动不得的金科玉律，严重地禁锢了人们的思想，影响到人口学理论的发展。这一理论粉碎“四人帮”后有所修正，演变为“人口有计划地增长是社会主义人口规律”，“不断迅速增长”演变为“有计划地增长”，以跻身计划经济行列。总而言之，社会主义同“人口增长”结下不解之缘，社会主义事业的发展必然伴随人口的增长。通过为马寅初新人口论翻案，重新认识人口转变理论，研究人口再生产由高出生、高死亡、低增长——高出生、低死亡、高增长——低出生、低死亡、低增长的必然性，冲破社会主义人口只能不断增长的束缚。提出人口变动和发展的规律，不但受到生产关系和社会制度性质制约，还受到自然的生物规律等的制约，受到社会生产力发展水平、资源稀缺程度、食物供给能力以及环境状况等的制约。因此，社会主义人口规律的实质，是人口的变动和发展同社会经济的发展相适应，同资源环境的变化相协调，以促进社会的进步和发展为目的的变动和发展。具体的相适应，主要体现在总体人口同生活资料相适应，劳动年龄人口同生产资料相适应，人口老龄化同社会保障相适应，人口质量同科技进步相适应，人口城市化同产业结构变动相适应，人口地区分布同生产力布局相适应等几个方面。因此，在推动生产发展和社会进步过程中，要对人口的数量、素质、结构进行调节，不断提高适应的程度。不过这样的调节，不同历史阶段重点可能不同，有的阶段侧重人口数量方面，有的阶段可能侧重素质方面，有的阶段可能侧重人口结构方面。

也许从一般或狭义人口学（Demography）视角观察，除适度人口论以外，其余还不属于人口学范畴。然而这是历史，是 20 世纪 70 年代末 80 年代初中国人口学恢复和起步发展阶段走过的一段历史。在这些关系人口与发展重大问题认识上的转变，理论上的拨乱反正，一反过去存在的诸多教条，明确了我国人口问题属于人口压迫生产力，即人口过剩性质，才能在其后做出进一步控制人口数量增长，提倡一对夫妇生育一个孩子等战略决策，并成为后来人口政策调整的基本立足点。更清醒地认识到人口数量过剩与素质不高的矛盾，必须在控制人口数量增长的同时，大力提高人口健康、教育和文明素质。为马寅初新人口论翻案，带动了人口理论的拨乱反正；人口理论的拨乱反正，开启了实事求是认识和分析我国人口问题的大门，为 80 年代以后的人口战略和人口政策的提出和实施，做了必要的理论准备。

第二节　厘清人口问题性质

在现实生活中，关于中国人口问题常常听到大不相同，甚至截然相反的议论。主张从严控制人口增长论者提出：加拿大国土面积 998.5 万平方千米，为中国的1.04倍；人口密度4.0人/平方千米，为中国的2.7%。美国国土面积与中国差不多；人口密度36.0人/平方千米，为中国的24.3%。这些国家经济高度发达，同人口少、土地特别是耕地多有着直接的关系。而主张鼓励生育、人口还要继续增长论者，则举出日本国土面积只有37.8万平方千米，为中国的3.9%；人口密度348人/平方千米，为中国2.4倍。印度国土面积298.0万平方千米，为中国的31.0%；人口密度450人/平方千米，为中国的3.0倍。[①] 如此说来，中国与之比较，到底是人口多了还是少了，需要继续控制人口增长还是鼓励人口增长，实行相应的控制还是鼓励的人口生育政策？显然这样的简单类比，不能给出一个科学的答案。

对于同一件事物持两种截然不同的观点，必然存在着根本性的分歧。分歧在哪里？人口学家通过人口发展史研究，人口转变原因和阶段研究，人口流动和迁移研究，人口区域分布研究，人口与资源、环境、经济、社会发展和可持续发展研究发现，人口的变动和发展，归根结底取决于社会经济发展，受生产力水平和性质制约。也就是说，有什么样的社会生产力发展水平，以及主要由生产工具决定的生产力性质，就有什么样的人口再生产类型，人口问题的性质也就截然不同。在当今世界两百多个国家、诸多民族、种族大家庭中，人口问题性质最终可归为下述两大类。

一类为人口压迫生产力。主要发生和存在于发展中国家，尤其是低收入国家。这些国家及其民族、种族，社会生产力不发达，大多处在由传统农业向传统工业化过渡阶段，手工工具还占据很大比重，现代机器大工业不发达，劳动生产率不高。同这样的社会生产力相适应，人口和劳动力体能健康素质、智能科教素质不高；科学、教育、文化事业发展滞后，公共卫生事业发展滞后；一般城市化率不高，城乡差距较大。人口再生产大都处在高出生、低死亡、高增长阶段，少数还处在高出生、高死亡、低增长阶段。生育率高是突出特点。依据联合国提供的数据资

① 资料来源：中华人民共和国国家统计局编《中国统计年鉴2018》，中国统计出版社2018年版，第935页。

料，发达国家、发展中国家（除中国外）1980年至1985年、2010年至2015年总和生育率、粗出生率、粗死亡率、粗增长率、婴儿死亡率、男女合出生时预期寿命比较，参见表4.2。①

表4.2　世界、发达、发展中国家人口再生产类型比较

1980—1985	世　界	发达国家	发展中国家（不含中国）
出生率（‰）	27.9	14.9	36.3
死亡率（‰）	10.3	9.5	11.7
自然增长率（‰）	17.6	5.4	24.6
总和生育率（TFR）	3.6	1.9	4.9
婴儿死亡率（‰）	74.0	18.0	92.0
预期寿命（岁，男女合）	61.7	72.1	56.7
2010—2015	世　界	发达国家	发展中国家（不含中国）
出生率（‰）	19.4	11.0	23.5
死亡率（‰）	8.3	10.2	6.1
自然增长率（‰）	11.1	0.8	17.4
总和生育率（TFR）	2.5	1.7	2.9
婴儿死亡率（‰）	43.0	6.0	52.0
预期寿命（岁，男女合）	68.9	78.0	65.2

表4.2显示，1980年至1985年，发达国家总和生育率（TFR）下降到1.9，低于2.1更替水平。人口出生率下降到14.9‰，死亡率下降到9.5‰，自然增长率下降到5.4‰，完成人口再生产类型由高出生、低死亡、高增长向着低出生、低死亡、低增长的转变。除中国外的发展中国家，则处在典型高出生、低死亡、高增长状态，总和生育率4.9是更替水平2.1的2.3倍，出生率和自然增长率保持在相当高的水平。30年以后，发达国家总和生育率进一步下降到1.7，下降幅度为10.5%；出生率由14.9‰下降到11.0‰，下降幅度达26.2%；自然增长率由

① 参见United Nations. *World Population Prospects The* 2008 *Revision*，Volume 1，New York，2009，P. 48，50，58.

5.4‰下降到0.8‰，下降幅度达85.2%。这说明，发达国家在“三低”路上继续前行，已进入后人口转变中后期。发展中国家呢？总和生育率下降至2.9，仍高于更替水平0.8，需要再下降27.6%的降幅才能步入“三低”阶段。出生率、增长率情况类似，仍有较大下降空间。比较2010年至2015年间的婴儿死亡率和出生时男女合预期寿命，发达国家与发展中国家的差距十分明显。发达国家婴儿死亡率为6.0‰，发展中国家为52.0‰，相差46个千分点，可谓相当悬殊。预期寿命发达国家达到78岁，发展中国家达到65.2岁，落后12.8岁，差距也不为不大。放到社会经济发展天平上衡量，大部分发展中国家目前处于“高生育率—低劳动生产率—低收益率”“发展陷阱”阶段。因此，一些发展中国家人口和劳动力外流成为一种常态，2010年至2015年间发展中国家年平均流出人口229.8万人。为什么发生人口和劳动力外流？人口迁移“推—拉理论”放之四海而皆准，人口和劳动力外流是内部存在“推力”、外部存在“拉力”双向作用、相向而行的结果。人口净流出，是为短缺经济与过剩人口矛盾开辟的一条自行解决的通道。可见将目前发展中国家尤其是低收入国家的人口问题，定性为短缺经济与过剩人口的矛盾，是恰当的和适宜的。

另一类为生产力压迫人口。从生产力视角观察，一部人类社会经济发展的历史，是生产工具不断改进、更新、革命的历史。从原始人类使用的石块、木棒、击石取火，到铜器、铁器、弓箭的发明和使用；从锹、镐、犁、铧传统农耕技术，到拖拉机、播种机、收割机现代农业技术；从车、钳、铆、锻、焊传统工业技术，到现代新能源、新材料、智能工具等，每一项重大技术的发明和应用，都千百倍地提高了劳动生产率。当前，基因工程、宇航技术、克隆技术、无人驾驶等新技术的崛起，智能工具极大地将人从生产劳动第一线解放出来。智能工具直接取代劳动者，迫使直接从事物资资料生产劳动人员迅速减少。软件智能管理工具的大量涌现，令间接从事生产和各项事业的服务人员减少更甚更快。进入智能工具时代对人口和劳动力的压迫，是过去任何一个经济时代所无法比拟的。它不仅将人们从以往繁重的简单体力劳动中解放出来，而且将解放的对象从简单劳动扩展到复杂劳动，从体力劳动扩展到脑力劳动，从物质资料生产扩展到精神文化产品生产，从蓝领扩展到白领，从城市扩展到农村，从面对面扩展到远隔万水千山，根本无须见面。如此对人口和劳动力形成的推斥力是何等巨大，影响何等深远！值得注意的是，在二战后新技术革命步入以生命科学为主导学科的新背景下，发展在越来越大的程度上依赖科学技术进步，依赖人口素质的全面提升，竞争主要是人才和人力资本积聚的竞争，是有目共睹、毋庸置疑、越来越明显的。因此，社会经济发展与人口和劳动力数量增长渐行渐远，越来越取决于人口素质的提升，全面提升人口素质时代的到来变得更加迫切。

站在这样的立场，从实际出发，运用发展战略眼光，将我国人口数量、素质、结构置于现代化建设之中考量，我国人口问题属于哪种类型，解决的方向和重点在哪里？重要的一点在于：必须弄清我国人口问题的性质。如果将人口问题比喻成一条历史长河，是在漫长的历史演变中形成，不同河段主要由该河段社会经济发展水平决定，那么当代中国人口问题性质也必须放到当代中国社会经济发展水平之中考察。特定阶段人口问题的性质是明确的。同时由于社会经济在不间断地发展，人口问题的性质也在发生变化，体现一定的过渡性质。由此，笔者以为，中国人口问题原本属于人口过剩、人口压迫生产力性质；改革开放四十多年来过剩人口正在逐步消解，向着人口短缺、生产力压迫人口方向转化；目前处于转化之中，需要完成转化并防范人口短缺可能带来的风险。

这样的认识和概括，有三层意思。由于本书在下一章和其他章节中还有专题论述，这里不多展开，主要说明以下几点。

第一，中国人口问题原本属于人口过剩、人口压迫生产力性质。中国人口密度在世界总体平均水平之上，2017 年为世界 2.5 倍，中国按人口平均占有的自然资源处于较低水平，人口相对过剩和特定条件下的绝对过剩，都是明摆着的客观事实。

第二，人口问题性质具有相对稳定性，转化是一个长期的历史过程。能否转化、转化期长短，取决于人口自然变动与社会经济发展形成的新态势、新情况，是一个不断累积、由量变到质变的过程。只有累积达到一定程度，量变达到质变转折点，人口问题的性质才会发生改变。由人口过剩、人口压迫生产力，转化为人口不足、生产力压迫人口。

第三，落脚到实际，当前中国正处在这个转变阶段。只是对转变到什么程度、有没有达到质变的高度，存在不同的认识和分歧。笔者的基本观点是：还没有走出人口过剩、人口压迫生产力阶段，正处在转变过程之中。既要解决前一类性质的人口问题，扭转人口过剩、人口压迫生产力带来的困境，走出与之相联系的“发展陷阱”；又要预判和防范转变过渡完成、后一类性质人口问题的发生，步入人口不足、生产力压迫人口阶段的风险，超越另一类“发展陷阱”。

第五章 提倡生育一个孩子政策来龙去脉

提到提倡生育一个孩子政策的出台，不能不说到1980年中央书记处委托中央办公厅召开的人口座谈会、会议讨论的问题、座谈会向中央书记处的报告。因为其后出台的人口生育政策，包括9月份公开发表的《中共中央关于控制我国人口增长问题致全体共产党员共青团员的公开信》，都体现了座谈会的基本精神，同座谈会报告相契合。对此，笔者在《中国人口政策60年》中已经做出阐述，一些同志看后对我说：澄清了事实，讲明了道理，对这项政策有了进一步的了解。然而也有人——我所见到的也仅此人——却说座谈会、报告根本不存在，并且说了许多不好听的话。根据呢？是他举出的文献中没有。他的文献中没有就不存在，这是什么逻辑？有的A＝有的B，就得出没有A就没有B。故本书仍不愿与之讨论，因为按照这样的逻辑推理，又能讨论出什么样的结论来呢？但是写书是让更多公正的读者了解事实真相，明了事理。因而要在过去已有论述的基础上，增补若干更有说服力、可以公之于众的文献资料，做出进一步的解读。这也是澄清这一段历史、正本清源应做的工作。

第一节 中央召开人口座谈会

1980年3月下旬到5月上旬，中央书记处委托中央办公厅陆续召开五次人口座谈会。这个座谈会之所以重要，一是由中共中央书记处委托中办召开，称之为中央人口座谈会名正言顺。二是会议邀请与人口相关的党政部门领导、自然科学、社会科学专家学者参加，广泛地听取了各方面的意见。三是会议形成的向中央书记处的报告，全面地分析了当时的人口形势、问题和应对的决策选择，包括当时的政策和未来的政策走向、调整建议。在以往大力提倡一对夫妇生育一个孩子政策高压形势下，这方面的情况很难披露、鲜为人知。如今四十多年过去，经济转轨、社会转型、人口转变发生巨大变化，原本就无秘密可言的一些文献资料，公之于众澄清事实、以正视听，对于说清政策出台的来龙去脉是必要的、有益的。不过笔者不该也不能全文引用，只能引用与说明的问题相关的某些部分。

一、座谈会召开的背景

由于座谈会委托笔者负责起草向中央书记处的报告，座谈会主持人冯文彬同志曾给笔者讲过为什么要召开这次座谈会。谈到人口、经济、思想解放、社会等方面的背景，特别是中央主要领导同志关于人口问题的指示。为使政策能够考虑到各方面的情况，可能产生的问题如何应对等，特召开这个座谈会听取各方面的意见。还要形成一份文件，向中央报告。如此，这里有必要先交待一下与人口座谈会相关的社会经济发展背景。概括起来说，人口方面，20 世纪 70 年代末人口过剩性质明显，人口再生产仍处在增长率较高阶段。经济方面，改革之初短缺经济特点突出，解放和发展生产力是当务之急。社会方面，实事求是思想路线恢复以后，需要大力推进包括人口政策在内的各个方面的改革。理论方面，在拨乱反正实现之后，寻求与实际相结合的改革呼声颇高。

1. 人口背景。

前已论及，新中国成立后前三十年，经历一个人口再生产类型的转变、第一次生育高潮、第一次生育低潮和第二次生育高潮。第二次生育高潮主要处于“文化大革命”时期，形成有着经济、政治、社会多方面的原因。然而不管什么原因，到了 20 世纪 70 年代人口形势日趋严峻，而且是全面性的严峻，影响到社会经济发展、人民物质和文化生活的提高，则是确定无疑、有目共睹的。当时的人口形势，主要表现在以下几个方面。

一是人口数量庞大，增长速度比较快。到 20 世纪 60 年代末，1969

年全国人口突破8亿大关达到80 671万人，1979年增长到97 542万人，分别比1949年增加26 504万人和43 375万人，占世界总人口的比例上升到超过22%。统计资料据显示：全国人口自1949年的54 167万人，增加到1957年的64 653万人、1966年的74 542万人、1971年的85 229万人、1977年的94 974万人，每增加1亿人口花费的时间分别为8年、9年、5年、6年，60年代后期和70年代，比50年代和60年代前期缩短3年左右。50年代按算术平均数计算的人口出生率达到33.93‰，60年代达到33.30‰，70年代为24.45‰，有所下降。然而死亡率也在不断下降，这就造成各个时期不同的人口增长率，50年代达到21.80‰，60年代达到18.43‰，70年代达到19.17‰。总体来看，1949年至1979年人口年平均增长率达到19.80‰，显示出较为强劲的增长势头。①

二是人口年龄构成轻，具有较强增长势能。人口学粗略地将人口年龄结构分成三种类型，即年轻型或增长型、成年型或稳定型、老年型或减少型。迄今为止，学术界对这三种类型的划分有较多共识，然而对划分的标准存在某些分歧；不过分歧不大，一般认为的划分标准，参见表5.1。

表5.1 人口年龄结构三种类型划分标准

	年轻型	成年型	老年型
0～14岁	40%以上	30%～40%	30%以下
65岁以上	4%以下	4%～7%	7%以上
65岁以上/0～14岁	0.15以下	0.15～0.30	0.30以上
年龄中位数	20岁以下	20～30岁	30岁以上

当时中国的情况怎样呢？国家统计部门提供的那个时候的数据资料有限，联合国经济和社会事务部发布的人口统计和预测数据则比较完整也比较靠谱。1950年与1980年比较，中国人口年龄结构变动并不显

① 资料来源：中华人民共和国国家统计局编《中国统计年鉴1990》，中国统计出版社1990年版，第89—90页；中华人民共和国国家统计局编《中国统计年鉴2018》，中国统计出版社2018年版，第31—32页。

著，处于由年轻型向成年型过渡之中，偏向年轻型和增长势能较强特点。参见表5.2、5.3。①

表5.2　1950年中国与世界人口年龄结构比较

	世　界	发达国家	发展中国家	中　国
0～14岁	34.1%	27.4%	37.3%	33.6%
65岁以上	5.2%	7.9%	3.9%	4.5%
65岁以上/0～14岁	0.15	0.29	0.10	0.13
年龄中位数	24.0岁	29.0岁	21.6岁	23.9岁

表5.3　1980年中国与世界人口年龄结构比较

	世　界	发达国家	发展中国家	中　国
0～14	35.2%	22.4%	39.5%	35.5%
65岁以上	5.9%	11.7%	4.0%	4.7%
65岁以上/0～14岁	0.17	0.52	0.10	0.13
年龄中位数	23.1岁	32.0岁	20.1岁	22.1岁

比较表5.2与表5.3，可以看出：其一，就自身纵向比较而言，中国人口年龄结构1950年与1980年比较没有大的变化。0～14岁少年人口占比仅下降0.1个百分点，65岁以上老年人口占比仅提高0.2个百分点，65岁以上/0～14岁即老少比没有变动，而年龄中位数还下降1.8个百分点。总体表现：开始步入成年型但仍带着年轻型特征，具有较强增长势能。这是基本的判断。

其二，与其他国家横向比较，中国人口年龄结构处于发展中国家与世界平均水平之间，距离发达国家相去甚远。直至1980年，中国0～14岁少年人口占比低于发展中国家4个百分点，略高于世界平均水平0.3个百分点。65岁以上老年人口占比高于发展中国家0.7个百分点，低于世界1.2个百分点。其余老少比、年龄中位数情况基本类似，略高于发展中国家，略低于世界平均水平。同时，与年龄结构步入老年型中期的发达国家比较，差距则十分显著。

---

① 资料来源：United Nations. *World Population Prospects The 2008 Revision*, volume1, New York, 2009, P. 48, 50, 52, 184.

三是乡村人口占比高，成为阻碍生育率下降的重要因素。城市化是全世界，包括发达国家、发展中国家人口变动和发展的一大走势。城市化是一个综合的概念。从人口学角度观察，城市化是农村人口向城镇转移的一种过程，是人口的城乡结构问题；从劳动学角度观察，是就业在一、二、三次产业之间的分布和结构问题；从经济学角度观察，是农业、加工业、服务业为主的三次产业结构的变动问题；从社会学角度观察，是工业社会取代农业社会的生产和生活方式，工业文明取代农业文明、现代文明取代传统文明的社会进步问题。但是核心是人口的城市化。因为变农村人口为城镇人口的过程，就是人口和就业结构转变、产业结构升级、现代文明取代传统文明的社会进步过程。因此，从一个特定的角度分析，一部人类文明史特别是现代文明发展的历史，就是人口城市化不断推进的历史。依据联合国提供的数据，1950 年世界城镇人口所占比例为 29.8%，1980 年上升到 39.6%。2008 年 9 月 23 日联合国宣布：这一天世界城市人口超过农村人口，从此结束了农村人口占主体的历史。

统计资料显示，1964 年中国城乡人口出生率和自然增长率实现历史性转折，城市由高于农村转变到低于农村，并且差距有扩大的趋势。这在颇大的程度上，决定着后来的人口变动和人口政策的走向。中国是世界四大文明古国之一，创造了令世人赞叹的农耕文化和农业文明。在农耕时代，这样的农耕文化和农业文明曾是我们的骄傲；但是农耕文化和农业文明越发达，对工业革命的排斥力就越强，不仅工业革命不易发生，而且发生后前进的阻力也大，显得步履蹒跚。1949 年中华人民共和国成立时，城镇人口为 5 765 万人，占总人口比例为 10.6%，属于典型的农业国。经过七十年的工业化和城市化过程，城镇人口增长很快，人口城市化取得长足进步。但是发展并非一帆风顺，而是有进有退、在徘徊中走过来的。1950 年至 1960 年的 10 年为快速发展时期，城镇人口比例由 11.2%上升到 19.7%，年平均升高 0.85 个百分点。1961 年至 1980 年的 20 年为徘徊时期，1961 年以后先是 12 年后退，1972 年退至 17.1%低谷；后是 8 年补偿性回升，1980 年回升至 19.4%，接近 1960 年水平。人口城乡结构 20 年徘徊，加剧了人口增长的严峻形势。因为

1964年实现了城乡之间人口出生率和增长率历史性的转折，此后城市低于农村并呈扩大趋势。参见表5.4。①

表5.4 部分年份城乡出生率、死亡率、增长率比较（‰）

	城市			农村		
	出生率	死亡率	增长率	出生率	死亡率	增长率
1955	40.67	9.30	31.37	31.74	12.60	19.14
1959	29.43	10.92	18.51	23.78	14.61	9.17
1963	44.50	7.13	37.37	43.19	10.49	32.70
1964	32.17	7.27	24.90	40.27	12.17	28.10
1971	21.30	5.35	15.95	31.86	7.57	24.29
1975	14.71	5.39	9.32	24.17	7.59	16.58
1980	14.17	5.48	8.69	18.82	6.47	12.35

1964年以后，城乡人口自然变动差距明显拉大。到1980年出生率拉大到4.65个千分点；由于死亡率农村高于城市0.99个千分点，因而自然增长率拉大到3.66个千分点。即农村人口出生率高出城市32.8%；自然增长率高出42.1%。这在当时乡村人口占到80%情况下，给生育率的下降和控制人口增长，带来相当大的阻力。改革开放以来，这种城乡之间在生育上表现出的差距依然存在，从一个方面制约着人口生育政策的变动。

四是人口素质稳步提升，但总体水平不高。关于人口素质，学术界有身体素质、教育素质、思想政治素质或道德素质"三分法"，与仅包括前二项"二分法"的不同观点。笔者赞同"三分法"，但不赞同将后者归之为思想政治、道德素质提法。素质要有具体可度量、可比较的指标。思想、政治、道德更主要体现在观念上，难以量化。因此，笔者提出可用素养文明素质概括。素养文明素质，指一个国家、地区人口反映出的该国家、地区社会进步的状态和程度。它包括该总体人口具有的价值观、道德观、法治意识、文化素养等，但它是通过社会进步文明程度

① 资料来源：中华人民共和国国家统计局编《中国统计年鉴1986》，中国统计出版社1986年版，第92页。

表现出来的，因而是可以度量的。譬如，社会成员仁爱之心、助人为乐文明素质怎样，可以通过捐助、义卖、亲情关怀等形式表现出来；遵守公德、环保意识文明素质怎样，可以通过排队候车、是否随意乱丢废弃物等表现出来；社会是否和谐、法治观念怎样，可以通过社会犯罪率、恶性案件发生率等的变动表现出来等。人口素养文明素质，反映着一个方面的人口素质本质，对和谐社会文明建设有着不可替代的意义。具体说，按“三分法”当时人口素质构成及状况如下。

体能健康素质。新中国成立后的最初三十年，中国人口身体素质有了明显的提高：婴儿死亡率由20世纪40年代接近150‰，下降到1981年的34.68‰；出生时的预期寿命由20世纪40年代农村35岁、城市40岁左右，提高到1981年的66.77岁,[①] 有了成倍的增长。其他如出生缺陷发生率、孕产妇死亡率等，也大大降低。然而中国人口体能健康素质还不够高。联合国公布的1980年至1985年世界婴儿死亡率为78‰，发展中国家为87‰，发达国家为15‰；同期预期寿命世界为61.4岁，发展中国家为58.6岁，发达国家为73.0岁。[②] 这种情况表明，20世纪70年代末80年代初，我国人口体验健康素质已经超过世界总体水平，更超过发展中国家水平，但是距离发达国家，则相差很远。增进人口健康、提高身体素质，这是全部人口素质的基础，需要大幅度地提升。

智能科教素质。作为人口大国，发展寄希望于变人口和人力资源大国为人力资本强国，关键在人口智能科学教育素质的提高上面。知识是前人实践经验的总结，人力资本的提升离不开教育。如今科技进步一日千里，要使科学技术为更多的人所掌握，使国家站在发展前沿，也只有通过教育来实现。新中国成立以来，随着教育、科学事业的发展，人口教育素质有了显著的提高。这点可从在校学生人数占总人口数比例的升高中看出来：1949年各级各类学生数占总人口的比例为4.76%，1979

---

① 参见国家人口计生委发展规划司、中国人口与发展研究中心编《人口和计划生育常用数据手册2003》，中国人口出版社2004年版，第80页。

② 资料来源：United Nations. *World Population Prospects The* 2004 *Revision*, New York，2005，pp. 20—24.

年大幅度上升到21.41%，升高16.65个百分点。同期每万人口在校大中小学生比例升高的情况是：大学生由2.2人升高至10.5人，中学生由23人升高至621人，小学生由450人升高至1 510人。[①] 反映人口教育素质的一项综合性指标，是全体居民平均所受的教育年限。我国之前没有这方面的统计普查资料，只好通过一定的方法，进行大概的计算。二十多年前笔者主持“中国老年人口调查和养老保障改革研究”国家重点项目时，曾对不同人口所受教育程度做过一些摸底调查。结果发现，在调查问卷上填写文化程度为“大学及以上”者，平均所受教育将近16年；填“高中和中专”者平均为11年；填“初中”者平均为8年，填“小学”者平均为4年，填“文盲和半文盲”者平均为0.25年。然后按照下述公式计算：

$$\frac{U \cdot Y_1 + Q \cdot Y_2 + H \cdot Y_3 + M \cdot Y_4 + L \cdot Y_5 + I \cdot Y_6}{U + Q + H + M + L + I}$$

式中U代表按受大学教育人数，Y_1代表大学平均所受教育年限；Q代表接受中等专业职业教育人数，Y_2代表平均接受中专教育年限；H代表接受高中教育人数，Y_3代表平均接受高中教育年限；M代表接受初中教育人数，Y_4代表平均接受初中教育年限；L代表平均接受小学教育人数，Y_5代表平均接受小学教育年限；I代表文盲和半文盲（不识字或识字很少）人数，Y_6代表此项平均受教育年限。按照这一公式，将调查得来的$Y_1=16$、$Y_2=11.5$、$Y_3=11.5$、$Y_4=8.9$、$Y_5=5.5$、$Y_6=0.25$代入式中运算，得出平均所受教育年限。为什么大学、中专、高中、初中、小学均没有达到规定教育的年限呢？主要因为有少部分在学习中途退学造成的，这在改革开放初期退学发生率相对较高。为什么文盲和半文盲还有0.25年的“学龄”？主要是因为各地开展程度不同的扫盲班，接受1—6个月不等的启蒙教育，认识几十到几百个字。按照上述公式计算出：1964年全国6岁以上人口平均所受教育年限为2.25年，1982年为4.21年。不言而喻，虽然数据显示有很大提高，但是总

① 资料来源：中华人民共和国国家统计局编《中国统计年鉴1986》，中国统计出版社1986年版，第739页。

体水平之低是十分明显的。不仅比发达国家低很多，比世界平均水平也低许多，甚至不抵许多发展中国家。我们要建设现代化强国，人口教育素质低是极大的障碍，是人口问题中十分突出的问题。

智能科学技术素质，与教育情况相似。统计资料表明，1980 年全民所有制单位自然科学技术人员平均每万职工中有 657.9 人，占比 6.6%。其中工程技术人员平均每万职工中有 232.2 人，占比 2.3%，比例很低；农业技术人员 38.8 人，占比 0.4%，也很低；卫生技术人员 190.8 人占比 1.9%；科学研究人员 40.3 人，占比 0.4%，与农业技术人员占比相仿；教学人员 155.8 人，占比 1.6%。直至 1989 年，全国地方县以上政府部门属研究与开发机构 4 652 家，职工 450 359 人，其中科学家和工程师 161 875 人，其他科技人员 107 585 人，分别占职工总数 35.9%和 26.9%，人口智能科技素质不高。①

素养文明素质。人口体能健康素质、智能科教素质，是人们容易看得见、摸得着的“硬件”，容易引起重视。相对说来，人口素养文明素质就属于“软件”了，不容易直观看得见、触得到。然而我们不可能设想，在一个自强和创新精神缺乏、民主和法制观念淡薄、道德和诚信友爱水准很低的国度，会造就出人与自然、人与人之间和谐的社会关系和良好的氛围。从人口素养文明素质视角看待社会和谐发展，人口素养文明素质不可或缺，是社会和谐发展的保证。所谓人口素养文明素质，主要包括核心价值观念，即一个国家在一定历史时期提出的统领其他社会价值、占据主导地位并被绝大多数人口群体认可的价值理念；道德规范，居民对待公民的权利与义务、参与与奉献、诚信与友爱等的意识、态度和行为；法制意识，居民对民主、法治的认识，在法律面前人人平等、公民的权利和自由受法律保护、维护和监督司法公正和廉洁等的责任感等。中国素有文明礼仪之邦美称，中华民族历来十分重视文明礼仪。新中国成立后，人口素养文明素质有很大提高，这是不容置疑的。然而发展商品生产和实行市场经济体制改革，商品生产和交换价值升

① 资料来源：中华人民共和国国家统计局编《中国统计年鉴 1990》，中国统计出版社 1990 年版，第 747、762 页。

值，传统的感情、亲情、友情等情感色彩减弱。尚存的旧的不文明行为和新产生的不文明行为交织在一起，给提升人口素养文明素质增加了新的难度，提升我国人口的素养文明素质任重而道远。

五是人口地区分布结构不平衡，中西部人口问题更多一些。提到人口地区分布结构，自然联想到胡焕庸先生的瑷珲—腾冲地理分界线，这一人口地理分布格局至今变化不大。为什么变化不大？因为它不仅是一条人口分界线，也是一条地形、气候的分界线。就地形而论，我国 960 万平方公里陆地面积中，山地约 320 万平方公里，占 33%；高原约 250 万平方公里，占 26%；盆地约 180 万平方公里，占 19%；平原约 115 万平方公里，占 12%；丘陵约 95 万平方公里，占 10%。其中陆地高度在 500 米以下约 241.7 平方公里，占 25.2%；500～1 000 米约 162.5 平方公里，占 16.9%；1 000～2 000 米约 239.9 平方公里，占 25%；2 000～3 000 米约 67.6 平方公里，占 7%；3 000 米以上约 248.3 平方公里，占 25.9%。[①] 瑷珲—腾冲线是一条自东北向西南走向的斜线，该线西北集中了我国主要的山脉，诸如阿尔泰山、天山、祁连山、昆仑山、唐古拉山、喜马拉雅山等。该线西北海拔 2 000 米以上占土地面积相当大部分，而且海拔 3 000 米以上又占据高原的大部分。按照人口等高线分布法则，多数高原不适合人类居住和生存。该线西北部也有大面积地势较低地区，但是大都是沙漠和戈壁，塔克拉玛干、腾格里等全国主要的沙漠和戈壁，几乎都集中在该线以西以北地区。就气候而言，960 万平方公里面积中，湿润地区（干燥度小于 1.0）占 32%，半湿润地区（干燥度 1.0～1.5）占 15%，半干旱地区（干燥度 1.5～2.0）占 22%，干旱地区（干燥度大于 2.0）占 31%。[②] 该线西北除个别地区雨量比较充足外，其余特别是西北广大地区均为干旱和半干旱地区，不适于人口居住。我国人口密度高低相差悬殊，总的趋势是自西北向东南逐级升高，西北部人口密度不能大幅度提升的主要原因在于干旱。瑷珲—

① 资料来源：中华人民共和国国家统计局编《中国统计年鉴 1986》，中国统计出版社 1986 年版，第 5 页。

② 资料来源：中华人民共和国国家统计局编《中国统计年鉴 1986》，中国统计出版社 1986 年版，第 5 页。

腾冲线人口地理分界线是难以改变的。不过有一个问题，瑷珲—腾冲线主要立足人口分布等高线、气候湿度线，有一定的道理；但是把黄河、长江流域等人口聚集程度较高、沿江沿河流域式分布切为两段，与分界线基本格局并不一致，因而不尽合理。对此，本书结尾部分，还将做出深入一些的请教和探讨。这里，结合西部开发和经济、社会发展，需要说明的一点是，对西部人口还需要有一个明确的认识。2000 年笔者出席西部开发论坛，提交《西部开发重在人力资本积聚》论文，论证在自然资本、生产（产出）资本、人力资本、社会资本中，总体上西南、西北共 10 个省、区、市，自然资本比较充裕，但是要做具体分析，分布不平衡严重；生产资本短缺，不过最短缺的当是人力资本，以及同人力资本相关联的社会资本。人力资本是制约西部开发的“瓶颈”，西部开发重在人力资本积聚。实施西部开发战略，增强生产性投资是需要和重要的，但是更重要的还是增强人力资本的投资，能否不断地增强人力资本积聚，是西部开发战略能否取得成功的关键。

除人口密度外，在生育、年龄、城乡、健康素质、教育素质等方面，西部、中部和东部都存在一定结构性差异。一般地说，20 世纪 70 年代中期全国人口达到 9 亿时，西部和中部的生育率要明显高出东部地区。1980 年西部 11 个省、自治区中，总和生育率只有陕西、四川两省低于全国 2.24 平均水平，内蒙古自治区和甘肃省略高于全国水平，其余贵州和云南两省在 3.0～4.0 之间，青海、宁夏、新疆、广西和西藏五省区均在 4.0 以上，成为中国的“高生育率屋脊”。中部的八个省份多数略高于全国水平，少数略低于全国水平。东部除个别省份外，均低于全国水平。① 人口年龄结构西部、中部、东部呈现三大平台，分别处于成年型中期、晚期和接近老年型。人口城市化东部要高出中部和西部许多，东部有的省份已走到 S 曲线中上部，西部有的省、自治区尚处于城市化起步阶段，刚刚驶出 S 曲线底部。体能健康素质和智能科教素质的差距要更大一些：1981 年全国出生时的人口预期寿命为 67.88 岁，西部地区全部低于这一水平，最低的云南、青海两省和新疆维吾尔自治

---

① 资料来源：《中国人口主要数据手册 1995》，第 42 页。

区，只有60岁左右；中部同全国平均水平不相上下，东部则明显高于全国水平。笔者计算的相当于平均所受教育年限的人口教育指数，1987年全国为4.645，西部除陕西省和内蒙古、新疆两个自治区外，其余均低于全国水平，最低的西藏只有1.472，青海只有3.132，云南只有3.265，贵州只有3.510。中部地区与全国水平相当，吉林和黑龙江两省稍高一些；东部则明显高出全国水平许多，尤以北京7.121、上海6.932、天津6.341为高。① 西部、中部、东部在人口数量、素质、结构上存在的这些差异表明，西部和中部存在的人口问题要更大、更多、更复杂一些，解决的困难要更多一些。

2. 经济背景。

1980年前后我国的经济状况早已十分清楚，故无须多加赘述。主要说明两点：一是当时的宏观经济状况，居民的生活状况。二是就业状况。这两点都与人口生产、人民生活、人口政策密切相关，需要做出简单明了的阐释。联系笔者的亲身经历一起阐发，增加一点感性认识。

1980年的经济状况。依据国家统计局提供的数据资料，当时宏观经济有代表性的产值、产量、人均水平，参见表5.5。②

表5.5 1980年国民经济主要指标

项 目	绝对数	人 均
人口	98 705 万人	
社会劳动者	41 896 万人	
社会总产值	8 531 亿元	864.3 元
粮食	32 056 万吨	325 公斤
棉花	270.7 万吨	2.7 公斤
油料	769.1 万吨	7.8 公斤
猪牛羊肉	1 205.4 万吨	12.2 公斤

① 参见中国社会科学院人口研究所编《中国人口年鉴1988》，经济管理出版社1989年版，第210页。

② 资料来源：中华人民共和国国家统计局编《中国统计年鉴1986》，中国统计出版社1986年版，第25、26、28页。

续表

项　目	绝对数	人　均
水产品	450 万吨	4.6 公斤
自行车	1 302.4 万辆	0.01 辆
缝纫机	767.8 万架	0.008 架
手　表	2 215.5 万只	0.02 只
家用电冰箱	4.9 万台	5 台/10 万人
电视机	249.2 万部	0.003 部
洗衣机	24.5 万台	2.5 台/万人
原煤	6.2 亿吨	0.6 吨
原油	10 595 万吨	0.1 吨
钢	3 712 万吨	0.04 吨
全民所有制工业全员劳动生产率	12 080 元/人年	
职工年平均货币工资	762 元	
高等学校在校学生	114.4 万人	1.2‰
医院病床数	198.2 万张	2.0‰
医生数	115.3 万人	1.1‰

表 5.5 为 1980 年宏观经济总量和按人口平均计算达到的水平。它表明，尽管自 1949 年中华人民共和国成立三十年来社会经济有了很大的发展，在工业化道路上走过一大段路程，但是发展水平，特别是人均水平之低，是十分明显的。而且这是按生产产品计算的工业、农业和服务业的产出量，实际的居民消费和人均消费量，则还要再低下一截。因为产量经过分配和再分配，并不都能进入人口消费领域。以粮食生产与消费为例，生产的粮食为毛粮，加工成商品粮后要损失一部分，工业、畜牧业、种子、储备等再扣除相应部分，分配到人均消费的粮食数量便下降一大截。实际的情况是，生产的产品在做了各种扣除后，再按计划分配，按照发放的票证购买。这就造成那个年代，居民手中的票证何其多也。

以北京市为例，笔者每月领到的票证有：粮票 33 斤（1959 年北大学生定量 36 斤，三年困难时期减至 33 斤，60 年代参加工作后保持未变。北京一般居民粮食定量 28.5 斤），食用植物油票 0.5 斤，肉票 0.5 斤，糕点票 0.5 斤（从口粮定量中扣掉 0.5 斤），粉丝票 0.2 两，蔬菜票、布票按年度发放，自行车、缝纫机、手表等耐用消费品凭专项票证或工业券购买，春节期间供应几两花生、瓜籽，也要发票、凭票供应、遗失不补。当然，仅有票证是买不来的，需要票证＋货币一同付给才能购得。当时城市居民收入相差不很大，不过由于收入水平普遍较低，购买完票证定量供应的吃、穿、用生活必需品，已经所剩无几了。还有部分低收入群体，就连少得可怜的票证用品也难以购买齐全，需要申请社会救济。抽样调查数据显示，1980 年农民人均纯收入为 191 元，月平均 15.9 元。城市职工年平均工资为 762 元，月平均 63.5 元；每人每年可用于生活费收入为 439 元，月平均 36.6 元。①

记得笔者刚上中学时，1953 年 10 月学校传达中央《关于实行粮食的计划收购与计划供应的决议》。后来，统购统销的范围又扩大到棉花、棉布和食油。学校领导特意说明，并不是国家没有，也不是粮食、棉布和食油供给不足，而是实行计划经济，要按计划供应。后来的实践证明，统购统销政策在保障供应、稳定物价中，发挥了中流砥柱的作用，这是应该肯定、功不可没的。然而二十多年、将近三十年过去后，与当初实行统购统销时比较情况怎样了，是不是还是计划经济需要而不是产品不足呢？不管认识上有多大分歧，有一点是明白无误的：短缺经济是不得不承认的。无论统计数据还是调查材料，抑或每个人的感同身受，都已看到并切身体验到了。

就业压力加大。短缺经济不仅表现在消费资料的短缺上，劳动者技术装备的短缺和就业形势的严峻，更具挑战性。由于在高度集中统一的计划经济体制下，除农村集体所有制经济外，城市就业逐渐形成由全民所有制国营企业完全承担、唯一渠道格局。加上经济发展几起几落，劳动者技术装备增长不能满足需求，致使待业人数和待业率居高不下。1980 年城镇新增就业人口 900 万，但是仍有待业人口 541.5 万，待业

① 资料来源：中华人民共和国国家统计局编《中国统计年鉴 1986》，中国统计出版社 1986 年版，第 645 页。

率达到4.9%。[1] 而且由于待业的计算方法有问题，实际的待业率要高一些。农村因为以生产队为单位有劳动能力的人自行进入集体农业劳动，因而也就无“待业”一说。然而这种不计劳动生产率、新增劳动力为土地自行吸纳的办法，潜在的待业或潜在的失业在不断地增长。而且，农村不仅吸纳自身成长起来的劳动力，还要吸纳城镇输送过来的劳动力。20世纪50年代就有干部下放劳动运动，出现城市人口流向农村的“逆城市化”，用以应对城市人口、吃商品粮人口和工资总额增长“三个突破”。进入60年代，1966年在毛泽东“五七指示”指引下，数以几十万计的老干部、“走资派”、“反动学术权威”、知识分子“臭老九”等，统统走“五七道路”，下放到五七干校斗私批修、劳动改造。还有更大规模的知识青年上山下乡、插队落户运动，十多年间竟有1 600多万知识青年离家，扎根农村、山区和边疆务农。虽然这些运动主要的目的不在解决城市人口就业问题，但在实际上，成为缓解、解决城市就业压力的手段，也是显而易见、明白无误的。只是到头来，这些运动均以轰轰烈烈开头、零零碎碎自行回归告终。最后，还是把就业压力转回到城市里来。

3. 社会背景。

最具影响力的社会背景，自然是党的十一届三中全会的召开、实事求是思想路线的恢复和随之而来的一系列政策的出台。三中全会是一次关系到党和国家前途命运的历史性会议，推翻了“两个凡是”，恢复了实事求是思想路线，揭开各条战线拨乱反正的序幕，改革开放就此启程。对人口和人口政策的影响也是同样，通过拨乱反正、正本清源唤起对过去的反思，树立符合实际、科学的理论和路线、方针、政策。上面对此已经做出较多的阐发，这里不多加赘述。需要加以补充说明的是，由于人口政策是党中央制定、党和国家主持贯彻实施的，因此党和国家主要领导同志的认识、表态和行动至关重要，主导着政策的制定、指向、实施和效果，需要做一些补充和阐释。

---

① 资料来源：中华人民共和国国家统计局编《中国统计年鉴1990》，中国统计出版社1990年版，第130页。

1975 年 1 月，邓小平作为副总理协助周恩来总理主持国务院工作，在卫生部《关于拟将全国农村卫生、中西医结合、妇幼卫生三个工作会议合并为一个会议的请求报告》上，批示："要特别注意节制生育问题。"4 月他在接见阿尔及利亚革命委员会委员、农业和土改部部长塔耶比·拉比时说："人多是个麻烦事，无限制的增长不得了。我国现在差不多接近 9 亿人口。解放后相当长一个时期，每年的人口增长率是百分之二。现在提倡节制生育，有些地方见效了。我们力求在 1980 年前能把人口增长率控制到百分之一点五，1985 年能控制到百分之一以下。做到这一点，要做大量的教育工作和组织工作。"8 月在会见奥地利中国研究会代表团时，说："如果（人口）能够做到不再增长，这就了不起了。但是，下这样决心的人不算很多，这同生活水平、文化水平有关。人口增长过快并不反映经济发达，而是反映经济落后，所以从这个角度上看，我们是发展中国家。"1979 年邓小平在中共中央理论务虚会上所做的讲话中说："人多有好的一面，也有不利的一面。在生产还不够发展的条件下，吃饭、教育和就业就都成为严重的问题。我们要大力加强计划生育工作，但是即使若干年后人口不再增加，人口多的问题在一段时间内也仍然存在……耕地少，人口多特别是农民多，这种情况不是很容易改变的。"邓小平坚持用人均指标作为衡量经济发展的阶段性指标。他在 1979 年会见日本首相大平正芳时，强调到 20 世纪末我们的平均收入还很低。要达到第三世界比较富裕一点的水平，比如国民平均收入达到 1 000 美金，同西方国家来比也是落后的。强调人均指标，就是一方面要大力发展经济，另一方面要控制人口增长。①

陈云当时作为国务院副总理，讲到人口政策问题不多，但很具体、明确。1979 年 3 月，他在江苏省、浙江省等地视察，对开展计划生育工作提出五条意见，即大造舆论；要立法，要求一对夫妇只生育一个孩子；要实行奖励，照顾生一个孩子的家庭；要大搞优生，提高计划生育

① 参见国家人口和计划生育委员会编《中国人口和计划生育史》，中国人口出版社 2007 年版，第 90—92 页。

的技术；搞好社会保险。①

时任国务院副总理李先念1978年在国务院计划生育领导小组第一次会议的讲话中，指出："计划生育问题，是个战略问题。要把它提到全局观点来考虑，提到战略观点来考虑，这是关系到四个现代化的问题，关系到我国繁荣富强问题。""各级党委一定要把计划生育工作列入常委的重要议事日程，经常讨论，常抓不懈。"1979年4月，李先念在中央工作会议上提出："我们一定认真做好思想教育工作，订出切实有效的办法，鼓励一对夫妇最好只生一个孩子。"②

上述中央领导同志的一系列讲话、指示中，对控制人口增长、实行计划生育的目标和要求，已经明确地提了出来。1978年10月，中共中央批转《关于国务院计划生育领导小组第一次会议的报告》，提出一对夫妇生育子女数，最好一个，最多两个，生育间隔三年以上的政策。1979年9月，中共辽宁省委在做出的计划生育的规定中，提出"普遍提倡一胎，严格控制二胎，坚决杜绝多胎"的要求。上海、北京、天津、江苏、吉林、山西等省、市，在1979年发出的文件中，都有提倡一对夫妇只生育一个孩子的要求或规定。四川省从1979年1月开始，在什邡县进行一对夫妇只生育一个孩子的试点，国务院计划生育领导小组向各地推广介绍了他们的经验。

在上述领导讲话、文件下发和试点经验精神鼓舞下，1979年3月山东省烟台地区荣成县农民鞠洪泽、鞠荣芬（女）等136对夫妇，向全县育龄夫妇发出《为革命只生一个孩子》的倡议书，称："我们这136对夫妻，通过学习党中央的指示，决心听党的话，只生一个孩子，不再生二胎。我们少生一个孩子，就是为四化多做一份贡献。因为，我们个人的幸福是和整个社会联系在一起的。只有实现了四个现代化，我们的晚年生活才有保障。"天津医学院44名教职员工也发出一对夫妇只生育

① 参见国家人口和计划生育委员会编《中国人口和计划生育史》，中国人口出版社2007年版，第93页。

② 参见国家人口和计划生育委员会编《中国人口和计划生育史》，中国人口出版社2007年版，第92页。

一个孩子的《倡议书》。[①] 这些敢为人先的倡议书被新闻媒体转发后，使提倡生育一个孩子的社会舆论迅速发酵，广泛传播开来。

4. 理论背景。

1980 年实践是检验真理唯一标准大讨论基本结束，一切理论、路线、方针、政策正确与否，都要以实践作标准接受检验。这为鉴别包括人口理论在内的各种理论送去一把金钥匙，用这把金钥匙开启真理的大门，是非曲直便迎刃而解了。联系人口学界批判节制主义，尤其是批判马寅初形成的"人口越多越好论"教条，通过为马寅初新人口论翻案，基本得到澄清、正本清源，实践证明"人口越多越好论"乃天方夜谭。真实的后果，吃饭、住房、就业、医疗、教育等问题变得更加困难，人口问题更加突出。为马寅初新人口论翻案，将颠倒了的中国人口问题的性质、人口增长与经济发展、总体人口与消费、劳动年龄人口与就业、人口素质与现代化以及人口与教育、科技、医疗、卫生等关系，重新颠倒过来。为控制人口数量、提升人口素质，提供了理论依据。

二、五次人口座谈会情况

1980 年 3 月下旬至 5 月上旬，按照中共中央书记处指示，由中央办公厅主持召开了五次人口座谈会。座谈会情况，概述如下。

第一、二次座谈会。时间为 1980 年 3 月下旬、4 月上旬，地点在中南海西楼会议室，主持人冯文彬，时任中央办公厅第一副主任。

依据人口座谈会向中央书记处呈报的《关于人口座谈会情况的报告(讨论一稿)》，以及 1980 年 4 月 25 日在中南海第四会议室召开的国务院计划生育领导小组会议记录记载，第一次出席座谈会人员，包括中共中央和国家机关有关部、委负责同志 25 人，从事人口研究的社会科学工作者 19 人，从事医学自然科学工作者 19 人，共计 63 人。医学自然科学工作者，包括神经、妇产、泌尿、遗传、避孕等门类。有关部委，

① 参见中国人口和计划生育委员会编《中国人口和计划生育史》，中国人口出版社 2007 年版，第 96 页。

包括团中央、妇联、民政、民委、计委、劳动总局等。第二次会议参会人员有些变动，社会科学工作者减少一些，其余变动不大。

会议开始，首先由主持人冯文彬同志对会议宗旨做出说明。他开宗明义，说明中央准备研究人口问题，书记处委托中央办公厅召集与人口相关的中央和国务院部委负责同志，自然科学和社会科学有关专家，对未来二十年和更长远一些时间的人口政策开个座谈会，征求各方面的意见。他简要地回顾了中国人口和计划生育走过的历程后，提出：我们应该实行什么样的人口政策，“提倡一对夫妇生育一个孩子”是否可行，可能遇到哪些问题，如何应对等，请大家畅所欲言地发表意见。开始发言不够踊跃，便请国务院计生领导小组的同志介绍计划生育开展的情况，与会同志就此展开议论。两个多小时后临近下午 5 点钟了，便宣布休会，让大家继续做准备，下次会议另行通知。

几天后，第二次会议还是在西楼会议室召开。会议气氛比较热烈，提出不少问题和解决的办法、建议。如有的同志提出：提倡一对夫妇生育一个孩子，这个孩子就没有兄弟姐妹了。民间有句话叫作“老大憨”——第一个孩子比较憨厚，老二比较聪明，最聪明的是“猴仨儿”。提倡一孩，只有老大，会不会造成人口智商下降，有无这样的风险？他的发言语惊四座，引起一阵热议。也有的同志提出，生育一个孩子容易滋长骄、娇二气，怎样加强教育和预防？提得较多的是生的孩子数量少了，会不会发生人口老龄化，会不会出现劳动力、兵源不足等。不少同志发言献计献策，发表解决和防范的办法。不过说服力一般不够强，需要做出进一步的研究。于是决定暂时休会，组织人员进行调查研究、拿出方案。

第三次会议。1980 年 4 月 9 日，分为两组分别在人民大会堂广西厅、陕西厅召开。笔者参加广西厅第一组。记得来自医学界的陈学思率先发言，主要讲独生子女性格容易发生问题，家庭教育非常重要。人口数量和质量是一个问题的两个方面，都要引起重视，从幼儿保健做起。提倡生育一孩，要特别注重遗传、先天性缺陷发生率、开展优生优育教育和服务。不仅优生，也要讲优死——此点分歧较大，安乐死问题多。有人发言强调，人口问题是世界性的问题。自 1830 年以来，世界每增加10亿人口的时间，由最初的100年缩短到30年、15年，呈指数增长，非控制不可。有几位发言都提到，建议成立国家人口委员会，举办可靠的养老社会保险，制订长期人口规划。第一步从严控制人口增长25年，一个人口再生产周期；第二步25年以后放开一点儿，避免老龄化等问题过于严重。对大会堂分组座谈会，笔者保存的不完整的记录卡片，记有讨论的主要问题、基本观点。

第四次会议。1980年4月25日，中南海勤政殿，主持人冯文彬。这次会议主要讨论由笔者起草的向中央书记处的报告（初稿）。与会者肯定报告反映了座谈会形成的共识，既要严格控制人口增长，又要妥善解决可能带来的问题，不要影响社会稳定。冯文彬同志说，人口方针、规划、政策问题，要广一些。广一点儿只有好处，没有坏处。要保证身体、智商、生理人口质量的提高，不是只准生养一个的问题。只生一个，有的人可能逃跑躲起来了，搞得不好，会影响安定团结。宪法规定不准溺婴，否则影响国际观感。措施要加强，解除人们各种疑虑。不要搞成思想对立，人口政策要有一个总纲。最后，他带有总结性地总结了几点：(1) 座谈会大家认识是统一的。将来增加到十亿、十二亿，并不是不控制人口增长。下降到什么程度，也要做一些研究和调整。总之目标是积极的，关系到全国人民的根本利益，从出生到成长，直至老有所养。(2) 要从控制角度上考虑解决问题。抵触情结大，会影响安定团结，产生负作用，这方面过去没有考虑到。怎样避免？要向书记处汇报一下。(3) 必须有一些措施。奖励一个，最根本的还是避孕。年龄老化不是根本问题，措施要跟上去，办好敬老院。

他还讲到，要对会上提出的重要问题有个答复，实事求是的答复。《报告》可以搞附件。5月15日，书记处讨论。

此外，卫生部副部长胡昭衡发言强调，要将人口与社会经济发展联系起来，要搞一个规划，一二十年后人口经济达到什么水平。中科院李昌发言强调，人口政策需要更广一点儿，包括人口数量、质量、遗传、儿童福利等。“断代”（控制一代人）是了不起的大事，需要完整的人口政策。医学界吴阶平教授的发言，强调人口质量，将其同人口数量放到一起考量。来一个全国人口总动员，提高质量、移风易俗。中国社科院陈道同志等都发了言，讲到毛泽东、周恩来等老一辈革命家对人口问题很重视，我们要学习贯彻。

第五次会议。1980 年 4 月 30 日，冯文彬主持。这次会议人数不多，围绕报告进一步讨论和修改。冯文彬同志先讲，再次强调上次会议上讲过的几点，有的做了补充。他说：座谈会对控制人口数量观点是一致的，个别人对“一胎化”有顾虑，是可以打消的。仅就计划生育谈计划生育不够，婚姻法延长结婚年龄也不行，主要还是避孕、解决避孕药具问题。强调安定团结，搞不好影响安定团结，就是新出现的不安定因素，也影响四化建设。来自医学界的吴旻等同志说，要解决避孕工具问题，要安全有效。加强计划生育，费用可能多，但是儿童保健没有，要解决。要大力破除封建思想，各地都要行动起来。来自法学界的王新法等同志在发言中，强调公安部门要负起人口统计责任，把数字搞准确。

根据座谈会讨论情况，冯文彬同志让我再修改一下向中央书记处的报告。报告出来后，又经过讨论修改，形成《关于人口座谈会情况的报告（讨论一稿）》。他还对我说，因为我是报告起草人，让我保存一份报告（讨论一稿）和五份附件，以备领导询问及中央开会研究需要咨询时，前去按照报告精神予以说明。对此，国务院计划生育领导小组 4 月 25 日在中南海第四会议室开会的会议记录，亦可佐证。记录记载：栗(秀珍) 同志在汇报座谈会情况和讨论工作时，对座谈会讨论的问题、出席人员等做了汇报。其中谈到“第二次讨论时，冯（文彬）意见不再开大会，先搞个文章（应为‘文件’，引者注）由社科院田雪原主笔。讨论过几次，共有五个附件。今天下午 3 时，冯文彬同志约见研究”①。此外，在人口座谈会将近结束时，国务院计生领导小组要我起草《人口问题汇报提纲》，此与人口政策相关，也保存下来。相关文件、记录，参见如下附图。

---

① 参见国务院计生领导小组会议记录（1980 年 4 月 25 日，中南海第四会议室），第 2 页。

图 5.1　《关于人口座谈会情况的报告（讨论一稿）》（首页）

关于人口座谈会情况的报告

（讨论一稿）

中央书记处：

根据书记处的指示，最近，中央办公厅主持召开了人口问题座谈会。参加座谈会的共有六十三人，其中中央和国家机关有关部、委负责同志二十五人，从事人口研究的社会科学工作者十九人，从事医学自然科学工作者十九人。会议围绕一对夫妇生一个孩子可能产生的问题，从各个方面进行了讨论。现将座谈情况和提出的主要问题，报告如下：

一、大力提倡一对夫妇只生一个孩子，是解决目前我国人口问题的关键

与会同志认为，对当前我国存在的人口问题，必须引起高度重视。原因是：

一、增长速度快。七十年代国家实行计划生育以来，人口自然增长率降低很快，一九七九年降低到百分之十一点七，（世界平均千分之十七的自然增长率）比一九七〇

· 1 ·

注：倒数第二行倒数第四、五字“百分”应为“千分”。

图 5.2　附件一《目前我国存在的人口问题》（首页）

〔附件一〕

目前我国存在的人口问题

一、总人口同生活资料的增长不相适应。

据统计，一九五三至一九七八年，全国居民消费总额增长二点八倍[①]，由于同期人口增长百分之六十六，按人口平均的消费额只增长一点三倍。每年新增加的消费额中，百分之五十八左右被新增加的人口消费掉了，用于提高原有居民消费额部分只占百分之四十二，人民生活水平提高受到限制。从一九五七至一九七七年，粮食和人口的增长率持平，每人平均占有的粮食一直在六百斤上下，近两年来稍有提高，也仅比一九五二年提高百分之十二的样子。有些经济作物按人口平均的产量还有所降低：一九七八年平均每人占有的棉花为四点五二斤，比一九五二年降低百分之零点二；平均每人占有的油料为九点五斤，比一九五二年降低百分之二十六点九。

① 按当年物价計算的，实际增长速度要低一些。

— 1 —

图 5.3 附件二《关于一对夫妇只生一个孩子方案的建议》(首页)

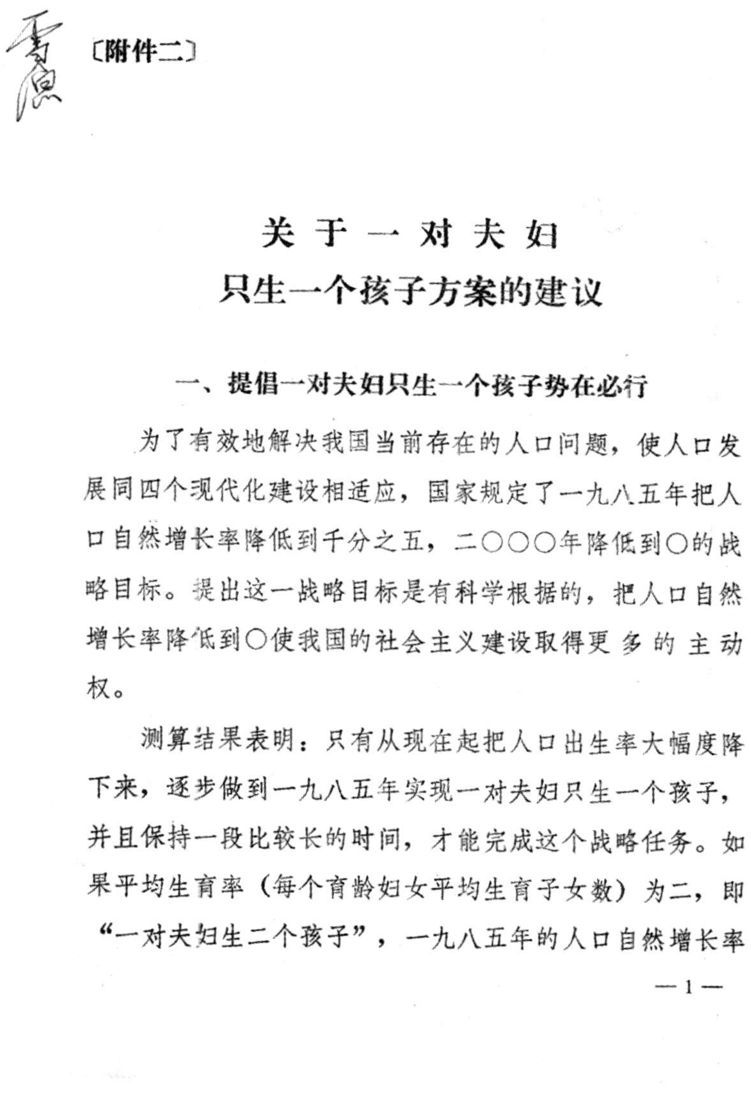

〔附件二〕

关 于 一 对 夫 妇
只生一个孩子方案的建议

一、提倡一对夫妇只生一个孩子势在必行

为了有效地解决我国当前存在的人口问题，使人口发展同四个现代化建设相适应，国家规定了一九八五年把人口自然增长率降低到千分之五，二〇〇〇年降低到〇的战略目标。提出这一战略目标是有科学根据的，把人口自然增长率降低到〇使我国的社会主义建设取得更多的主动权。

测算结果表明：只有从现在起把人口出生率大幅度降下来，逐步做到一九八五年实现一对夫妇只生一个孩子，并且保持一段比较长的时间，才能完成这个战略任务。如果平均生育率（每个育龄妇女平均生育子女数）为二，即“一对夫妇生二个孩子”，一九八五年的人口自然增长率

—1—

图 5.4　附件二《关于一对夫妇只生一个孩子方案的建议》（内页 1）

二、"一对夫妇只生一个孩子"
的方案可以搞到二〇一〇年左右

"一对夫妇只生一个孩子"势在必行，但"一对夫妇只生一个孩子"的方案搞多长时间为宜？这是人们普遍关心的一个问题。当前，人们对"一对夫妇只生一个孩子"的某些疑虑，有的纯属由于误解造成的，以为"一对夫妇只生一个孩子"要永远搞下去，会产生这样或那样的不堪设想的后果。因此，有必要清楚地告诉人民："一对夫妇只生一个孩子"不是永久之计，它是一段时间，我认为可以从一九八五年实现"一对夫妇只生一个孩子"算起，大体经过一个人口再生产周期，即到二〇一〇年左右的一个方针政策。

为什么"一对夫妇只生一个孩子"要搞到二〇一〇年左右？主要有以下几方面的原因：

（1）自然增长率在二十一世纪初降到〇以后，虽然总人口开始下降，但仍稍高于目前的水平，二〇一〇年总人口为十亿四千四百万。

（2）劳动适龄人口（男十八至六十四岁，女十八至五十九岁）在未来二十四年内是一直上升的，二〇〇五年以后有所下降，但二〇一〇年仍为七亿四千八百万，比目前多二亿四千五百万人。要降到目前的水平，需二〇三〇年以后（详见附表）。

（3）每个劳动力抚养的未成年人口和老年人口，即

图 5.5　附件二《关于一对夫妇只生一个孩子方案的建议》(内页 2)

〔附件二〕

距目前所占比重最高的东德等国家百分之十六的水平，相差甚远。

看来，为了扎扎实实地解决我国人口问题，“一对夫妇只生一个孩子”搞到二〇一〇年是完全必要的。那时，总人口、劳动适龄人口、抚养指数、“老龄化”等都不会出现什么大的问题。

三、二〇一〇年以后平均生育率应作适当调整

二〇一〇年总人口和劳动适龄人口高于现在水平，抚养指数也低于现在水平，似乎“一对夫妇只生一个孩子”方案可以继续搞下去。可是，人口再生产和物质资料再生产有很大不同，人口再生产周期长，具有长期、累进和稳定增长的特点。因此，一种人口政策的实施，起码要顾及到二十五年以后的结果，再长一点时间更好。按照“一对夫妇只生一个孩子”方案，二〇一〇年以后将出现下列一些情况：

（1）虽然总人口高于现在的水平，但下降的趋势比

图 5.6　附件三《中华人民共和国计划生育法（试行，讨论五稿）》（首页）

附件三：

中华人民共和国计划生育法(试行)

（讨 论 五 稿）

第一章　总　　则

第 一 条　根据《中华人民共和国宪法》第五十三条“国家提倡和推行计划生育”的规定，特制定本法。

第 二 条　计划生育，即有计划地控制人口增长，重点是降低人口出生率。

在人口稀少的少数民族地区和人口很少的少数民族为了促进经济发展，可采取有计划地发展人口的适当措施，但对自愿要求节育的夫妇应给予指导和帮助。

第 三 条　计划生育是为了使我国的人口增长与国民经济的发展相适应，加速社会主义现代化建设，提高全国人民的物质、文化生活水平，促进中华民族的健康和繁荣。

第 四 条　实行计划生育是每个公民的基本权利和义

·1·

图 5.7 附件四《菲、泰、马、新人口机构概况》（首页）

〔附件四〕

菲、泰、马、新人口机构概况

菲律宾

一九七四年世界人口大会以后，总统马科斯下令成立总统直接领导下的人口委员会，编制三百人，下设七名主任副主任，分管人口规划、宣传教育等各方面的工作。

为了加强计划生育的宣传，在菲全国新闻宣传中心内设计划生育宣传局（二十五人）专门编制宣传材料和电影供新闻电视广播单位使用。

泰　国

设有国家计划生育局，编制三百余人，其中该局宣传处有五十余人，负责编写制作各种宣传节目放送全国。

马来西亚

设有国家家庭计划生育局，编制三百余人主要从事家庭计划生育的宣传工作，提倡一对夫妇生两个孩子。

—1—

图 5.8 附件五《对农村计划生育保险问题的探讨》(首页)

〔附件五〕

对农村计划生育保险问题的探讨

计划生育保险，从世界上看，还没有这种保险。为了配合这一带战略性的工作，我们与劳动总局的有关同志座谈过一次，又走访了农业部、财政部和四季青人民公社。据农业部公社局的同志介绍，四川郫县享受独生子女优待的面，占总户数的百分之十一，一年给四十元钱和一百五十斤粮，一直到小孩十四岁时为止，全县一年要支出一百三十多万元。四季青人民公社是每月给保健费五元，共给十年，绝育时给一百元，子女的医药费和学费包到高中毕业为止，男方满六十岁、女方满五十五岁后每月给二十六元的退休金，享受独生子女优待的面，占总人口的百分之十六。在交换意见的过程中，各有不同的看法，但比较一致的有如下三点：第一认为这是一件好事，但搞不好也会带来很多麻烦；第二是在办法上，只考虑其晚年不行，因为这些年轻人，他考虑的不是三十年后怎样，而首

— 1 —

图 5.9 《国务院计生领导小组会议记录》（1980.4.25，首页）

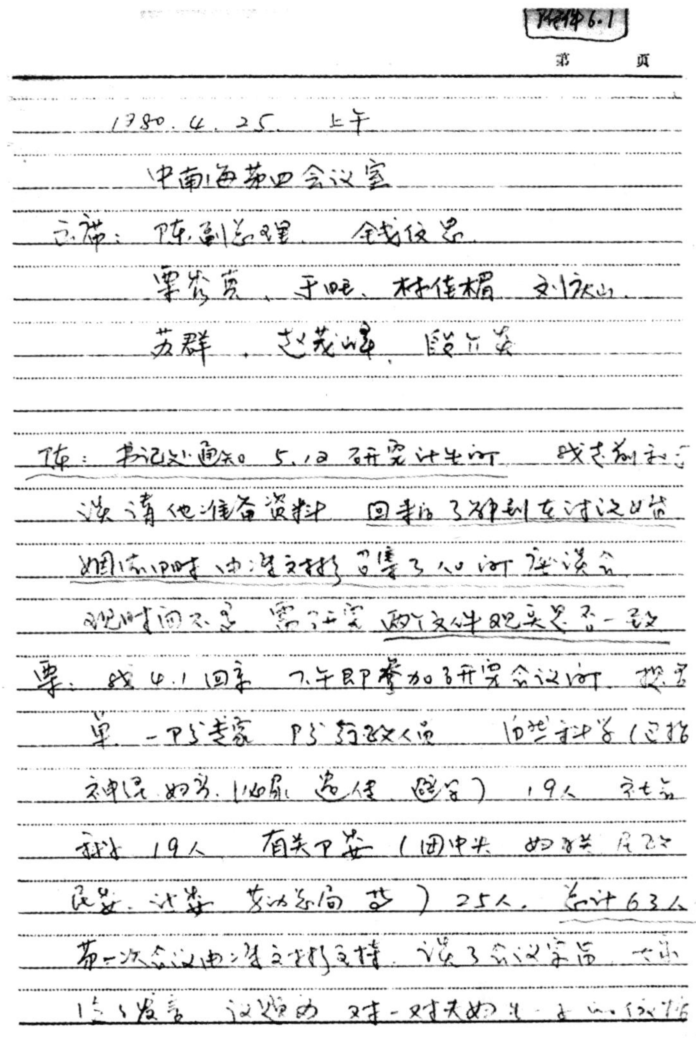

图 5.10 《国务院计生领导小组会议记录》（1980. 4. 25，次页）

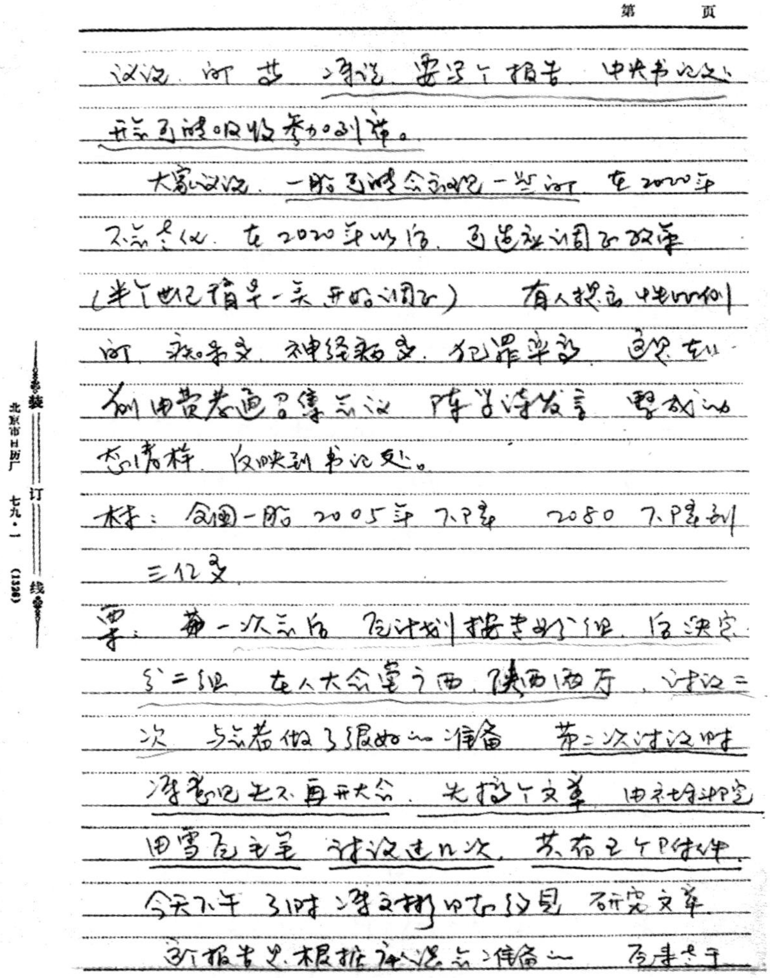

第 页

议论，问苏，泽说，要写个报告，中央书记处
开会可请咱们参加列席。
大家议论，一胎可能会引起一些问题，在2020年
不会太低，在2020年以后，可适当调整政策
（半个世纪后再一点开始调整） 有人提出比例
问题，残疾多，神经病多，犯罪率高，这些在比
例中贯彻通过召集会议，陈慕华发言，要求认
真考虑怎样，反映到书记处。
林：全国一胎 2005年下降 2080下降到
三亿多。
要：第一次会后，总计划搞四个组，后决定
分二组，在人大会堂江西、陕西两厅，讨论二
次，与会者做了很好的准备，第二次讨论时
泽民同志说不再开大会，先搞个文章，由社科研究
田雪原主笔，讨论过几次，共有五个附件。
今天下午3时泽民找四位同志研究文章
这个报告是根据讨论会准备的——可是去年

北京市日历厂 七九·1 (1550)
装订线

注：会议铅笔记录，多年后有些不清晰，但尚可辨认。

关于《人口问题汇报提纲》，此事与人口座谈会、人口政策相关，需要做点说明。座谈会期间，约4月下旬国务院计生领导小组让笔者起草一份《关于人口问题汇报提纲（草稿）》。笔者有些不解，为什么作为国务院计生领导小组组长，又是中共中央政治局候补委员的陈慕华同志，没有出席人口座谈会。从国务院计生领导小组4月25日会议记录看，这段时间陈慕华同志不在北京。要笔者起草汇报提纲，笔者只能依据座谈会报告（初稿）基本精神，加上笔者个人的理解来写。写好后交到陈副总理办公室。后来收到办公室殷介炎同志送来的一份铅印稿，大部分采用了由笔者起草的稿子，一部分做了某些修改。该稿在开篇一段中，提到“中央书记处直接抓这个问题，就使这个问题的妥善解决，得到了强有力的领导”。这就对上号、衔接起来了：国务院计生领导小组要的稿子与中央座谈会的报告是两码事，要笔者起草可能出于更好将二者糅合到一起考虑。该汇报提纲后来做何处理，不得而知。而且笔者七八月份还为国务院计生领导小组起草过准备向五届人大三次会议的报告（讨论稿），也同中央人口座谈会的报告相一致。众所周知，国务院计生领导小组是贯彻执行中央人口政策的领导机构，因而应对这份《人口问题汇报提纲（草稿）》，略做一些说明。汇报提纲分为五部分，主要内容包括以下几个部分。

1. 控制人口增长的工作是有成绩的，计划生育工作的形势很好。讲了三个方面：(1) 各级领导重视，逐步认识到人口增长必须与物资资料增长相适应的关系，注意到应该“两种生产一起抓”。(2) 各省、市、自治区（除内蒙古外）都制订了计划生育条例或办法。(3) 计划生育工作得到广大群众的拥护，学术界、舆论界积极宣传人口问题。指出，1979年没有完成10‰（增长率）的指标，达到11.66‰。即使是这个成绩，也是经过艰苦努力才取得的。工作难度很大。

2. 目前计划生育工作中遇到的问题。在认识方面，对生育一孩疑虑较多，对工作中的作风和缺点议论较多，对政策担心改变较多。在工作方面，反应比较强烈的，是强迫命令、“一刀切”等工作方法和作风问题。指出，搞得不好，可能成为一种不安定的因素。个别地方节育手术水平不高、医疗作风不好，发生医疗事故等问题。

汇报提纲提出制订人口规划的指导思想：大力控制人口数量，积极提高人口质量，使人口同国民经济发展相适应，加速实现四个现代化。这是由目前我国人口状况和基本特点决定的，主要是人口基数大，每年出生、净增人口的绝对数量巨大；人口年龄构成轻，增长势头猛。总体人口同生活资料、劳动年龄人口同生产资料、人口质量同四个现代化不相适应。人口数量过多、质量不高同国民经济发展存在着很大矛盾，并且随着四化建设的展开变得越来越尖锐。

3. 人口规划设想。汇报提纲指出：邓小平同志提出，20 世纪末我国国民生产总值达到每人平均一千美元。要达到这个目标，必须从发展生产，控制人口增长两个方面来进行。汇报提纲提出低、中、高三种人口变动预测：2000 年、2030 年低位预测人口自然增长率分别为 1.87‰、－5.87‰，中位预测分别为 6.17‰、－0.45‰，高位预测分别为 15.86‰、14.16‰。提出完成 20 世纪发展目标，要把平均生育率控制在 1.5 作为内部控制指标要求。

4. 政策措施。实现上述人口发展规划，关键是大力提倡一胎的比例和尽快杜绝三胎。用“奖一罚三”来保“一点五”。提出七个方面的政策措施。

第一，大造舆论。大力宣传提倡生育一孩、提高人口质量、优生优育的意义，利用多种形式宣传现阶段的人口政策，使之家喻户晓、深入人心。

第二，落实“奖一罚三”政策。从多方面着眼，解决各地奖励独生子女费年限、奖励额不统一，“罚三”也不统一问题。

第三，有计划地实行社会保险。提出从现在起，就应有计划地对老年人实行社会保险，解决老有所养的问题。汇报提纲特别指出，农村人民公社没有退休制度，老无所养，一定要解决。独生子女大量增加以后，需要各有关部门积极配合，大力支持，使各项政策和有关规定能够适应计划生育的要求。

第四，少数民族计划生育政策。提出分别情况、区别对待的政策。对人数较少或人数虽多但人稀地广的地区，以生育三到四个为好；对居住在城市或人口稠密地区，原则上同汉族一样实行计划生育，政策可灵活一些，实行奖励一个、最多不超过三个的政策。

第五，积极提倡优生。我们鼓励一对夫妇生一个孩子，更要提倡优生。要宣传近亲结婚的害处，普及遗传学知识，开展遗传性疾病检查和咨询门诊，加强妇女怀孕期和围产期保健，普及新法接生，加强新生儿喂养卫生指导等，做到生得好、生得少、养得好。科教部门要加强心理学、教育学研究，有针对性地开展独生子女教育，提高他们和全民族人口素质。

第六，加强节育技术指导。强调以避孕为主，不能依靠人工流产。卫生部门要对县以下从事计生的医务人员进行培训，提高技术水平。加强科学研究，尽快生产出新的、高效、安全、经济、方便的避孕药具，改进发放办法，方便群众。

第七，经费问题。对目前全国城乡独生子女奖励费做出匡算。指出独生子女奖励费与减少出生支出比较是小数，如何保证支出需要研究。

5. 统一认识，加强领导。提倡生育一孩存在矛盾：说到全国人口已近十亿，嫌太多；要求自己只生一个孩子，就嫌太少。对提倡生育一个孩子存在的较多疑虑，汇报提纲做出阐释，指出：劳动力在未来三十二年时间内一直是上升的，可从 1979 年的五亿四千万上升到 2012 年的七亿九千万。2013 年以后开始下降，但直至 2046 年才能回到目前的水平。针对老龄化问题，汇报提纲指出，虽然老年人口增长比较快，但未成年人口减少也比较快，两项相抵，抚养指数（每个劳动力负担的抚养人口数）在 1998 年以前一直是下降的，1999 年以后开始上升，但要回到目前零点九多一点的水平，需要到 2035 年。所以，在 20 世纪余下的二十年时间里，不存在老龄化严重和劳动力、兵源不足问题。此外，对于男女性别比问题，指出大力提倡一对夫妇生育一个孩子以后，可能有的人子嗣观念较深，要男不要女，溺女婴、弃女婴的情况可能产生，应在法律上加以禁止。

汇报提纲结尾总结道：为了有效地解决我国存在的人口问题，大力提倡一对夫妇最好生一个孩子势在必行。为了更好地完成控制人口数量、提高人口质量的艰巨任务，实现人口规划的设想，各级党政组织必须加强对计划生育工作的领导，使我们确定的政策能够稳定地实行。对于工作中出现的问题，要及时帮助具体工作部门和具体工作同志，妥善解决。不要等问题造成了后果再去抓，一定要熟悉计划生育工作的规律，要抓早、抓细、抓实。千万防止因计划生育工作中的缺点问题，而形成新的不安定的因素。《人口问题汇报提纲（草稿）》首页和最后一页扫描复印件，参见图 5.11、图 5.12。

图 5.11　《人口问题汇报提纲（草稿）》首页

田雪原

人口问题汇报提纲（草稿）

人口问题是一个政治问题，社会问题，也是一个经济问题。这个问题解决得好不好，关系到四个现代化的建设。中央书记处直接抓这个问题，就使这个问题的妥善解决，得到了强有力的领导。

一、控制人口增长的工作是有成绩的，计划生育工作的形势很好

七十年代以来，在毛泽东、周恩来、华国锋等中央领导同志的直接领导下，控制人口增长的工作积极开展起来，成绩显著。一九七〇年全国出生人口达到二千七百万人，而一九七九年却只出生一千七百万人，一年便少出生人口一千万。人口自然增长率也相应的由千分之二十五点九五，降低到千分之十一点六六。用不到十年的时间，走完一些发达国家几十年、上百年人口出生率降低的路程，这是很大的成绩，在世界人口发展史上确实是仅见的。

—1—

图 5.12 《人口问题汇报提纲（草稿）》最后一页

方面的证据。

至于男女性比例问题，无论世界还是一个国家，初生婴儿的性比例一般都是男占百分之五十二上下，女占百分之四十八左右。有一点值得注意，大力提倡一对夫妇生育一个孩子以后，可能有的人子嗣观念比较浓厚，要男不要女，溺女婴、弃女婴的情况可能产生。但这种现象不会很多，而且应在法律上加以禁止。

为了有效地解决我国存在的人口问题，大力提倡一对夫妇最好生一个孩子势在必行。为了更好地完成控制人口数量、提高人口质量的艰巨任务，实现人口规划的设想，各级党政组织必须加强对计划生育工作的领导，使我们确定的政策能够稳定地实行。对于工作中出现的问题，要及时帮助具体工作部门和具体工作同志，妥善解决。不要等问题造成了后果再去抓，一定要熟悉计划生育工作的规律，要抓早、抓细、抓实，千万防止因计划生育工作中的缺点问题，而形成新的不安定的因素。

一九八〇年五月十二日

—18—

第二节　座谈会报告要义

1980年中央书记处委托中办召开的人口座谈会，是一个重要的会议。它集合了当时党政、科研、群团组织等各方面与人口相关的领导、专家、社会人士，畅所欲言，共商国是，产生《关于人口座谈会情况的报告（讨论一稿）》（以下简称《报告》）最终成果。笔者担负起草《报告》的任务，对此颇有感触。主持座谈会的冯文彬同志在交待报告的主导思想时讲到，中央主要领导想法很明确，但要将可能产生的问题讨论清楚，防患于未然。这使笔者感到肩上的责任很重，最根本的一条是实事求是，尊重座谈会原意，拿出一份经得起实践检验的《报告》。从后来陆续推出的人口政策看，《报告》的基本精神大多得到较好的体现，也有的未能得到应有的体现。这里有必要对呈报中央书记处的《报告》，做出忠实原意的解读和介绍。

作为《报告》起草人——而且是唯一起草人，平时文字工作要独立完成，只有讨论时，才由中办邀请一些相关同志参加讨论、提出修改意见。主要是上面提到的4月25日勤政殿会议和4月30日的小规模会议，根据讨论意见，做些修改，最后形成座谈会向书记处的《报告》和五个附件。为什么让笔者保留一套会议文件，前已说明，是座谈会主持人交待笔者的，以备将来需要咨询时使用。其间，除国务院计生领导小组问到一些情况，并让笔者起草《人口问题汇报提纲（草稿）》以及准备向五届人大三次会议的报告（讨论稿）外，没有其他领导同志问及。因此，最重要的还是座谈会情况的报告。

《关于人口座谈会情况的报告（讨论一稿）》，最后送上去的时间，应是1980年5月上旬。抬头写的是“中央书记处”，标明是呈送中央书记处的报告。第一句话“根据中央书记处的指示，最近，中央办公厅主持召开了人口座谈会”，表明是中央书记处委托中办召开的座谈会。有人说，中央根本没有召开过人口座谈会。实际上，《报告》抬头和第一句话，已经清楚地表明座谈会的由来、性质和定位。接着是出席单位构成和人数，座谈会主题、座谈情况和讨论的中心议题。前面图 5.1《关于人口座谈会情况的报告（讨论一稿）》首页扫描复印件记录了这方面的情况，构成《报告》的前言部分。接着是《报告》要重点阐述的三个部分。除主报告外，五个附件一起呈送。《报告》和五个附件目次如下。

《关于人口座谈会情况的报告（讨论一稿）》

一、大力提倡一对夫妇只生一个孩子，是解决目前我国人口问题的关键

二、对一对夫妇只生一个孩子若干问题的讨论

三、几点建议

《关于人口座谈会情况的报告（讨论一稿）》附件

附件一　《目前我国存在的人口问题》

附件二　《关于一对夫妇只生一个孩子方案的建议》

附件三　《中华人民共和国计划生育法（试行）》（讨论五稿）

附件四　《菲、泰、马、新人口机构概况》

附件五　《对农村计划生育保险问题的探讨》

附件一、附件二，由笔者撰写。其余三个附件，由相关部门提供。由于座谈会领导要求主报告不超过 6 000 字，一些问题只能在附件中做进一步阐述。下面以《关于人口座谈会情况的报告（讨论一稿）》为主，有的问题涉及相关附件，一并做出阐释。

《关于人口座谈会情况的报告（讨论一稿）》，共分为三部分。

1. 大力提倡一对夫妇只生一个孩子，是解决目前我国人口问题的关键。

座谈会同志一致认为，对当前我国存在的人口问题，必须引起高度重视。原因如下。

（1）人口增长速度快。人口增长速度快，经济增长速度不够快，必然造成短缺经济与过剩人口矛盾加深。虽然进入 20 世纪 70 年代以来出生率和增长率有所下降，控制人口增长已经取得很大成绩；但是全国人口仍由 1949 年 5.4 亿人增加到 1979 年 9.7 亿人，净增 4.3 亿人，年平均增长率接近 20‰，速度不为不快。比 1949 年以前 10‰增长率高出 1.0 倍，比 1979 年发达国家 7.0‰增长率高出 1.9 倍。

(2) 人口基数大。人口基数大，即使出生率和增长率有所下降，出生和净增长的绝对人数仍很庞大，产生积累效应。1979 年包括台湾省在内的全国人口达到 9.87 亿人，占世界 43.36 亿人口 22.7%。人口数量如此之大，出生和净增人口必然呈水涨船高式增大。如 1955 年出生率为 32.6‰，出生人口 1 978 万人。而 1979 年出生率下降到 17.9‰，下降 14.7 个千分点，仍出生人口 1 727 万人。

(3) 人口年龄构成轻。人口年龄构成轻，意味着生育大军旺盛，增长势能较强。按照抽样调查推算，1978 年 14 岁以下未成年人口为 3.43 亿人，占总人口 35.8%；15～29 岁人口为 2.64 亿人，占总人口 27.6%；两项合计，29 岁以下人口占 63.4%。30～64 岁人口 3.05 亿人，占 31.8%。65 岁以上人口 0.46 亿人，占 4.8%。这种年轻增长型年龄结构，对未来人口变动具有决定性影响。

人口现状和再生产的基本特点，造成目前“存在着比较严重的人口问题”(详见前文提供的《报告》附件一)，大力控制人口增长，大幅度降低人口出生率和自然增长率，逐步提高一胎率，已经势在必行。《报告》将主要人口问题，概括为三个“不相适应”：人口（总体）同生活资料的增长不相适应，劳动年龄人口同生产资料的增长不相适应，人口发展同科学、教育、卫生、住宅、交通等公共事业的发展不相适应。《报告》附件一《目前我国存在的人口问题》，依据统计和调查数据资料，分别对这三个“不相适应”做出阐发。

如 1953 年至 1978 年，全国居民消费总额增长 2.8 倍，由于同期人口增长 66.0%，按人口平均的消费额只增长 1.3 倍。每年新增加的消费额中，58%左右被新增加的人口消费掉了，用于提高原有居民消费额部分只占 42.0%，人民生活水平提高受到限制。

又如，在农村，人口多、耕地少的矛盾将越来越突出。全国每人平均占有的耕地面积，已自新中国成立初期的 2.71 亩减至当时的 1.57 亩。世界人均耕地 5.5 亩，我们只有这个平均数的 28.5%。

再如，当时全国人口中具有大学文化水平的人约 520 万人，占总人口 0.5%；具有中学文化水平的人约 2.1 亿人，占 22%。高中毕业生升学率仅为 5%，初中毕业生升学率为 41%。即使这样，师资、校舍、教具都显得十分紧张。新中国成立以来，城镇新增长住宅面积 4.93 亿平方米，但人口增长更快，每人平均居住面积由新中国成立初的 4.5 平方米，减至 1977 年的 3.6 平方米，即减少 0.9 平方米。《报告》附件一总结说："上述问题的形成，有经济方面的原因，多年来积累占的比例高了一些，消费占的比例低了一些；在积累内部生产性建设投资占的比重大了一些，文教卫生、职工住宅、公共交通等非生产性建设投资占的比重小了一些，欠了不少账。但是，全国人口在解放后如此迅速增长，不能不是其中的一个重要原因，这正是我国人口问题的实质所在。"

2. 对一对夫妇只生一个孩子若干问题的讨论。

这部分占的分量最大，集纳了六个方面的问题。

(1) 关于劳动力和被抚养人口问题。这是座谈会上提得比较多，也是最为关心的问题。即提倡一对夫妇生育一个孩子以后，会不会引起老龄化、劳动力短缺、兵源不足、被抚养人口增多和占比上升，甚至出现两个劳动力养活四个老人和一个孩子，即所谓的"四二一"结构问题。《报告》用测算结果做了说明：劳动年龄人口在未来 24 年内是一直增长的，然后下降，要到 2030 年才能下降到现在的水平。亦即在未来半个世纪内，劳动年龄人口不会少于现在水平。老年人口增加比较多，但是少年人口下降也比较多，两项相抵，抚养指数（每个劳动力负担的抚养人口）在未来 25 年内是下降的，直至 2034 年才能回升到现在一个劳动力抚养 0.91 个人口。结论是，20 世纪余下的 20 年内，不存在人口老龄化、劳动力和兵源不足、抚养人口增多问题。21 世纪头 20 年这些问题也不严重。所谓老年人口为四、劳动年龄人口为二、少年人口为一的"四二一"结构，在有的家庭可能发生，在整个社会范围内不可能形成。但是，人口发展具有长期、累进和稳定变动特点，人口规划和人口政策需要从长计议，防患于未然。《报告》指出 2020 年以后会出现上述问题，建议该政策只能延续到 2010 年，最多到 2015 年。

对此，《报告》附件二《关于一对夫妇只生一个孩子方案的建议》，给出更为明确的回答，指出："'一对夫妇只生一个孩子'势在必行，但'一对夫妇只生一个孩子'的方案搞多长时间为宜？这是人们普遍关心的一个问题。当前，人们对'一对夫妇只生一个孩子'的某些疑虑，有的纯属误解造成的，以为‘一对夫妇只生一个孩子’要永远搞下去，会产生这样那样的不堪设想的后果。因此，有必要清楚地告诉人民：‘一对夫妇只生一个孩子’不是永久之计，它是一段时间，我认为（该附件按领导指示，以笔者个人署名）……大体经过一个人口再生产周期，即到 2010 年左右的一个方针政策。”附件二对 2010 年前后的人口增长率、劳动年龄人口、老年人口、抚养比等的预测结果做了说明，指出，2010 年以后应对现在的政策进行调整。如今将近 40 年过去，虽然人口变动的各项指标与上述分析预测有一些出入，但是出入不大，变动和发展的趋势是一致的。毋须多加赘述，在当时各种相关数据资料缺乏，人口学和人口经济学、人口社会学刚刚起步的时候，做出趋势一致、基本判断出入不大的分析和阐释，是不容易的。对政策制定的导向，也是明确和清晰的。

（2）关于人口质量问题。《报告》指出，一对夫妇只生一个孩子，要特别注意提高人口质量。提出加强对青年婚前的性知识教育，完善婚前体检制度，对患有先天性遗传疾病的人可以结婚，但禁止生育，计划生育法或婚姻法应明文规定。为了有效地提高人口质量，需要加强遗传学和优生学方面的科学研究，以提高整个中华民族的素质。附件二《关于一对夫妇只生一个孩子方案的建议》，对人口质量问题做出进一步的分析。除了初中、高中毕业生升学率低以外，“1978 年每万人中在校大学生只有 9 人，中学 692 人，而美国（两亿多人口）在校大学生为 480 多人，中学 940 多人”，必须正视人口科教素质水平低的现状。

（3）关于举办老年人社会保险问题。这是座谈会大家比较关心、谈得较多的另一个问题。因为推行提倡一对夫妇生育一个孩子生育政策以后，这是迫切需要解决的一个普遍性问题。当时，全民所有制职工实行退休制度，绝大多数集体所有制职工和农村人民公社社员还没有实行这一制度，只能靠养儿防老。提倡生育一个孩子，势必有一方老人经常无人照料。在这种情况下，不仅退休金问题要解决，而且在住宅建设、生活服务设施、看病住院等方面，各有关部门都要认真研究，有计划地加以解决。只有妥善地解决这些问题，才能从根本上解除群众的后顾之忧。附件一做了补充，指出 1977 年城市居民中，平均每 532 人才有 1

张病床，看病拥挤、住院困难成为普遍性问题。附件三《中华人民共和国计划生育法（试行，讨论五稿）》中，明确规定：国家奖励独生子女父母，对独生子女的父母发给儿童保健奖金；对独生子女父母增发退休金，退休时男女职工按退休条例规定加发退休金百分之五（退休金按百分之百发给的不再增加）；人民公社社员年老、丧失劳动能力时，按当地规定予以照顾，补发的费用由原所在社队负责开支。

（4）关于独生子女的教育问题。提倡生育一个孩子，独生子女成了家中的“掌上明珠”，父母溺爱，容易娇生惯养。据一些地方的调查表明，独生子女挑吃、挑穿、任性、不尊敬师长、不爱惜东西、独立生活能力差等比较普遍，所占比例较高，值得引起重视。经过讨论，大家同时认为，这些问题是可以通过加强社会教育和家庭教育得到解决的。还有独生子女是否犯罪率高的问题，尚无确切的根据，需要提请社会关切，进行必要的教育和加强防范。

（5）关于避孕方法和器具问题。提倡生育一个孩子，必须加强避孕器具的研究。目前，人工流产和中期引产占比比较高，一些地方超过正常分娩人次。为此，计划生育科研部门要早日拿出更安全、可靠、简便、高效的药具，并应提倡男性绝育。

（6）关于男女性别比问题。指出，无论从我国还是从世界一些国家看，人口性别占比一般是男在52%、女在48%左右。北京医学院第一附属医院调查，1975—1978年4 348个头胎婴儿，男婴占52.9%，女婴占47.1%，与正常值接近、略显偏高。但是在提倡一对夫妇生育一个孩子背景下，重男轻女，以致溺女婴、弃女婴，值得重视，应在法律上加以禁止。

3. 几点建议。

《报告》总共提出七条建议。

（1）大造舆论，加强宣传教育。认为，一对夫妇生育一个孩子，是生育观上的一场革命，首先要大造舆论，努力做好宣传教育工作。要强调国家利益、民族的兴旺发达，破除私有的生育观和家庭观念。要注意掌握生育规律，贯彻计划生育工作的“三十六字方针”，抓早、抓细、抓实。要宣传控制人口增长是实现四化的重要条件，战略性任务。坚持

“两种生产一齐抓”。宣传遗传学、优生学和环境生态学，提高人口质量，大讲党在现阶段的人口政策，使“提倡奖励只生一胎，有计划地安排二胎，不生三胎”的口号深入人心。《报告》还建议相关报刊开辟人口理论、计生园地，相关单位建立人口研究机构，创办人口研究刊物，中学开设生理卫生、性知识和控制人口增长意义的教育课，大学经济学系增设人口理论课程，人口计生办充实政策研究、加强调查研究等，更好地掌握工作的科学性。

(2) 尽快颁布计划生育法。从各省、市、区到基层干部，强烈要求国家计划生育法能够早些颁布。《报告》指出，现在各地自行其是，奖罚口径不一，有的地区独生子女保健费已经发不出去，奖金无有保障。计生各项规定法律依据不足，执行起来矛盾很多。特别当一些条款同其他方面的规定发生抵触时，往往被说成“土政策”，不能认真贯彻执行。因此，与会同志非常希望国家统一的法规早一点下达。随《报告》一起呈送的附件三《中华人民共和国计划生育法（试行，讨论五稿）》，提供了一份参考样稿。样稿分为七章三十条，包括第一章总则，五条；第二章基本要求，四条；第三章奖励和制裁，十一条；第四章节育措施，四条；第五章妇幼保健，二条；第六章组织机构，二条；第七章附则，二条。

(3) 尽快成立人口委员会。《报告》指出，目前各级计划生育领导小组办公室还带有一定临时性质，而且限于计划生育一个方面。我国是一个拥有近十亿人口的大国，人口问题涉及面很广，不仅计划生育，国际交往也多，同形势发展很不相适应。为了有效地把各方面工作协调起来，避免政出多门，互相牵制，或无通盘考虑，为了更好地贯彻执行统一的人口政策，推动人口科学的发展，完成控制人口的战略任务，许多同志建议成立人口委员会，把人口问题统管起来。《报告》将附件四《菲、泰、马、新人口机构概况》一并呈报，作为考虑时参考。

(4) 逐步实行老年人社会保险。《报告》指出，“从现在就要着手解决老年人的社会保险问题”。提出，在没有实行退休制度的集体所有制单位，可以考虑从个人和集体收入中按月提取少量（一元或二元）保险基金，待这些人退休时，这笔钱和国家再拿出一定的补贴加到一起作为养老金，按期发给退休老年人。随《报告》呈报的保险公司提出的农村计生保险意见，供参考。《报告》还提出，在生活设施方面，应统一规划，为无子女照顾的老年人的晚年生活提供各种方便。

（5）关于控制人口增长的指标问题。《报告》认为 20 世纪末人口自然增长率接近零，不大可能；对人大常委讨论的婚姻法草案，规定男子结婚为 22 岁、女子为 20 岁提出异议，因为比目前提倡的晚婚年龄降低了三四岁。《报告》提出："究竟结婚年龄多大为宜，请中央再酌。如不能更改，也要有相应的措施。"

（6）提倡一对夫妇只生一个孩子，必须认真做好妇女保健、儿童教养工作。《报告》要求卫生、教育部门加强妇女孕期围产期保健，普及新法接生，新生儿、婴幼儿喂养的卫生指导，心理发育、教养的科研，儿童保健所、儿童医疗单位、托儿所、幼儿园设施的建设和管理。有关婴、幼、儿童的营养、玩具、教具，轻工等有关部门应妥善安排。做到生得少、养得好、长成才。

（7）独生子女的奖励问题。当时已有 28 个省、市、自治区制订了对独生子女奖励，对三胎以上超生子女实行经济限制的暂行规定、办法。奖励经费来源：职工从福利金项目中开支，农村人民公社由公益金中传给一定数量的工分。一年来，各地试行情况，奖励独生子女是起了推动作用的，但出现一些企业、事业、行政单位、农村困难社队，经费困难无法执行，影响了一胎率的提高。建议国家对上述困难单位和地区经费不足部分，分别由国家、地方财政给予解决。

第三节　以一孩为主导的人口政策

中央人口座谈会，讨论的主要是三个层次的问题：提倡生育一个孩子政策可行不可行，可能遇到哪些问题，能否解决和如何解决。但在实际座谈中，第一层次问题谈得很少，没有什么疑义。第二层次问题谈得最多，人口自身变动与发展，人口与经济、社会、资源、环境发展等问题很多。第三层次与第二层次问题密切相关，每个问题都要涉及能否解决、如何解决，因而谈得也不少。座谈中，一些同志将“提倡一对夫妇只生一个孩子”简化为“一胎化”，这种简化不够准确，不过后来也确有要求实行绝大多数家庭只生一个孩子的主张和相应的政策，要将“一胎化”做实。这种意见或倾向，在后来的实践中也有所表现。因此，有必要澄清这个认识误区。

1. 澄清“一胎化”误区。

政策是一定历史时期国家或政党为了实现一定的目标，推行既定的路线而制定的行动准则。人口政策作为国家的基本政策之一，不言而喻，要由党中央、国务院制定，并应经全国人民代表大会或人民代表大会常务委员会审议批准。因此，不能抽取政策中的某一点或几点，加进个人的理解冠以“人口政策”诠释。笔者参加国际会议，常常看到和听到一些与会者将20世纪的中国人口政策说成是“One child policy”（一孩政策）；国内也有人称之为“一胎化政策”，是值得商榷的。每逢此时，笔者总要出来释疑，说明中国向来没有“一孩政策”一说，而只说“提倡一对夫妇生育一个孩子”；而且那不是人口政策的全部，仅仅是人口政策中的一部分或者重要部分而已，用“一孩政策”或“一胎化政策”概括是不适当、不准确的。从推行提倡一对夫妇生育一个孩子三四十年的实践看，也没有“一孩化”或“一胎化”。因为这个问题直接关系到中国人口和生育政策的性质和定位，关系到对政策实施的评价，所以需要稍花一些篇幅讨论清楚。

独生子女概念，应指一对夫妇或一个育龄妇女终生所生育的唯一的一个孩子。按照这样的定义，要等到这对夫妇或该育龄妇女通过她们的全部生育期以后，才能最终确定。不过显然这样的判断和统计过于滞后，不能促进相应的政策对实践的指导作用，也无法进行日常管理。中国的实际做法，是给有志终生生育一个子女的父母发放“独生子女光荣证”，用契约形式保证终生只生育一个孩子。实践证明，绝大多数父母或育龄妇女均能履行契约保证，违约生育发生率不很高；不过总是还有发生，从“领证率”到“独生子女率”要打一点折扣。当然也还有生育一个孩子未申领“独生子女光荣证”者，或者已有二个或三个孩子中间夭折后，成为事实上的独生子女者。因此，独生子女领证率并不等于独生子女率，只能概括地反映出生育一个孩子的大致情况。借助国家人口计生委提供的2006年全国人口和计划生育抽样调查提供的生育一个孩子分布等资料，对该抽样调查反映的全国、城镇、农村独生子女状况，计算结果显示如下。①

（1）生育一孩的独生子女领证率（ROD_1）。即育龄妇女生育一孩（NOC_1）中，领取“独生子女光荣证”者（NOD_1）所占比例。

$ROD_1 = NOD_1 / NOC_1$，则：

2006年全国生育一孩独生子女领证率：ROD_1(全)＝8713/14234＝0.6121

2006年城镇生育一孩独生子女领证率：ROD_1(城)＝5126/6941＝0.7385

2006年农村生育一孩独生子女领证率：ROD_1(农)＝3587/7293＝0.4918

（2）一孩所占比例（ROC）。即育龄妇女生育一孩总数（NOC）占全部生育孩子数（NCT）的比例。

ROC＝NOC/NCT，则：

2006年全国生育一孩比例：ROC（全）＝14065/29162＝0.4923

2006年城镇生育一孩比例：ROC（城）＝6934/9599＝0.7224

2006年农村生育一孩比例：ROC（农）＝7131/19563＝0.3645

因此，无论生育一孩所占比例还是一孩领证率，全国均在百分之五六十左右，远未达到“一胎化”水平。城市达到72.2%～73.9%，距离100%也有一定差距；农村则仅达到36.5%～49.2%，一孩率尚未达到一半。与“一胎化”相去甚远。

2. 以一孩为主导的人口政策。

尽管用“一胎化”概括20世纪最后20年的中国人口政策有失偏颇，然而人口政策以生育一孩为主导，则是不容否认的客观存在。

（1）将计划生育写进宪法和列为基本国策。早在中央人口座谈会之前，1978年3月5日第五届全国人民代表大会第一次会议通过的《中华人民共和国宪法》第五十三条，即明确规定：“妇女在政治的、经济的、文化的、社会的和家庭生活的各方面享有同男子平等的权利。男女

① 资料来源：张维庆主编《2006年全国人口和计划生育调查数据集》，中国人口出版社2008年版，第67页。

同工同酬。男女婚姻自主。婚姻、家庭、母亲和儿童受国家的保护。国家提倡和推行计划生育。”这是提倡和推行计划生育首次写进宪法，从而有了法律的依据和保证。

1982年9月1日，中共中央总书记胡耀邦在中共第十二次全国代表大会上所作的《全面开创社会主义现代化建设的新局面》报告中，指出：“在我国经济和社会的发展中，人口问题始终是极为重要的问题。实行计划生育，是我国的一项基本国策。”这是在党的全国代表大会上公开宣布的第一个基本国策，人口政策关乎基本国策的贯彻落实。

(2) 1980年9月25日《中共中央关于控制我国人口增长问题致全体共产党员、共青团员的公开信》(以下简称《公开信》)，在阐述为什么要大力控制人口增长，控制人口增长会遇到哪些问题，以及如何解决等的同时，提出控制人口增长应当遵循的方针和政策。这是党中央正式向党内外公开宣布，经过认真研究后提出的纲领性质政策。但是，这些政策并非仅用“生育一个孩子”所能概括，而是分为不同的层面和方面展开的。

一是提出提倡一对夫妇只生育一个孩子及其补充政策。《公开信》指出：“国务院已经向全国人民发出号召，提倡一对夫妇只生育一个孩子。这是一项关系到四个现代化建设的速度和前途，关系到子孙后代的健康和幸福，符合全国人民长远利益和当前利益的重大措施。中央要求所有共产党员、共青团员特别是各级干部，用实际行动带头响应国务院的号召，并且积极负责地、耐心细致地向广大群众进行宣传教育。”作为生育一个孩子的必要补充，《公开信》提出：“某些群众确实有符合政策规定的实际困难，可以同意他们生育两个孩子，但是不能生三个孩子。对于少数民族，按照政策规定，也可以放宽一些。节育措施要以避孕为主，方法由群众自愿选择。”可见，最初提倡生育一个孩子就不是“一刀切”“一胎化”的政策，而且已经有了照顾确有实际困难群众、对少数民族放宽一些、方法以避孕为主并尊重群众自愿选择的明确要求。

二是提出若干与控制人口相关的具体政策。《公开信》提出：“为了控制人口增长，党和政府已经决定采取一系列具体政策。在入托儿所、入学、就医、招工、招生、城市住房和农村住宅基地分配等方面，要照顾独生子女及其家庭”“要认真实行男女同工同酬的政策。要大力开展生殖生理、优生（就是不生育有残疾的婴儿）和节育技术的科研工作，培训大批合格的技术人员，做好节育技术指导、妇幼卫生和儿童教育工作，以保证节育技术的安全，减少出生有先天性遗传疾病的婴儿。有关部门要迅速采取有效措施，生产高质量的避孕药具，满足群众需要。”

三是重申晚婚晚育政策。《公开信》指出：“在提倡一对夫妇只生育一个孩子的同时，还要适当强调晚婚晚育，婚姻法规定的结婚年龄并不晚，但是为了学习和工作，适当的晚婚还是要提倡，适当的晚育更要强调”。“晚婚特别是晚育对于减少人口增长数量，减慢人口增长速度，都有重大意义。对于青年夫妇自己，适当晚育也有很多好处”。

四是明示提倡生育一孩政策调整时间节点。《公开信》结合人口年龄构成轻、增长势能强，论述提倡生育一孩必要性时说：“现在 30 岁以下的人，约占全国总数 65%，今后每年平均将有二千多万人进入结婚生育期。如果不从现在起用三四十年特别是最近二三十年的时间普遍提倡一对夫妇只生育一个孩子，控制人口的增长……40 年后将超过 15 亿。这将会大大增加实现四个现代化的困难，造成人民的生活很难有多少改善的严重局面。”这里，已经有了提倡生育一个孩子是今后三四十年特别是最近二三十年的提法。如果说，具体的时间还比较模糊的话，那么后面说得就十分明白了：“到 30 年以后，目前特别紧张的人口增长问题就可以缓和，也就可以采取不同的人口政策了。”① 采取什么政策呢？不同于一对夫妇生育一个孩子的政策，当然是放开生育的政策。所以，《公开信》已经做出承诺：提倡一对夫妇生育一个孩子的政策是最近三十年的一项政策，到了这一时间节点，就应进行调整。据笔者观察，此点并没有引起足够的重视，因此才出现到了 30 年时间节点提出政策调整时，才觉得很突然、很不理解，甚至要追查“有什么来头”。岂不知，《公开信》就是明昭天下的“来头”。

（3）人口政策的某些修正和补充。《公开信》中阐述的人口政策，是提纲挈领性质的，需要随着实践的发展，加以补充、修改和完善。尤

---

① 参见彭珮云主编《中国计划生育全书》，中国人口出版社 1997 年版，第 16 页。

其是农村的人口生育政策，需要结合实际做出新的补充和修订。

1981年9月10日，中央书记处召开会议，明确人口和计划生育政策制定的原则，提出调查研究后再拿出农村人口生育政策的具体意见。会议指出“必须根据新的形势和实践经验，对计划生育工作的方针政策进一步加以研究，使其更加符合实际情况，易为广大群众接受，经过工作可能实现”。显然，这次会议强调了人口生育政策要更加符合实际，注重现实可行性。具体政策中，提出“今后在城市仍然应该毫不动摇地继续提倡每对夫妇只生一胎，在农村则要根据农村实行责任制以后的新情况，一方面抓紧工作，另一方面适当放宽，至于农村放宽到什么程度，有两个方案：第一，提倡每对夫妇只生一胎，允许生两胎，杜绝三胎；第二，一般提倡每对夫妇只生一胎，有实际困难的，可以批准生两胎”。还决定“走走群众路线，找有关专家和基层同志，讨论一下这个问题。再征求各省、市、自治区党委书记的意见”。

会后，中央办公厅将这次会议的有关文件发往各省、自治区、直辖市征求意见。反馈回来的结果是：6个省、自治区同意第一方案，15个省、自治区、直辖市及全军计划生育领导小组同意第二方案，5个省、直辖市赞成《公开信》的口径，3个自治区没有反馈意见。根据这一情况，1981年12月，中央召开有各省、自治区、直辖市党委第一书记参加的座谈会，经过反复讨论，第二方案得到多数与会同志的认同。

在此基础上，1982年2月9日，中共中央、国务院发出《关于进一步做好计划生育工作的指示》，将人口生育政策表述为：“继续提倡晚婚、晚育、少生、优生。具体要求是：国家干部和职工、城镇居民，除特殊情况经过批准者外，一对夫妇只生育一个孩子。农村普遍提倡一对夫妇只生育一个孩子，某些群众确有实际困难要求生二胎的，经过审批可以有计划地安排。不论哪一种情况都不能生三胎。对于少数民族，也要提倡计划生育，在要求上，可适当放宽一些。具体规定由民族自治地方和有关省、自治区，根据当地实际情况制定，报上一级人大常委会或人民政府批准后执行。”文件还明确了奖励和限制的具体政策。对独生子女及其家庭的奖励和照顾办法，如“发给独生子女保健费”“适当延长产假，产假期间工资照发，并不影响其调资、晋级”“农村实行生产责任制的地区和单位，对独生子女家庭包产低一些，或多承包责任田”。对不按计划生育的，要给予适当的限制。“国家干部和职工，城镇居民，计划外生第二胎的，要取消其按合理生育所享受的医药、福利等待遇，还可视情况扣发一定比例的工资，或不得享受困难补助、托幼补助。对农村社员超生的子女不得划给责任田、自留地；或对超生子女的社员给予少包责任田，或提高包产指标等限制”。

在实施上述人口生育政策过程中，对于什么样情况下可以生育第二个孩子，在宽严掌握上各地有很大出入。1982 年 8 月，国家计划生育委员会召开全国计划生育工作会议，学习贯彻中央 11 号文件，会后向中共中央、国务院上报了《全国计划生育工作会议纪要》。10 月 20 日，中共中央办公厅、国务院办公厅转发了这个《纪要》。《纪要》强调要把实现计划生育的奋斗目标和照顾群众的实际困难结合起来，把政策建立在更加切合实际的基础上。《纪要》综合了当前各地执行计划生育政策的总的情况：“在《指示》（指 1981 年中共中央、国务院《关于进一步做好计划生育工作的指示》）下达之前，各省、市、自治区规定了三种情况可以生育二胎，（1）第一个孩子有非遗传性残疾，不能成为正常劳动力的；（2）重新组合的家庭，一方原只有一个孩子，另一方系初婚的；（3）婚后多年不育，抱养一个孩子后又怀孕的。在贯彻《指示》的过程中，很多省、市、自治区在上述三种情况之外，对农村又新增加了四五种或六七种，主要有：（1）两代或三代单传的；（2）几兄弟只有一个有生育能力的；（3）男到独女户家结婚落户的；（4）独子独女结婚的；（5）残废军人；（6）夫妇均系归国华侨的；（7）边远山区和沿海渔区的特殊困难户。”①

针对这些情况，1984 年 4 月 13 日，中共中央在《批转国家计划生育委员会党组〈关于计划生育工作情况的汇报〉》（即中央〔1984〕7 号文件）中，在肯定过去几年计划生育工作取得很大成绩基础上，指出今后抓紧抓好的标志，是“发扬成绩，克服缺点，解决问题”。强调“要把计划生育政策建立在合情合理、群众拥护、干部好做工作的基础

① 参见彭珮云主编《中国计划生育全书》，中国人口出版社 1997 年版，第 22 页。

上”，指出：“要继续提倡一对夫妇只生育一个孩子。同时要进一步完善计划生育工作的具体政策，当前主要是：1. 对农村继续有控制地把口子开得稍大一些，按照规定的条件，经过批准，可以生二胎；2. 坚决制止大口子，即严禁生育超计划的二胎和多胎；3. 严禁徇私舞弊，对在生育问题上搞不正之风的干部要坚决予以处分；4. 对少数民族的计划生育问题，要规定适当的政策。可以考虑，人口在 1000 万以下的少数民族，允许一对夫妇生育二胎，个别的可以生育三胎，不准生育四胎。具体规定由民族自治地方的人大和政府，有关的省、自治区，根据当地实际情况制定，报上一级人大常委会或人民政府批准后执行。”7 号文件还对提倡优生学、加强科学技术指导、经费的使用和管理、改进工作作风等，做出批示和提出意见。①

经过几年的实践，1988 年 3 月 31 日中共中央政治局常委会举行会议，讨论国家计划生育委员会《关于计划生育工作汇报提纲》。会议回顾了人口生育政策，指出大体经历的过程是：1980 年中央发出《公开信》，提倡一对夫妇只生一个孩子，同时指出“某些群众确实有符合政策规定的实际困难，可以同意他们生育两个孩子，但是不能生三个孩子”。《公开信》发表以后的几年间，广大干部做了大量艰苦的工作，计划生育工作取得很大成绩，工作中也存在一些问题。在这种情况下，山东省从实际出发提出“开小口、堵大口”，实行的效果较好，中央肯定了他们的做法。会议重申了原来的政策并增添了农村独女户可生第二胎新的规定。具体表述为：“我国计划生育工作的现行政策是：提倡晚婚晚育、少生优生，提倡一对夫妇只生育一个孩子；国家干部和职工、城镇居民除特殊情况经过批准外，一对夫妇只生育一个孩子；农村某些群众确有实际困难，包括独女户，要求生二胎的，经过批准可以间隔几年以后生第二胎；不论哪种情况都不能生三胎；少数民族地区也要提倡计划生育，具体要求和做法可由有关省、自治区根据当地实际情况制定。”据笔者所知，这是中央首次明确提出农村独女户可以生育第二胎，这一具体政策对后来的人口变动影响很大。会议还特别指出，上述政策，是

① 参见彭珮云主编《中国计划生育全书》，中国人口出版社 1997 年版，第 24 页。

今后相当长的时期内必须坚持贯彻执行的。要保持这个政策的稳定，以利于控制人口增长。根据中央制定的这一政策，1989年国家计生委主任彭珮云同志在全国计生委主任会上的讲话中，指出："要继续全面贯彻落实中共中央制定的计划生育现行政策，各地必须严格执行，决不能政出多门，不允许自行开'新口子'，凡执行的政策比中共中央现行政策宽的地方，必须向中共中央写出正式的请示报告。要继续大力提倡晚婚晚育、少生优生，提倡一对夫妇只生育一个孩子，在城市、城市郊区和经济文化比较发达的农村，要巩固和发展已经取得的成绩，努力为国家控制人口增长做出更大的贡献。在广大农村，在提倡一对夫妇只生育一个孩子的同时，要认真贯彻落实照顾'独女户'间隔几年以后生第二胎的政策。"①

由此，经过长达近十年之久的实践、讨论、修改、完善，人口生育政策基本稳定下来。各地结合本地区实际，按照中央政策制定了本省、自治区、直辖市贯彻落实的具体政策。根据国家人口计生委编辑并出版的《中国人口和计划生育史》的归纳，全国31个省、自治区、直辖市，大致可分为五类。

第一类为一对夫妇生育一个孩子，有特殊情况（各地规定的特殊情况一般在10种左右）的可以再生育一个子女的政策。属于这种类型的有北京、天津、上海、江苏等省、直辖市。

第二类为依据不同条件进行分类指导，有区别地在农村实行只有一个女孩的农民生育两个子女的政策。属于这种类型的，根据地理条件分类指导的有重庆、四川等省、直辖市；根据计划生育工作水平分类指导的，有浙江、福建等省。重庆市的山区、四川省的大山区的农民，可以生育两个子女。

第三类为农村只有一个女孩的农民，实行可以生育两个孩子的政策。属于这种类型的有河北、山西、内蒙古（仅对汉族居民）、辽宁、吉林、黑龙江、安徽、江西、山东、河南、湖北、湖南、广西、贵州、

① 参见国家人口和计划生育委员会编《中国人口和计划生育史》，中国人口出版社2007年版，第128—129页。

陕西、甘肃等省、自治区。

第四类为农村实行普遍生育两个子女的政策。属于这种类型的有广东（1998年以前）、海南、云南等省，以及一些省的局部地区，如河北省的山区、坝上、沿海渔区，黑龙江省的边境地区，安徽省的大山区，福建省的人少地多地区，广西壮族自治区的边境地区，重庆市的部分山区，四川省的大山区以及开展计划生育工作试点的山西省翼城县、甘肃省酒泉地区等。

第五类为由民族自治地方确定的少数民族生育政策。属于这种类型的有内蒙古自治区（一般少数民族可以生育两个子女，夫妻双方为农牧业人口的可以再生育一个子女，对达斡尔、鄂温克、鄂伦春等族有节育要求的，提供计划生育技术服务），广西壮族自治区（人口在1 000万以下的少数民族可以生育两个子女），西藏自治区（区内藏族干部、职工等城镇居民可以生育两个子女，有特殊情况的可以生育三个子女；腹心农牧区以自愿为主，提倡生育三个子女；对边境农牧区、门巴、珞巴族及夏尔巴人、僜人只进行计划生育宣传），青海省（农村普遍生育两个子女；牧区的少数民族牧民可以生育三个子女），宁夏回族自治区（农村夫妻以及双方中一方是城镇居民、一方是农民的夫妻普遍生育两个子女；固原、海原、西吉、隆德、泾源、彭阳、盐池、同心等8县少数民族农民可以生育三个子女），新疆维吾尔自治区（农牧民可以生育两个子女，少数民族农牧民可以生育三个子女，有特殊情况的可以生育四个子女）。

(4) 关于“开小口”“堵大口”。中共中央〔1984〕7号文件发出后，出现不同的理解。这种不同的理解一直延续下来，并且各自从实践结果中，找到自己的根据。一种意见认为，20世纪80年代中期的生育率和出生率的升高，并非是贯彻中央7号文件“开小口”和“堵大口”造成的，而是受人口年龄结构变动影响，正赶上一个育龄妇女高峰期到来的结果。另一种意见认为，由于我国是在社会经济发展水平不高情况下控制人口增长和实行计划生育的，现行生育政策同大多数居民的生育意愿差距较大，因而任何人口生育政策变动——不管是收紧还是放开——都会引起生育率反弹。“开小口”“堵大口”的结果，是“大口”

未堵住，“小口”干成了大口，造成20世纪80年代中期生育率、出生率和增长率反弹升高。到底哪一种意见正确，需要结合实践，做出具体的分析。

判定20世纪80年代中期人口出生率和增长率是否出现“反弹”，“反弹”的高度有多高、强度有多大，参见表5.6。①

表5.6 1980年至1990年中国人口自然变动（‰）

年 份	出生率	死亡率	自然增长率
1980	18.21	6.34	11.87
1981	20.91	6.36	14.35
1982	22.28	6.60	15.68
1983	20.19	6.90	13.29
1984	19.90	6.82	13.08
1985	21.04	6.73	14.31
1986	22.43	6.86	15.57
1987	23.33	6.72	16.61
1988	22.37	6.64	15.73
1989	21.58	6.54	15.04
1990	21.06	6.67	14.39

由表5.6可以看出，1985年至1988年间，全国人口出生率和自然增长率确实出现一定程度的升高或“反弹”。1980年至1984年的全国人口出生率平均为20.30‰，自然增长率平均为13.69‰；而1985年至1988年的人口出生率平均达到22.29‰，自然增长率平均达到15.54‰。相比之下，分别高出1.99个千分点和1.85个千分点。也比1989年、1990年出生率平均21.32‰、自然增长率平均14.71‰，分别高出0.97个千分点和0.83个千分点。众所周知，出生率是某年份出生的活产婴儿数与该年份总体人口数量之比，因而出生率（Birth rate）实为一项粗率（Crude rate）；自然增长率是出生人口数减去死亡人口数

① 资料来源：国家统计局人口与就业统计司编《中国人口主要数据手册》，第16页，1995年。

与该年份总体人口数量之比，自然增长率（Natural increase rate）也是一项粗率（Crude rate）。正因为这二个率都是“粗率”，因此都受到人口年龄结构变动影响较大，故不宜做简单的类比。要进行比较，就要进行年龄结构标准化，单纯的粗率比较是违背人口学原理的。

那么1985年至1988年出生率和自然增长率的升高或“反弹”，是否受到年龄结构变动的影响，影响的程度有多大呢？回答是肯定的。第二、三、四次人口普查和1988年的人口年龄结构变动比较，如表5.7所示。①

表5.7　第二、三、四次人口普查和1988年龄结构（%）

年　份	0～14岁	15～64岁	65岁以上
1964	40.69	55.75	3.56
1982	33.59	61.50	4.91
1988	28.05	66.63	5.32
1990	27.69	66.74	5.57

表5.7说明，1964年至1990年间，由第二、三、四次人口普查和1988年全国生育节育抽样调查得到的数据，0～14岁少年人口年所占比例呈不断降低趋势，15～64岁成年人口所占比例呈不断上升趋势，65岁以上老年人口所占比例呈缓慢上升趋势。表明在这一期间内，人口年龄结构已完成由年轻型向成年型的过度，并已开始了向着老年型的转变。不难看出，20世纪80年代成年人口比例上升最为显著，标志着劳动年龄人口和育龄妇女的增长相当迅速。除了总体人口年龄结构变动影响外，就对出生、死亡、增长人口自然变动来说，最主要的，还受到育龄妇女特别是处于年龄别生育率较高的生育旺盛期育龄妇女变动的影响。第二、三、四次人口普查和1988年的情况，如表5.8所示。②

① 资料来源：中华人民共和国国家统计局编《中国统计年鉴2005》，中国统计出版社2006年版，第95页；国家计划生育委员会《全国生育节育抽样调查·全国数据卷》，中国人口出版社1990年版，第1—4页。

② 资料来源：依据《中国人口主要数据手册》《全国生育节育抽样调查·全国数据卷》提供的数据计算。

表 5.8 第二、三、四次人口普查和 1988 年育龄妇女变动

年 份	15～49 岁（万人）	20～29 岁（万人）	20～29 岁（%）
1964	15 162	4 794	31.62
1982	24 849	8 130	32.72
1988	29 744	10 018	33.68
1990	30 634	11 228	36.65

由表 5.8 看出，20 世纪 80 年代中期育龄妇女人数增加很多，1982 年至 1988 年短短 6 年间即增加 4 895 万人，增长 19.70%。特别是 20～29 岁处于年龄别生育率高峰阶段生育旺盛期的育龄妇女，增加更为突出，同期增加 1 888 万人，增长 23.22%；占育龄妇女的比例，也升高 0.96 个百分点。由于育龄妇女特别是处在生育旺盛期育龄妇女人数的大量增加，所占比例的明显升高，成为 80 年代中期出生率和增长率上升、出生和净增人口增加的主要原因。是不是唯一的原因，还要看一看生育率的变动，因为生育率不受包括育龄妇女在内的人口年龄结构变动的影响。80 年代总和生育率的变动，如表 5.9 所示。①

表 5.9 1981 年至 1990 年总和生育率变动

	1981	1982	1983	1984	1985	1986	1987	1988	1989	1990
全 国	2.63	2.87	2.42	2.35	2.20	2.42	2.59	2.52	2.35	2.31
城 镇	1.40	1.58	1.34	1.22	1.21	1.24	1.36	—	—	—
农 村	3.04	3.32	2.78	2.70	2.48	2.77	2.94	—	—	—

表 5.9 显示，总和生育率在 1982 年至 1985 年间是陆续下降的，降低 0.67；1985 年至 1990 年先升后降：1985 年至 1987 年升高 0.39，1988 年至 1990 年又降低 0.28。其中比较显著的，是以 1985 年为分界点，此前经历几年的下降过程，此后又经历二三年的升高过程，有一个小小的“马鞍型”。对于前期的总和生育率下降，我们可从社会经济基础和政策两方面做出诠释。在社会经济基础方面，主要是以下几点。

其一，改革开放推动社会经济的发展，生育率下降的经济基础得到

① 资料来源：《中国人口主要数据手册》，第 41 页，1995 年。

改善。前已叙及，人口转变理论和孩子成本—效益理论揭示，生育率同经济发展水平和人均收入水平成反比，对于当时类似经济不发达的中国说来，则是普遍适用的规律。1981 年至 1985 年，按当年价格计算的国内生产总值由 4 862.4 亿元增加到 8 964.4 亿元，增长 84.4%；按可比价格计算，增长 58.0%，年平均增长 12.1%。按当年价格计算的人均国内生产总值由 489 元增加到 853 元，增长 74.4%；按可比价格计算，增长 49.4%，年平均增长 10.6%。[①] 虽然当时经济发展尚处于较低水平，但是作为人口再生产的基础，毕竟有了比较明显的改善。

其二，人口城市化的推进，促进了生育率的下降。按照表 5.9 提供的 20 世纪 80 年代前期分城乡的总和生育率计算，城镇平均为 1.35，农村平均为 2.86，农村比城镇高 1.51，城镇仅相当于农村的 47.2%。从这个意义上说，人口城市化的推进，就是生育率的降低。长期以来，中国人口城市化进展不快，城镇人口比例直到 1978 年改革开放伊始仅为 17.9%。改革开放给人口城市化带来生机和活力，大大提升了人口城市化的进程。1981 年至 1985 年，城镇人口由 19 140 万人增加到 25 094 万人，所占比例由 20.2%上升到 23.7%，升高 3.5 个百分点，年平均升高 0.9 个百分点。[②] 城乡人口结构的这种变动，造成了生育率的降低。

其三，人口教育素质的提高，为生育率的降低提供了自身方面的有利条件。中国和许多发展中国家的调查证明，生育率高低同人口所受的教育水平成反比，也是一条带有普遍规律的现象，人口教育素质的提高即是生育率的降低。1981 年至 1985 年，依据统计资料，全国普通高校在校学生数由 127.9 万人增加到 170.3 万人，增加 42.4 万人，增长 33.2%；中等学校学生数由 5 014.6 万人，增加到 5 093.6 万人，增加 79 万人，增长 1.6%。普通高校招生数由 27.9 万人增加到 61.9 万人，增加 34 万人，增长 121.9%；普通高校毕业生数由 14.0 万人，增加到

---

① 资料来源：中华人民共和国国家统计局编《中国统计年鉴 2005》，中国统计出版社 2005 年版，第 51 页。

② 资料来源：中华人民共和国国家统计局编《中国统计年鉴 2005》，中国统计出版社 2005 年版，第 93 页。

31.6 万人，增加 17.6 万人，增长 125.7%。[①] 自然，其影响不可小觑。

关于 80 年代前期的人口生育政策，在中央〔1984〕7 号文件下达之前，总的说来规划指标比较明确，要求比较严格，工作抓得也比较紧。如前所述，在 1980 年 9 月中央关于控制我国人口增长问题致全体共产党员、共青团员《公开信》发表之后，1982 年胡耀邦同志在中共第十二次代表大会上所作的报告中，指出人口问题始终是极为重要的问题，实行计划生育是我国的一项基本国策。同年中央办公厅和国务院办公厅转发《全国计划生育工作会议纪要》，指出："实行计划生育，是我们国家的一项基本国策，是关系到我国建设高度的物质文明和高度的社会主义精神文明的大事。我们的国家能否在本世纪末实现'小康'水平，同控制人口的关系极大。各级党委和人民政府一定要清醒地认识这个战略问题的极端重要性，切实加强对计划生育工作的领导。当前，要认真学习胡耀邦同志在党的十二大报告中关于计划生育的论述，提高各级干部对计划生育工作的认识，各级党委和人民政府主要领导干部要亲自过问计划生育工作，要带头做宣传，要一级抓一级，一年抓几次，并力争抓出成效来。"[②] 总起来看，从上到下，这一时期的人口和计划生育工作抓得比较紧，政策掌握也比较严，这是生育率不断下降的政治和社会原因。

中央 7 号文件是 1984 年 4 月 13 日下发的，为什么总和生育率没有在 1984 年而是在 1985 年方才下降到波谷底部？据笔者所知，7 号文件下达后，部分省、区、市对"开小口""堵大口"不甚理解，不肯开"口子"。当时国家计生委负责同志曾找相关省、区、市分管领导和计生委的同志做工作，帮助他们分析人口省情、市情、区情，过了一年左右时间，始见基本落实。有少数省是有条件的落实，在经济比较发达或农业条件比较好的农村，仍旧延续提倡生育一个孩子的规定。另一方面，在认真贯彻执行 7 号文件的地方，生育率也不见得升高多少，这就牵涉

① 资料来源：中华人民共和国国家统计局编《中国统计年鉴 1986》，中国统计出版社 1986 年版，第 723—730 页。

② 参见彭珮云主编《中国计划生育全书》，中国人口出版社 1997 年版，第 21 页。

到对 7 号文件的理解和执行问题了。

中央 7 号文件，冠以《中共中央批转国家计划生育委员会党组〈关于计划生育工作情况的汇报〉》标题，共分为六个问题进行阐释。

一是计划生育是我国的基本国策，是关系中华民族兴旺发达的大事。在肯定过去几年计划生育工作取得很大成绩基础上，指出今后要继续大力抓紧抓好。提出发扬成绩、克服缺点、解决问题，是抓紧抓好的标志，各地要按照这样的要求开展工作。

二是要把计划生育政策建立在合情合理、群众拥护、干部好做工作基础上，强调这是计划生育工作的过硬功夫。重申本世纪内将人口控制在 12 亿以内，继续提倡一对夫妇只生育一个孩子。同时如前所述，提出对农村继续有控制地把口子开得稍大一些、坚决制止大口子、严禁徇私舞弊和对少数民族规定适当放宽的政策等四条具体政策。

三是要大力提倡优生学，大力宣传婚姻法，防止近亲结婚。

四是要加强计划生育的科学技术工作，使采取计划生育的群众有安全感。要引进国外的先进技术，提高干部的科学技术水平，尊重避孕手术的自愿原则，严防手术事故的发生等。

五是强调计划生育经费要使用得当，要讲求实效，不做表面文章。

六是在肯定广大基层干部做了大量艰苦工作的同时，指出有的对中央的方针、政策缺乏全面理解，在工作中出现了一些强迫命令的现象。要克服“强迫命令不可避免”的错误看法，进行深入细致的思想教育工作，促进安定团结，争取计划生育工作新局面。

从上述六个问题阐述看，中央 7 号文件基本精神是积极的，总的要求是继续贯彻计划生育基本国策，从方针、工作方法到具体生育政策规定，都做了阐述，针对性也比较强。国家计生委党组的汇报，检讨了对中央的方针、政策和指示缺乏全面理解，没有从实际出发不断完善和落实；忽视了改进工作作风、改善党群关系和工作方法；没有采取有力措施纠正一些地方发生的工作中强迫命令和违法乱纪等问题。同时提供了 1982 年二胎和多胎各占 24.2%，即分别占到将近 1/4 的情况。有鉴于此，提出赞成“开小口、堵大口”，即用堵住计划外二胎和多胎生育，将一孩户生育二孩的比例由 5%扩大到 10%，并且随着多胎的减少，照顾生育二胎的口子可以继续开大一些的意见。无疑，这些意见是明确的，如能认真贯彻执行“开小口、堵大口”的决策，对于控制人口增长和完善人口生育政策，也是有益的。问题在于1962年至1973年第二次生育高潮期间出生的3亿以上人口，1984年达到11～22岁，开始进入或即将陆续进入生育旺盛期，存在一个潜在的、长达12年的生育高潮预期。当时控制人口增长的任务异常繁重，应当尽可能地抑制新的生育高潮的出现，尽量削减可能出现的峰值高度，而不是出台使人不易理解或理解有歧义的政策。从这个意义上说，20世纪80年代中期出现的出生率、增长率升高，1985年至1988年总和生育率的小幅回升，亦即20世纪80年代中后期生育变动小小“驼峰”的出现，同“开小口”“堵大口”也不无关系。总起来看，这次小小“驼峰”的出现主要是受到人口年龄结构变动，特别是处于20～29岁生育旺盛期育龄妇女大量增加的影响，是潜在生育高潮在一定程度上的再现；同时与政策出台时机的选择，政策贯彻执行中对“开小口”“堵大口”认识和理解的不同，实践中对偏差纠正不够有力也有着一定的关系。不过这种状态没有持续太长时间，80年代末人口生育政策进一步明确起来。

第六章　2000年人口控制政策取向

1980年提倡一对夫妇生育一个孩子政策的出台，同2000年人口控制目标，即实现全国人口控制在12亿以内密切联系在一起。为了实现这一目标，必须实行从严控制人口增长、以提升一孩率为主导的人口生育政策。然而12亿人口目标是难以实现的，最大的可能是控制在12.5亿左右。因此，实际上人口政策有一个微小的调整和波动过程，通行的是以一孩为主导＋若干弹性的政策。

第一节　2000年人口控制目标由来

中央人口座谈会后，1980年9月25日《中共中央关于控制我国人口增长问题致全体共产党员、共青团员的公开信》发表。第一句话便是"为了争取在本世纪末把我国人口总数控制在12亿以内"[①]，首次向国内外公开传递了这一重要人口变动信号。自此，2000年全国人口控制在12亿以内，成为人口和计划生育战线，特别是人口生育政策为之奋斗的首要目标，也是全党全国人民为之奋斗的世纪目标之一。然而这一目标是怎样来的，却说法不一。据曾任国家计划生育委员会委员、综合计划司司长、中国计划生育协会副会长于旺同志在《计划生育工作三十年的实践和理论探索》一书所载，1980年10月10日"在全国计生办主任座谈会上的讲话"中，谈到2000年全国人口控制在12亿的目标是怎样提出来的。书中写道："我们制定规划的根据，就是要中央关于我

① 参见《中共中央关于控制我国人口增长问题致全体共产党员、共青团员的公开信》，引自彭珮云主编《中国计划生育全书》，中国人口出版社1997年版，第16页。

国人口发展的政策，根据中央确定的人口发展目标。这个问题中央提得很明确，全国总人口在本世纪末不超过12亿。我们搞计划生育工作，就是要为实现这个计划而奋斗。有的同志说，你这个12亿是全国的，你得给我一个分省市的，我不知道你12亿里面我这个省是多少。这个要求是合理的，但是我要告诉同志们，我们现在还没有。就是要大家来搞，分省市地搞，不搞的话无从着手，落实不了。如果不落实到省、县、基层，12亿是个空的。正因为这样，我们要求各省、直辖市、自治区要根据中央的方针政策和本地的实际情况来搞规划。在这里我想说明一下，12亿是怎么来的。这12亿是全国范围的目标，是根据我国的人口情况反复预测的，搞了很长一段时间，不仅是计划生育办公室、人口研究所，甚至于公安部、国家统计局、国家计委等包括社会科学院、七机部的同志还有一些专家学者都参加了这项工作。曾经预测了六种方案，这六种方案大体上是这样的：一种是基本上根据现在的人口增长率和生育指数每对夫妇平均生2.3胎预测的；第二种是每对夫妇平均生两胎；还有1.0的；1.6的；1.7的；1.5的。预测以后，经过反复研究，最后中央采纳了不超过12亿这个方案。钱部长说12亿是平均1.7胎。就全国算大账是这个样的。但这里我们少数民族还要多生一点，还有一些其他因素，所以具体到汉族，大体上就是1.5胎左右。为什么说左右呢？因为预测虽然从计算上说是没错的，但我们所根据的基础资料还不是十分精确、不是十分可靠的，比如说分年龄组的人口数，若干年后到底进入结婚年龄的有多少对夫妇，妇女又到底有多少，全国没有这么一个数字，只是根据公安部的1964年人口普查，还有1978年的一个不到1亿人口地区的调查资料，推算全国得出来的。还有一些人数没有包括在内，我们知道的就有这么几个，一个是预测时妇女是按23岁结婚来算的，新婚姻法提到20岁，就要多3 000万对。第二个因素是军队，军队在我们总人口的统计中是没有包括的，但是作为长远人口规划计算平均每个人1000美元，不能说部队不算吧。第三个因素是还有一些没报户口的，据了解山西还有其他地方的矿区没户口的人数还不少，所以人口普查了以后还可能冒出来一些，所以有的同志一听说1.7就准备四舍五入搞两胎是不行的，这样一搞不超过12亿的目标就实现不了。如果都搞两胎的话，我们算，起码是 12.5 亿，党中央提出控制人口的目标就完不成了。”①

1980 年于旺同志任国务院计划生育领导小组办公室副主任，了解 12 亿人口控制目标提出的背景和经过，应该说上述一段话大体上反映了当时的情况。中央决策和领导同志的讲话，在一些相关文献中有所体现。早在 1979 年党的十一届四中全会通过的《中共中央关于加快农业发展若干问题的决议》中，就提出全国人口增长率逐年下降，1985 年要降到 5‰左右的目标。如果这一目标得以实现并继续有所下降，那么 2000 年全国人口增长率将接近于零。邓小平、李先念、陈云等中央领导同志，多次讲到出生率下降、控制人口增长对 2000 年按人口平均的国民生产总值达到 1 000 美元的重要性，必须从发展经济和控制人口增长两个方面来考虑和进行。简单的计算表明，如果 2000 年全国人口控制在 12 亿，那么国民生产总值要以年平均 8.1%的速度增长，能够达到人均 1 000 美元的目标。要是人口突破 12 亿，国民生产总值增长的速度还要再高一些，困难更多一些。对此，时任国务院副总理兼国务院计划生育领导小组组长陈慕华在准备向五届人大三次会议的报告（讨论稿）中，做出这样的阐述：“我们考虑，可否按以下设想制订长期人口规划：1985 年总人口为 102 200 万，自然增长率为 7.5‰；1990 年总人口为 106 800 万，自然增长率为 9.4‰；2000 年总人口为 117 000 万，自然增长率为 6.9‰。加上其他因素，全国人口可以控制在 12 亿。”该报告进一步阐释说，“我们认为，这个人口发展规划是一个积极的规划，也是一个比较现实的规划。根据这样的设想，除少数民族外，全国育龄妇女只生一个孩子的比例要占到 50%以上。目前，已经领取独生子女证的只占全部育龄妇女的 6%左右。要从 6% 提高到 50%，非大力提倡生一个孩子不可。这是一项非常艰巨的工作，是生育观上的一场革命。我们的方针是：提倡和鼓励一对夫妇最好生一个孩子，有计划地安排生育第二胎，禁止生育第三胎。少数民族地区由有关省、自治区根据不同

① 参见于旺：《计划生育工作三十年的实践和理论探索》，中国人口出版社 2007 年版，第 57—58 页。

情况分别制订办法。当前，我们要狠抓禁止生三胎的工作。去年出生的人口有四分之一多属于三胎以上，能够堵住多胎生育，人口的自然增长率便可以降下来一大截。同时，我们还要努力做巩固和提高一胎率的工作，这项工作稍有松动，生育率马上就会上升，2000 年总人口控制在 12 亿的设想就要落空。”① 陈慕华同志的报告，将 2000 年全国人口控制在 12 亿以内提出的思路、实现的路径讲清楚了。随着《公开信》公开，2000 年全国人口控制目标成为一时间上上下下为之奋斗的目标。

第二节 对人口控制目标的修正

1973 年，由德国学者哈根·拜因豪尔（Hagen H. Beinhauer）和恩斯特·施马克（Ernst Schmacke）合著的《展望公元 2000 年的世界》一书出版，由此掀起一股世界和区域性的 2000 年研究热。人口科学研究也不例外，1982 年由塞尔比（P. Selby）和谢克特（M. Schechter）主编的《老龄化的 2000 年》(*Aging 2000*）一书问世。该书是在联合国社会发展和人口事务中心与桑多兹卫生与社会经济研究所对 16 个经济发展不同国家进行调查基础上，做出的调查分析报告，并提交 1982 年 7 月在维也纳举行的世界老龄问题大会，将老龄化作为世纪之交人口变动和发展趋势中最重要的问题之一，提到世人面前。

中国作为世界上人口最多、改革开放后社会经济发展最快的发展中国家，世纪之交将会发生怎样的变动，自然备受世人们关注。2000 年全国人口控制在 12 亿以内已经发布，国内外人士正拭目以待。1983 年由国务院技术经济研究中心牵头，组织《2000 年的中国》研究。1983 年 11 月 30 日，国务院技术经济研究中心总干事马洪同志主持召开第一次研究工作会议，国家计委、国家经委、国家科委、中国社科院和部分研究单位负责人出席会议，成立了领导机构和工作办事机构。《2000 年

① 参见陈慕华：《大力开展计划生育，切实控制人口增长——在五届人大三次会议上的报告》(讨论稿，复印件)，1980 年 8 月。

的中国》研究集结了数百名知名专家学者，对研究质量要求很高，曾获国家科技进步成果一等奖。

笔者和国务院经济研究中心一位领导同志，被指定为《2000 年中国的人口和就业》研究报告负责人，报告由笔者主笔。由于研究成果首先以内部研究报告形式上报，然后再考虑能否公开出版，故可以敞开思想、不拘条条框框地进行研究，提交一部来自实践、指导实践的研究报告。《2000 年中国的人口和就业》研究，经过同有关部门协商，邀请国务院技术经济研究中心、劳动人事部、中国科学技术情报所、中国社科院人口研究中心和青少年研究所、中国人民大学人口研究所、北京经济学院人口研究所、北京国际关系学院、航天工业部二院等 21 名科研人员组成课题组。经过一年多的研究，于 1984 年底完成《2000 年中国的人口和就业》研究报告。这里就 2000 年人口控制目标涉及的几个问题，摘要阐述如下。

其一，20 世纪余下的 16 年是控制人口增长的关键时期。20 世纪 70 年代以前，虽然我国已经有了计划生育号召并且在城市开展了一定的工作，但是很不平衡，总体上还未大规模地开展起来，很多地方人口还是盲目增长的。这不仅造成人口数量上的急剧膨胀，也造成人口年龄结构年轻化，具有很强的增长势能。70 年代以来大力控制人口增长取得显著成绩，这不仅在于少出生几千万人，从而抑制了人口总数的增长；更重要的是使人口的年龄结构发生了一定程度的变化，开始了由年轻型（增长型）向着成年型（稳定型）的过渡。如果从生育率大幅度下降的 1973 年算起，至当时已经历了 11 年的时间。由于 70 年代以来计划生育工作的展开使生育率大幅度下降，出生率由 1972 年的 29.8‰下降到 1982 年的 21.1‰，自然增长率由 22.2‰下降到 14.5‰，大大动摇了原人口年龄结构“金字塔”的基础。根据第三次人口普查 10％抽样提供的资料，从 1964 年至 1982 年，全国 0～14 岁少年人口占总人口的比例由 40.4％下降到 33.5％，15～64 岁成年人口的比例由 55.9％上升到 61.6％，65 岁以上老年人口比例由 3.7％上升到 4.9％，这表明我国人口年龄结构已由年轻型向成年型过渡迈出了第一步。但还仅仅是第一步，要完成人口再生产类型的根本转变，必须保持下去。如果今后人口控制工作做得比较好，从1973年算起到20世纪末的28年时间内，即一代人的一个完整的人口再生产周期结束时，人口的年龄结构就会发生根本性的变化，完成向老年型的过渡，开始由稳定型向减少型转化。按照本世纪末全国人口控制在12亿的预测，届时0～14岁少年人口占总人口的比例可下降到21.9%，即比1982年下降11.6个百分点；15～64岁成年人口比例可上升到70.9%，即比1982年升高9.3个百分点；65岁以上老年人口比例将上升到7.2%，即比1982年升高2.3个百分点。人口再生产类型的转变是生育率长期持续下降的结果，短期内难以奏效。在可以预见到的将来，中国人口将在颇大的程度上取决于此后16年的生育率控制水平。如果此后16年控制人口增长卓有成效，过去10多年的努力就能取得事半功倍的效果，下一个世纪末全国人口稳定在10亿左右是有希望的。如果此后16年控制人口增长的工作做得不够好，松弛下来，虽然不能说前功尽弃，也会事倍功半，百年后全国人口突破或稳定在15亿、16亿也是不大可能的。那样一来，控制人口增长的任务，将变得更加困难。

其二，2000年人口控制目标的修正。人口数量必须控制，那么怎样控制，2000年控制在什么水平上呢？当时社会上争议颇大。有的认为，一定要控制在12亿以内，中央已经明确这一人口控制目标，不能打任何折扣。有的认为这是一项高指标，是不可能实现的目标。报告认为，一要从当时我国人口、经济、文化等的实际情况出发，考虑到现代化建设过程对人口生产的影响等因素，做出实事求是的论证。二要以1982年进行的全国人口普查提供的新的、更为可靠的人口数据资料为基准，做出新的分析，重新进行新的人口预测，对过去的人口预测进行必要的调整和修正。这是很需要的。事实上包括联合国等权威机构在内，人口预测常常是滚动式的，不是一劳永逸的。如由联合国经济和社会事务部、人口司所做的全球人口预测（World Population Prospects），差不多每两年就要发布一次，对过去公布过的预测数据进行修正。有时经过一段时间证明以前某次的预测更接近实际，则预测便又重新调整回来。根据1982年人口普查提供的新的人口数据，《2000年中国的人口和就业》课题组，做出新的低、中、高三种方案的人口预测。这三种预测1985年、1990年、1995年、2000年直至2030年，总人口、出生率、死亡率、自然增长率等的变动，参见表6.1、表6.2、表6.3。

表6.1　1985年至2030年中国人口变动低位预测

年 份	总人口（亿）	总和生育率	出生率（‰）	死亡率（‰）	增长率（%）
1985	10.48	1.80	16.3	6.7	0.96
1990	10.99	1.60	16.5	6.6	0.99
2000	12.04	1.50	14.1	6.8	0.73
2020	13.48	2.10	13.5	9.8	0.37
2030	13.74	2.10	12.8	12.4	0.04

表6.2　1985年至2030年中国人口变动中位预测

年 份	总人口（亿）	总和生育率	出生率（‰）	死亡率（‰）	增长率（%）
1985	10.50	2.10	19.0	6.8	1.22
1990	11.19	1.90	19.1	6.6	1.25
2000	12.48	1.60	14.5	6.6	0.79
2020	14.25	2.10	14.7	9.4	0.53
2030	14.67	2.10	12.8	11.7	0.11

表6.3　1985年至2030年中国人口变动高位预测

年 份	总人口（亿）	总和生育率	出生率（‰）	死亡率（‰）	增长率（%）
1985	10.56	2.50	22.5	6.9	1.56
1990	11.36	2.10	20.6	6.5	1.41
2000	12.80	1.70	15.1	6.5	0.88
2020	14.83	2.10	15.3	9.1	0.62
2030	15.37	2.10	12.8	11.2	0.16

比较表6.1、表6.2、表6.3，只有表6.1低位预测符合2000年全国人口控制在12亿的要求。分阶段来看，1985年人口总数不能超过10.5亿，1990年不能超过11亿，1995年不能超过11.6亿。出生人数，相应的需从1983年的1 900多万减少到1990年的1 800多万，2000年的1 700多万；出生率要从1983年的18.6‰，下降到1990年的16.5‰，2000年的14.1‰；人口的年平均增长速度，只能维持在

0.95%的水平；总和生育率要在1985年下降到1.80，1990年下降到1.60，1995年下降到1.50。按照这一预测，2030年全国人口达到峰值时为13.74亿；此后将缓慢下降，2070年可降至13亿左右。可见，低位预测对控制人口增长是比较有利的，但是实行起来困难也是相当大的。主要原因有以下几点。

一是生育率经过过去十多年的降低已经下降到比较低的水平，自然增长率由1972年的2.2%下降到1983年的1.2%，十年中间几乎下降一半，这在世界人口发展史上是罕见的，在发展中国家已属于低水平之列，此后继续下降的难度加大了。某些地区人口自然增长率已经下降到1.0%以内，甚至有的地方已经达到零增长，生育率继续下降的余地变得狭小了。

二是受20世纪60年代中期至70年代初期生育高潮形成的年龄结构的影响，从80年代前期至90年代中期为一个潜伏的生育高潮期，平均每年新进入育龄的妇女人数达1 100万以上，为以往任何时期所望尘莫及。因而即使生育率降低许多，但每年出生人口数和净增人口绝对数量却不一定减少，甚至有可能增加，造成人口总数继续增长。

三是人口城乡结构比较落后，当时乡村人口占到全国人口的80%左右，而乡村人口出生率和增长率远较城市为高。如1981年全国市人口自然增长率为1.13%，县人口自然增长率为1.50%，县比市高出近1/3。尤其值得提出的是，农村放宽政策后家庭职能有了新的变化，在很大程度上恢复了生产的职能，稍大一些的家庭规模又有了存在的基础，从而刺激了农村家庭生育的积极性。

此外，全国人口文化素质不够高，生育率较高的地区多集中在边远山区，大幅度降低的可能性比较小等，也增加了生育率继续降低的困难。有鉴于此，此后16年全国人口生育率基本保持在目前的生育水平不是没有可能的。把人口年平均增长1.3%（1982年为1.5%）作为上限，即高位预测，则1985年总人口为10.56亿，1990年为11.36亿，1995年为12.16亿，2000年为12.80亿。总和生育率、出生率、增长率1995年以前同目前大体相当，以后则略有降低。如此看来，人口控制即使不大理想，也不至于突破这一指标水平。但该预测总人口增长到

2070 年的 15.4 亿尚不能停止下来，不能起到有效控制人口增长的作用，是应尽量避免的。

考虑到多年来计划生育工作已经有了相当的基础，并且作为一条基本国策确定下来，而现代化和人口城市化、人口文化素质的提高等又有利于人口控制，报告认为，介于低位预测与高位预测之间的中位预测，即 1985 年全国人口控制在 10.5 亿左右，1990 年控制在 11.19 亿左右，1995 年控制在 11.91 亿左右，2000 年控制在 12.48 亿左右可能性更大一些。实现这一预测，总和生育率由 1985 年的 2.10 下降到 1990 年的 1.90，1995 年的 1.75，2000 年的 1.60，总起来看有所降低，但降低并不急速。出生人数 1995 年以前保持在 2 000 万以上，出生率保持在 18‰以上，自然增长率保持在 1.15%以上，体现了未来 10 多年潜在生育高潮的影响。1995 年这个高潮过去以后，方才下降快一些。因此，中位预测既体现了此后要继续贯彻计划生育基本国策，加强人口控制的总的要求，又反映了此后控制人口增长的困难和人口年龄结构变动的特点，是现实的可能性较大的一种方案。当然，就控制人口增长来说不如低位预测有效，中位预测总人口一直要增长到 2070 年前后才能基本稳定下来，届时可达 14.39 亿左右。报告以为，如能实现这一预测，也就很不错了。

第三节　完成 12.5 亿目标的政策选择

上述低、中、高三种预测表明，控制在 12 亿的目标是无法完成的。为了避免 20 世纪末全国人口达到 12.8 亿的高位预测，保证 12.5 亿左右的中位预测，需要在总结历史经验的基础上，结合我国实际特别是当前的人口实际，制订出相应的对策和切实可行的措施。《2000 年中国的人口和就业》研究报告提出和论证了以下一些主要的政策选择。

第一，要继续提倡一对夫妇生育一个孩子政策。人口预测表明，实现 2000 年全国人口控制在 12 亿的低位预测方案，独生子女所占比例很高，只有大力提倡每个育龄妇女只生育一个孩子才能做到。实现中位预测方案独生子女也要占到相当的比例，就是按照高位预测方案，1995 年至 2000 年间总和生育率也要降低到更替水平以下，少数育龄妇女也要只生育一个孩子才行。因此，实现上述方案特别是中位预测方案，非大力提倡每个育龄妇女生育一个孩子不可。但在战略和指导思想上必须明确：提倡一对夫妇生育一个孩子，不可能也不允许搞“一刀切”。提倡生育一孩既不是权宜之计，也不是永久之计，而是要控制一代人的生育率，这是基本的立足点。因而主要是 20 世纪内的事情。既然是这样，就应明确规定：凡双方为独生子女者结婚，均可生育二个孩子；一代人过后，生育政策要进行相应的调整。这样做不仅使人们有盼头，得人心，而且也可缓解或避免因为长期生育一个孩子带来的独生子女各种社会问题。在要求上要坚持分别情况，区别对待，不搞“一刀切”，使计划生育工作向着合情合理、群众拥护、干部好做工作的方向发展。

第二，广开控制人口增长门路。实行计划生育是实现 20 世纪末人口控制目标的首要对策，必须认真做好。但是影响人口生育率的因素颇多，应该放开眼界，多方面为生育率的降低创造条件。

人口文化程度的高低同生育数量有着密切的关系。一般说来，文化越发达，人们对子女数量和质量的追求更侧重于质量方面，文化越不发达越侧重于数量方面，因而随着文化程度的高低表现出生育率的明显差异。如 1982 年我国 40 岁妇女组每一文盲平均生育子女数为 4.7，小学程度为 4.1，初中为 3.4，高中为 2.7，大学为 2.0；50 岁妇女组每一文盲平均生育子女数为 5.9，小学程度为 4.8，初中为 3.7，高中为 2.8，大学为 2.1。这种生育率高低同人们所受的教育成反比的现象，是普遍存在的。在这个意义上说，人们特别是妇女所受教育水平的提高，就是生育率的降低。因此，适当增加人口智力投资，大力发展教育事业，不仅是提高人口智能科教素质的需要，也是降低生育率的有力保证。

在当时条件下，如前所述，城乡人口生育率高低差别很大。因而适当放宽农民进城特别是进入附近小城镇的限制，不仅是发展和繁荣城镇工商业，促进农村经济发展的一项重要政策，也是降低生育率的一个实际步骤。此外，在经济发展的基础上努力发展医疗卫生事业，积极开展优生优育工作，都会直接或间接地有助于生育率的下降。就是说，实现 20 世纪末人口控制目标，既要明确计划生育工作好坏是关键，又要不限于这一个方面，还应当采取可靠措施通过人口文化素质的提高、城乡结构的调整、医疗卫生事业的发展等，达到降低生育率和出生率的目的。

第三，逐步实行老年社会保险。目前我国在全民所有制企业和国家干部中实行了老年退休金制度，从一个主要的方面解决了老有所养问题。但是在广大农村和多数集体所有制企业中，还没有实行退休金制度，“养儿防老”的传统意识还有存在的客观经济基础，这是促使某些家庭坚持二胎以上多胎生育的一个基本原因。为从根本上解决这一问题，解除无子女家庭的后顾之忧，包括农业在内的集体所有制企业要逐步实行老年社会保险制度。主要的办法有二：一是随着集体经济的发展，为老年退休职工提供退休金，如同现在少数集体所有制企业已经做到的那样；二是鉴于多数集体经济短期内还做不到这一点，学习国外的做法，建立老年基金制度。即由保险公司出面组织从在职职工每月收入中提取一定的比例，例如5％～10％，作为老年基金，存入银行、转入再投资，获得较高一些的回报，保证专人专款专用，待职工年老退休后逐年定期归还本息。国家和企业、事业单位等再拨付一定的配套养老基金，则可基本上解决老有所养的基金积累问题。这是降低生育率的一项有效的办法，也是许多国家长期行之有效的办法，我们应当研究和组织实施。

第四，对于可能产生的某些问题要及早采取防范措施。这些问题牵涉的方面比较广泛，主要是抓住关键性问题，推出相应的政策和措施。

一是人口老龄化问题。因为生育率和出生率的降低，导致少年人口所占比例下降，成年和老年人口所占比重升高，人口年龄结构出现老龄化或高龄化的趋势。我们的目标是既要使人口的数量增长受到有效的控制，又要避免过于严重的人口老龄化的发生，为此必须在高生育率造成人口猛烈增长和低生育率形成人口严重老龄化中间进行抉择。在上述低、中、高三种预测中选择中位预测方案，正是考虑了这一基本的也是最重要的要求。报告认为，低生育率的选择以不低于低位预测方案为宜，这样可以保证2000年65岁以上老年人口比例不超过7.2％，2040年老龄化接近峰值时也不至于过于严重；高生育率的选择以不超过高位预测方案为限，即保证2000年总人口不超过12.8亿，2045年接近峰值时不超过15.6亿。鉴于目前我国存在的人口问题性质属于人口压迫生产力，是人口多和增长快与经济发展滞后之间的矛盾，因而生育率接近低位预测、保住中位预测的方案，是理智的和实事求是的选择。

二是人口性别比问题。1982 年全国人口普查总人口性别比为 106.28，其中未满 1 岁婴儿性别比为 107.15，总的说基本正常，在正常范围内居于略高一些水平。由于中国经历了两千多年的封建社会，子嗣观念影响较深，实行计划生育和提倡一对夫妇生育一个孩子，要特别注意严防溺女婴的情况发生。要通过宣传教育继续破除“不孝有三，无后为大”的封建陈腐观念，同时要坚决维护法律的严肃性，打击虐待母女的一切违法行为，严禁溺女婴、弃女婴情况发生，保护妇女和儿童的正当权益不受侵犯。

三是优生问题。各地普遍规定，第一个孩子患有非遗传性疾病不能成长为劳动力的，可生育第二胎。这样的规定本身是合情合理的，问题是由于技术和检测手段落后，能够确定为遗传疾病的患者很有限，造成实际患有遗传病的生二胎率较高，致使某些地区低能儿比例上升比较明显，成为一种“逆淘汰”现象。因此，对于第一个孩子患有各种新生儿疾病的是否可以再生育第二胎，应当从严掌握，而不应当从宽。同时要积极开展遗传学和优生学研究，建立遗传咨询门诊，发展监测手段，着手制订优生保护法，达到减少不良个体产生和促进优秀个体成长的目的。

这里还要提及的是，《2000 年的中国》是一部内部研究报告，尽管中央相关主要领导同志直接关注，对决策产生举足轻重的作用和影响；但是需要拓宽渠道，及时反映上报最新研究成果。所以在报告写作过程中，国务院技术经济中心组织各分报告通过该中心《参阅》内部刊物，及时上报取得的新的研究成果。《参阅》（1984 年 4 号）曾刊发研究报告《控制人口数量，提高人口素质——“2000 年的中国”研究资料之四》(1984 年 6 月 19 日)，表达了上述结论性意见。指出“到 2000 年，我国人口可达 12.0 亿至 12.8 亿。确保人口不突破 12 亿是困难的。”“要做突破 12 亿，达到 12.5 亿或 12.8 亿的准备”。查阅相关文献资料，此是最早上报到党中央、国务院，提出 2000 年全国人口突破 12 亿、达到 12.5 亿至 12.8 亿的研究报告。笔者保存的该《参阅》件，参见图 6.1。

图 6.1 《参阅》刊发的“报告”(1984.6.19 首页)

国务院
技经中心 **参阅**〔1984〕4号

控制人口数量、提高人口素质

——《2000年的中国》研究资料之四

1984年6月19日

按：这是在国务院技术经济研究中心最近召开的《2000年的中国》研究工作讨论会上，《2000年的中国人口与就业》分报告所提出的建议的一部分。印发供有关同志参考。

根据预测，到2000年，我国人口可达12—12.8亿。确保人口不突破12亿大关是困难的。但不能因此放弃把人口控制在12亿之内的目标，只是要做突破12亿，达到12.5亿或12.8亿的准备。为了力争把人口控制在12亿左右，要继续贯彻计划生育基本国策“开小口子”，“堵大口子”，坚决杜绝计划外二胎和三胎以上多胎生育；要明确规定独生子女结婚可以生二个。宣传生一个孩子是一代人的政

·1·

还有一件具有较大社会影响力的举措，即为了发挥《2000年的中国》研究成果的作用，《2000年的中国》领导小组决定先公开发表部分研究报告，以类似简要介绍性质的文章发表。《经济日报》1985年11月4日，发表《2000年中国的人口和就业》署名文章，内容与研究报告、《参阅》所载相同。至此，包括2000年全国人口控制在12.5亿左右在内《2000年中国的人口和就业》研究成果，内部报告由国务院技术经济中心与其他研究报告一起，呈送到党中央、国务院。外部则将12.5亿左右作为2000年人口控制目标，公开发表、公之于众，使之产生广泛的社会影响。

在此期间，学术界和相关各界，也对12亿人口目标提出疑义。1984年7月，国家人口计生委马瀛通、张晓彤联名在向中央的一份报告中，认为2000年人口控制在12亿以内不够实事求是，也不够合情合理。中央领导同志对他们的报告做出指示。[①] 一些地方感到生育指标偏紧，难以完成。1985年3月25日，邓小平同志在会见美国新闻界"重访中国团"成员时，谈到"那里（20世纪末）我国的人口将达到12亿左右"[②]。此后，各种文献、报纸杂志、新闻报道等，遂将2000年全国人口控制在12亿以内改为12亿左右，变成有弹性的控制目标。这表明，实际上2000年人口控制目标已经做了改动。"左右"是一个模糊的概念，由"以内"变为"左右"，是对"以内"的一种无声的修正。而且，"左右"有一定的约定俗成，一般以数学上"四舍五入"为范例。因此，报告提出的是12.5亿左右，包括突破12.5亿。记得1984年在讨论《2000年中国的人口和就业》报告时，有一位老学者对我们提出的低位预测12亿、中位预测12.5亿、高位预测12.8亿提出疑义。他说，中位预测与低位预测相差太大了，到2000年只有16年时间，相差五千万人口说不过去，主张降为12.2亿或12.3亿。我们没有接受他的意见。一是低位预测是为解读中央已经宣布的2000年控制目标的。不

① 参见国家人口和计划生育委员会编《中国人口和计划生育史》，中国人口出版社2007年版，第138页。

② 参见《邓小平人口思想学习纲要》，人民出版社1999年版，第38页。

管我们怎样认为，总要说明按照这一目标人口出生、死亡、增长怎样变动，这样的变动是否合理，能否做到。事实上将其作为低位预测，本身已经表明是难以做到的，人口学一般均以中位预测作为选择的方案。二是中位预测人口控制在 12.5 亿左右，才是我们研究推出的可行方案。这个方案的基本支撑点，在于从实际出发、符合实际、能够做到，而不在于与低位预测距离大小。五千万人口的差距是大了一点，但那是技术问题，从实际出发才是最重要的本质问题。实践证明，后来的统计数据显示，2000 年全国人口为 12.67 亿。

第七章　以基本国策为支撑的人口政策

改革开放特别是1980年实施以生育一孩为主导的生育政策以来，至2013年出台一方为独生子女家庭可生育两个孩子时止，除80年代中后期有过较短一段时间的波动外，总体上形成以基本国策为支撑的人口政策，从严控制人口增长相对稳定、稳中有升。“稳”，主要表现在从严控制人口增长、提倡生育一孩的基调始终未变。“升”，主要体现在1991年至2005年“两会”期间，中央连续召开计划生育工作座谈会(后演变为人口与环境工作座谈会、人口资源环境工作座谈会)，将控制人口增长和实行计划生育提升为首个基本国策，并逐步纳入科学发展观和可持续发展战略。

第一节　人口基本国策的提出与推进

1980年3月下旬至5月上旬，中央办公厅受中央书记处委托连续召开五次人口座谈会，这在当时中央重要决策形成过程中，实属罕见。1980年9月25日《中共中央关于控制我国人口增长问题致全体共产党员、共青团员的公开信》发表，在中共党史、中国人口史上，也实属罕见。这表明一个时期以来，中央对我国人口问题的重视达到怎样的程度，将人口问题的解决提升到怎样的高度。控制人口增长、实行计划生育作为第一个基本国策推出，就是对这种重视程度、提升高度最具说服力的诠释。因而有必要，对人口基本国策的提出与推进，做出一定的研究和阐发。

人口基本国策是怎样产生的？自然同20世纪七八十年代中国国情、基层的情况和中央主要领导同志的认识、重视和指示分不开。关于基本国情和基层的情况，本书前面已经做了一些阐释，还可以补充几点。如1974年，在第二次全国计划生育工作汇报会上，推广了河北省南宫县、辽宁省黑山县“上靠领导、下靠群众”的经验，以及上海市、河北省的经验，如出台生育数量规定，对独生子女的奖励，对多胎生育的处罚，并同经济发展联系起来。四川省委、省政府要求各地各级领导一把手，认真做到“两种生产一起抓”，并列为全省计生工作第一条、最重要的经验。其他经验还包括广泛开展宣传教育、采取奖励和处罚措施、制定人口规划、加强队伍建设和搞好科研、技术指导等。国务院计生办介绍和推广了他们的经验。他们的做法和经验，已经突破人口计生局限，深入到社会经济发展领域，敲响了齐抓共管、综合治理的大门，为人口基本国策的出台提供了典型的做法和经验、必要的舆论准备。

一些国际组织常常将中国说成是强势政府的社会。虽然这一说法有失偏颇，不过政策的制定主要取决于中央领导同志的认识、观点和决策，则反映了客观存在的某种现实。1981年1月，邓小平同志指出：“计划生育工作是一项战略性任务，一定要抓好，要大造舆论，表扬好的典型。”1985年11月19日，邓小平在会见巴基斯坦总理居内久时的谈话中强调：“中国的人口如果不加控制，到本世纪末就会达到15亿……我们的人口政策是带有战略性的大政策。”① 1982年1月1日中共中央批转《全国农村工作会议纪要》，指出：“我国人多地少，控制人口、保护耕地是我们的重大国策。”同年9月1日，中共中央总书记胡耀邦在党的第十二次全国代表大会上所做的《全面开创社会主义现代化建设的新局面》报告中，明确提出：“在我国经济和社会发展中，人口问题始终是极为重要的问题。实行计划生育，是我国的一项基本国策。到本世纪末，必须力争把我国人口控制在12亿以内。我国人口现在正值生育高峰，人口增长过快，不但将影响人均收入的提高，而且粮食和住宅的供应、教育和劳动就业需要的满足，都将成为严重的问题，甚至

---

① 参见国家人口和计划生育委员会编《中国人口和计划生育史》，中国人口出版社2007年版，第122页。

可能影响社会的安定。”① 这里，作为中共中央总书记的胡耀邦同志正式宣布“实行计划生育，是我国的一项基本国策”。人口基本国策由此启动，成为全党、全国人民的遵循，人口政策出台、运转的有力支撑。

人口政策要围绕落实计划生育基本国策运转。这里需要补充的，一为这一时期党中央、国务院发布两项与人口基本国策密切相关的决定。二为进入 20 世纪 90 年代以后，中央连续召开十多次计划生育、人口与环境、人口资源环境工作座谈会，主要领导同志的讲话，都对人口基本国策做出阐释。

其一，党中央、国务院做出两项事关人口基本国策的决定。一是中共中央《关于加强计划生育工作严格控制人口增长的决定》（1991 年 5 月 12 日），要求今后 10 年人口自然增长率不超过 12.5‰，以保证我国现代化建设第二步、第三步战略目标的实现。文件强调做好以下几点。

1. 统一认识，切实加强对计划生育工作的领导。各级党委和政府务必把计划工作摆到与经济建设同等重要的位置上来，党政第一把手必须亲自抓，并且要负总责。各级党委和政府成立人口与计划生育领导小组，由主要领导同志任组长，组织协调各有关部门、有关方面共同做好。各级党委和政府应承担完成本地区人口计划生育的责任，实行和完善人口与计划生育目标管理责任制。要把做好计划生育工作和完成人口计划作为考核各级党委、政府及其领导干部政绩的一项重要指标。上级党委和政府要加强对下级的督促和检查，确保统计数字的准确性，严禁瞒报和虚报。要建立奖惩制度，好的予以奖励，对造成人口失控的要给予处罚并追究有关领导人的责任。

2. 坚决贯彻落实现行政策，依法管理计划生育。

3. 抓住重点，扎实稳妥地做好计划生育工作。严格控制人口增长，必须把着眼点放在基层。

4. 齐抓共管，保证计划生育工作顺利开展。各级党委和政府要下决心提供必要的事业资金和物质保障。要切实加强各级计划生育部门的

---

① 参见国家人口和计划生育委员会编《中国人口和计划生育史》，中国人口出版社 2007 年版，第 123 页。

组织建设，选派得力干部充实计划生育工作队伍。

二是中共中央、国务院《关于加强人口与计划生育工作稳定低生育水平的决定》（2000年3月2日）发布。文件指出：控制人口数量，提高人口素质，是实现我国现代化建设目标和可持续发展的重大战略决策，计划生育是我们必须长期坚持的基本国策。在实现了人口再生产类型转变之后，人口与计划生育的主要任务将转向稳定低生育水平，提高出生人口素质。全党全社会必须从我国社会主义现代化建设的大局和中华民族生存与发展的长远利益出发，进一步抓好人口与计划生育工作。

1. 稳定低生育水平是今后一个时期重大而艰巨的任务。各级领导干部都必须从全局和战略的高度认识和解决人口问题，以对党和国家、对群众利益、对子孙后代高度负责的精神，坚持不懈地把人口与计划生育工作抓紧抓好，确保未来人口与计划生育目标的实现。

2. 今后十年人口与计划生育工作的目标是：到2010年末，全国人口数（不含香港、澳门特别行政区和台湾省）控制在14亿以内，年平均人口出生率不超过15‰。出生人口素质明显提高；出生人口性别比趋向正常；育龄群众享有基本的生殖保健服务；初步形成新的婚育观念和生育文化；逐步建立调控有力、管理有效、政策法规完备的计划生育保障体系和工作机制。

3. 完善人口与计划生育工作的调控体系和相关社会经济政策。各级政府和有关部门制定土地、企业、医疗、社会保障、户籍、劳动、教育、财税等制度和改革措施，要统筹考虑，相互协调，有利于人口与计划生育工作。加强人口与计划生育工作的法制建设，建立和完善计划生育利益导向机制，落实对实行计划生育家庭的奖励和优惠政策。积极发展社会保障事业。将人口问题纳入西部大开发战略总体规划，做到经济要上去，人口数量要下来，人口素质要提高。

4. 建立适应社会主义市场经济体制的人口与计划生育工作管理机制。动员全社会力量综合治理，把人口计生工作纳入社区基层管理和服务体系，加强对流动人口的综合管理，开展人口与计生基础知识宣传等。

5. 切实加强党和政府对人口与计划生育工作的领导。充分发挥国家人口计生委兼职委员及其单位和各省、自治区、直辖市人口与计划生育领导小组的作用。中央每年召开一次人口工作座谈会，把人口与计划生育工作纳入中央重大事项的督查范围，党政干部和计生干部要执行国家计生政策，不得利用职权超生。要坚持和完善人口与计生工作目标管理责任制，落实“一票否决”制度等。

不难看出，以上两项决定，既明确今后一个时期工作的重点——“稳定低生育水平是今后一个时期重大而艰巨的任务，各级领导干部都必须从全局和战略的高度认识和解决人口问题”，又跳出“就计划生育抓计划生育”局限，“完善人口与计划生育工作的调控体系和相关社会经济政策”，“做到经济要上去，人口数量要下来”，“动员全社会力量综合治理”。最重要的一点，申明“计划生育是我们必须长期坚持的基本国策”，将人口计生工作纳入基本国策范畴。

其二，中央人口（人口、资源、环境）座谈会强调计划生育基本国策必须长期坚持。1991 年至 2005 年全国“两会”期间，中央召开十多次计划生育工作座谈会（1997 年改为中央计划生育环境保护工作座谈会，1999 年改为中央人口资源环境工作座谈会），无论是国家人口计生委主任的汇报，还是总书记、总理的讲话，都强调计划生育基本国策必须长期坚持，认真贯彻落实。1999 年中央人口资源环境座谈会更将控制人口增长、合理利用资源、保护环境，并列为三大基本国策，统筹解决。时任中共中央总书记江泽民在座谈会上的讲话指出：“坚持以经济建设为中心，集中精力把国民经济搞上去，必须把经济发展与人口、资源、环境结合起来全盘考虑，统筹安排，努力控制人口增长，合理利用资源，切实保护环境，确保经济持续、快速、健康发展和社会进步。”①

2006 年中共中央政治局召开会议，讨论人口和计划生育工作，时任中共中央总书记胡锦涛发表讲话。会议强调：各地区各部门要清醒认识全面加强人口和计划生育工作的重要性，坚定不移地走中国特色统筹解决人口问题的道路，进一步开创人口和计划生育工作新局面。必须长

① 参见张维庆主编《中国人口和计划生育全书》（1997—2007），中国人口出版社 2013 年版，第 122 页。

期实行计划生育的基本国策，稳定和完善人口政策和生育政策。[①] 此后的相关文件、领导讲话，基本延续这一基调：长期坚持实行计划生育基本国策，稳定和完善人口生育政策。

第二节　人口政策的相对稳定

1980 年中央做出提倡一对夫妇生育一个孩子的决定，成为其后三十多年主导人口生育政策的主旋律。1982 年 2 月 9 日，中共中央、国务院发出《关于进一步做好计划生育工作的指示》（中央〔1982〕11 号文件），阐释了控制人口增长是我国现代化建设中面临的一个重大战略问题，分析形势指出："摆在我们面前有两种可能：或者是严格地有效地控制人口的增长，使全体人民的生活水平逐步提高，国家建设逐年扩大；或者是控制不严，措施不力，听任人口继续大量增长，从而既不能改善人民生活，也不能很好地进行经济、文化、国防的建设。二者必居其一。因此，全党同志、全国人民必须清醒地认识控制人口增长的重要性，看到做好这项工作，不仅是解决我们当前的困难，而且是为了中华民族子孙后代的长远利益。"[②] 党中央、国务院这一指示，重申了一年半以前中共中央关于控制我国人口增长问题致全体党团员公开信的基本精神，表明了大力控制人口增长的决心，对各级党政组织、相关部门提出了明确的要求。加上目标管理责任制、"一票否决"等制度和机制的确立，各地结合本地区、本单位实际，推出多种举措，人口问题、控制目标和政策规定，摆到各级党政部门议事日程，计划生育基本国策得到前所未有的重视和贯彻执行。

然而政策是统一的，情况却是具体的、多种多样的。这使得提倡一孩为主导的生育政策在实施过程中，遇到这样或那样的问题。不仅"一

① 参见张维庆主编《中国人口和计划生育全书》（1997—2007），中国人口出版社 2013 年版，第 12 页。

② 参见国家人口和计划生育委员会编《中国人口和计划生育史》，中国人口出版社 2007 年版，第 122—123 页。

刀切”做不到，就是各地先后提出的五六种、八九种可生育二孩的规定，也难以穷尽。为此，1981 年 9 月 10 日中央书记处主持召开会议，研究计划生育政策问题。指出必须依据新的形势和实践经验，推动政策的落实。会议认为，城市生育一孩应当继续坚持；农村“则要根据农村实行责任制以后的新情况，一方面加紧工作，另一方面适当放宽”。怎样放宽、放宽到什么程度，决定走群众路线，征求各省、自治区、直辖市意见后确定。后根据反馈回来的意见，提出“农村普遍提倡一对夫妇只生育一个孩子，某些群众确有实际困难要求生二胎的，经过审批可以有计划地安排。不论哪一种情况都不能生三胎”。两年后，列入国家重点项目的“2000 年的中国”研究中的《2000 年中国的人口和就业》研究报告，提出 2000 年全国人口控制在 12.5 亿左右，总和生育率控制在 1.75 的意见。落脚到实际，城市基本上生育一孩，农村基本上生育二孩。学术界和社会各界，有的研究也提出不同的建议和方案。国家计生委党组向中央呈报并得到中央批转（1984 年 4 月 13 日）的汇报，中央在《批转国家计划生育委员会党组〈关于计划生育工作情况的汇报〉》（中发〔1984〕7 号文件）中，对不同情况做出了相应规定。（见本书 P169—170）

中央 7 号文件下达后，在贯彻执行过程中，引起一定的波动。对“开口子”理解不尽相同，既定的人口政策还要不要坚持、如何坚持？从理解到实践出现某种差异。导致 20 世纪 80 年代中后期，出现一段时间不很长、波峰也不很高的小高潮。（参见本书 P173—175）

1985 年至 1989 年出现的人口出生和增长的一段小高潮是由生育政策变动引起，又因为纠正某些盲目“开口子”得以恢复的反映。虽然这段小高潮持续时间不长、对后来的人口变动影响也不很大，但它说明，政策对人口变动的作用不可忽视，并非无足轻重。

1988 年 3 月 31 日中共中央政治局常委会举行会议，讨论国家计划生育委员会《关于计划生育工作汇报提纲》形成的共识。会议重申：“我国计划生育工作的现行政策是：提倡晚婚晚育、少生优生，提倡一对夫妇只生育一个孩子；国家干部和职工、城镇居民除特殊情况经过批准外，一对夫妇只生育一个孩子；农村某些群众确有实际困难，包括独女户，要求生二胎的，经过批准可以间隔几年以后生第二胎；不论哪种情况都不能生三胎；少数民族地区也要提倡计划生育，具体要求和做法可由有关省、自治区根据当地实际情况制定。”会议强调，上述政策，是今后相当长的时间内必须坚持贯彻执行的。要保持这个政策的稳定，以利于控制人口增长。值得提出的是，农村独女户可以生育二孩政策的推出，对后来的人口变动影响较大。据国家计生委和有关专家测算，1988 年提出农村独女户可生育第二个孩子以来，二孩比例上升到 50% 左右。①

1989 年 2 月 21 日，国家计生委召开全国计生委主任会议。彭珮云主任在讲话中指出：“1989 年，要继续全面贯彻落实中共中央制定的计划生育现行政策，各地必须严格执行，决不能政出多门，不允许自行开‘新口子’，凡执行的政策比中共中央现行政策宽的地方，必须向中共中央写出正式的请求报告。要继续大力提倡晚婚晚育、少生优生，提倡一对夫妇只生育一个孩子，在城市、城市郊区和经济文化比较发达的农村，要巩固和发展已经取得的成绩，努力为国家控制人口增长做出更大的贡献。在广大农村，在提倡一对夫妇只生一个孩子的同时，要认真贯彻落实照顾‘独女户’间隔几年以后生第二胎政策。”② 彭珮云主任的进一步说明是有针对性的，对制止开“新口子”起到有效的作用。同时，人口生育政策沿着这样的范式延续下来，直到 2013 年“一独生二”政策调整前，没有大的变动，保持着政策的相对稳定。

需要指出，虽然在此期间人口政策在生育数量规定上没有大的改变，奖惩办法没有原则性改变；但是在管理体制机制、工作方式方法、处理人口与相关领域的关系等方面，则有所改变、有所前进、有所创新、有所发展。计生工作总结一系列成功的做法和经验，提出“三为主”：即计生工作在宣传教育与经济限制中，以宣传教育为主；在避孕与人工流产中，以避孕为主；在经常性活动与突击性活动中，以经常性

① 参见国家人口和计划生育委员会编《中国人口和计划生育史》，中国人口出版社 2007 年版，第 128—129 页。

② 参见国家人口和计划生育委员会编《中国人口和计划生育史》，中国人口出版社 2007 年版，第 129 页。

活动为主。“三结合”：将计生工作与发展经济相结合，与帮助农民勤劳致富奔小康相结合，与建设文明幸福家庭相结合。“三不变”：现行计划生育政策不变，既定的人口控制目标不变，各级党政一把手对计划生育工作亲自抓、负总责不变。这“三个三”，可谓计划生育工作的画龙点睛之笔，勾画出人口计生工作指导思想、基本遵循、工作要领。从一个特定的视角，反映出自 20 世纪 80 年代后期以来，人口政策相对稳定、人口计生工作逐步加强和走向深入的实际情况。此点看一看 2006 年 12 月 17 日发布的《中共中央、国务院关于全面加强人口和计划生育工作统筹解决人口问题的决定》（中发〔2006〕22 号）文件，便可一目了然。该文件增加不少新鲜内容，体现了与时俱进全面解决人口问题的基本方针和策略。22 号文件对大力提升人口素质、治理出生性别比偏高、完善流动人口服务体系、积极应对人口老龄化、加大人口和计划生育事业保障力度等，做出相应的阐释，给出解决问题新的思路和对策。不过主导方面，仍在人口生育政策上，强调要清醒认识全面加强我国人口和计划生育工作的重要性和紧迫性，坚定不移地走中国特色统筹解决人口问题的道路，千方百计稳定低生育水平；强调“稳定低生育水平是新时期人口和计划生育工作的首要任务”，“必须坚持计划生育基本国策和稳定现行生育政策不动摇，党政第一把手亲自抓、负总责不动摇，稳定人口和计划生育机构、队伍不动摇，不断创新人口和计划生育工作体制、机制、手段和方法不动摇”①。这一连串的“不动摇”，反映出当时人口计生工作的方向、方针和重点，核心是坚持现行人口生育政策不动摇。

第三节　融入可持续发展战略

20 世纪 90 年代中后期，随着人口和社会经济发展形势的变化，特别是 1994 年我国在世界各国中率先推出《中国 21 世纪议程——中国 21

① 参见国家人口和计划生育委员会编《中国人口和计划生育史》，中国人口出版社 2007 年版，第 259—260 页。

世纪人口、环境与发展白皮书》，将可持续发展上升为国家战略，人口政策发生一个很大的转向——融入科学发展观和可持续发展战略。《中国21世纪议程》设置专门一章，论证人口与可持续发展，认为实现可持续发展规划和决策，必须“充分考虑人口因素，妥善处理人口、资源、环境和发展之间的相互关系，为社会主义现代化建设提供一个相应的较为宽松的人口条件，是实现社会、经济可持续发展的一个重要方面”①。该白皮书提出未来人口变动和发展的目标和要求，重点在控制人口数量增长和提高人口素质。白皮书开出一系列“行动计划”，包括控制人口增长政策与管理、计划生育与保健服务、人口教育与提高人口素质、人口老龄化与人力资源开发、建立和完善综合数据收集与信息系统、制定有关政策和开展政策评估、区域合作与交流，出现人口政策向可持续发展战略要求的方向倾斜的趋势。② 事实上，包括人口政策在内的人口变动与发展，这种倾斜的力度不断增强，融入可持续发展战略的程度不断提升。

这种增强和提升，在诸多层面上表现出来。前面提到，1991年至2005年中央计划生育、人口资源环境座谈会连续召开，在颇大的程度上体现了国家可持续发展战略部署的展开和推进。

首先，座谈会名称的变更，颇具倾向科学发展观和可持续发展战略含义。1991年为中央计划生育工作座谈会，领导人讲话和座谈会内容限于人口范畴。1997年改为中央计划生育环境保护工作座谈会，增加了环境保护内容。1999年改为中央人口资源环境工作座谈会，又增加了资源保护内容。座谈会名称“人口＋1＋1”的改变，自然有其内在的含义，彰显科学发展观和可持续发展战略，人口、资源、环境主题含义。

其次，座谈会内容由人口、计划生育基本国策，演变成人口、资源、环境“三分天下”“三位一体”战略格局。1999年时任中共中央总

---

① 参见《中国21世纪议程——中国21世纪人口、环境与发展白皮书》，中国环境科学出版社1994年版，第39页。

② 参见《中国21世纪议程——中国21世纪人口、环境与发展白皮书》，中国环境科学出版社1994年版，第42—46页。

书记江泽民在首次“三位一体”座谈会上的讲话，指出：“促进我国经济和社会的可持续发展，必须在保持经济增长的同时，控制人口增长，保护自然资源，保持良好的生态环境。这是根据我国国情和长远发展的战略目标而确定的基本国策。必须从战略的高度深刻认识处理好经济发展同人口、资源、环境的关系的重要性。”① 2005 年中央人口资源环境工作座谈会，时任中共中央总书记胡锦涛发表讲话指出：“全面落实科学发展观，进一步调整经济结构和转变经济增长方式，是缓解人口资源环境压力、实现经济社会全面协调可持续发展的根本途径。要加快调整不合理的经济结构，彻底转变粗放型的经济增长方式，使经济增长建立在提高人口素质、高效利用资源、减少环境污染、注重质量效益的基础上，努力建设资源节约型、环境友好型社会。”② 可持续发展是既满足当代人的需求，又不对后代人满足其需求的能力构成危害的发展。可持续发展问题的中心是人：发展的目的是为了满足人生理、心理和全面发展的需要；发展的根本驱动力在人力资本；发展的最终目标，是创建人与自然、人与社会和谐的自然环境和社会环境。十多次中央人口资源环境座谈会，中央领导同志的讲话和相关部门负责同志的汇报发言，都体现了这样的宗旨。

笔者以为，2006 年 12 月 17 日《中共中央、国务院关于全面加强人口和计划生育工作统筹解决人口问题的决定》（中发〔2006〕22 号），对人口政策逐步转向融入科学发展观和可持续发展战略，给出阶段性和继续前行的考量。中发〔2006〕22 号文件对以前计划生育基本国策的概括总结是：“我国实行计划生育以来，全国少出生 4 亿多人，提前实现了人口再生产类型的历史性转变，有效地缓解了人口对资源、环境的压力，有力地促进了经济发展和社会进步。实践证明，我国坚持不懈地实行计划生育的基本国策，对建设中国特色社会主义、实现国家富强和民族振兴产生了巨大影响，为促进世界人口与发展发挥了重要作用。”

① 参见《中国 21 世纪议程——中国 21 世纪人口、环境与发展白皮书》，中国环境科学出版社 1994 年版，第 124 页。

② 参见《中国 21 世纪议程——中国 21 世纪人口、环境与发展白皮书》，中国环境科学出版社 1994 年版，第 128 页。

文件接着分析了当前的人口和计划生育的形势，指出“人口众多、人均占有量少的国情，人口对经济社会发展压力沉重的局面，人口与资源环境关系紧张的状况，是全面建设小康社会、构建社会主义和谐社会所面临的突出矛盾和问题”，“实现我国经济社会又好又快发展所面临的重大问题，无不与人口数量、素质、结构、分布密切相关，在人口问题上的任何失误，都将对经济社会发展产生难以逆转的长期影响。以人的全面发展统筹解决人口问题，变人口压力为人力资源优势，为经济社会发展提供持久动力，是实现中华民族伟大复兴的战略选择。全党务必从全面贯彻落实科学发展观的高度，从立党为公、执政为民的高度，从全面建设小康社会和构建社会主义和谐社会的高度，从对中华民族未来发展负责的高度，坚持不懈地做好新时期的人口和计划生育工作”。[①] 在“坚定不移走中国特色统筹解决人口问题的道路”部分，强调“要全面贯彻科学发展观，优先投资于人的全面发展，稳定低生育水平，提高人口素质，改善人口结构，引导人口合理分布，保障人口安全，促进人口大国向人力资本强国转变，促进人口与经济、社会、资源、环境协调和可持续发展”。在大力提高出生人口素质、不断完善流动人口服务体系、积极应对人口老龄化等部分，共同的一点是，均站在科学发展观和可持续发展立场，提出问题、阐发综合解决问题方案和决策选择，推进人口与可持续发展战略的实施。这与以前就人口论人口、就计划生育抓计划生育截然不同，将人口融入资源、环境、经济、社会可持续发展之中，一并考量和提出综合治理、协调发展的方针和政策。[②]

---

① 参见张维庆主编《中国人口和计划生育全书》（1997～2007），中国人口出版社 2013 年版，第 17 页。

② 参见张维庆主编《中国人口和计划生育全书》（1997～2007），中国人口出版社 2013 年版，第 17—21 页。

第三编

人口政策调整前景展望

第八章 21世纪人口变动发展大趋势

提倡以一对夫妇生育一个孩子为主导的人口政策的大力推行，致使我国生育率和出生率长期持续地下降，于20世纪90年代前期过渡到低出生、低死亡、低增长类型，人口数量、素质、结构变动出现新的发展趋势。如果以为人口政策已经完成历史使命，从此可以销声匿迹，则另当别论；如果认为人口政策尚需存在、在促进人口以及人口与社会经济发展中依然有着不可替代的作用，就必须清楚21世纪特别是21世纪前半叶人口变动和发展的大趋势。为什么叫作“变动发展大趋势”呢？有两重含义：一为包括人口变动和发展两方面内容。人口变动一般指人口自然变动而言，人口发展主要指人口素质的提升、部分人口结构调整以及人口与发展多方面内容。二为“大趋势”即宏观、长期的变动发展趋势。科学研究尤其是实证科学研究，应当包括一定时间内的定量和预测研究。不过就21世纪余下的八十年说来，定量预测只能是一种趋势性的研究。一般情况下，可分为近期、中期、远期三种预测。近期预测准确性相对高一些，中期要差一些，远期要更差一些。因此，未来八十年包括人口政策在内的人口预测，只能是大的趋势性质的预测。用美国著名人口学家豪泽（Philip M. Hauser）的话说：人口预测就是预测，而不是预报。不能将大趋势说成铁板钉钉、绝对准确，也不能将其视为飘忽不定、可以随意假设。大趋势的方向、性质不可改变，只是具体预测数据与未来现实可能有一定出入。出入误差也要设定在一定范围限度内，才具有实际意义。

第一节 人口变动发展新趋势

从实际出发，立足当前和未来变动发展趋势，是一切政策制定和推行的基础。20 世纪 90 年代前期中国人口步入“后人口转变”阶段，进入到 21 世纪以后又过去将近二十年，亦即经过二三十年“后人口转变”新一代人口再生产周期，此时中国人口变动和发展的趋势更加明朗地显现出来，也更具稳定性。总体上，表现为生育率和出生率继续下降，人口增长速度放缓趋势；人口素质大幅度提升，体能健康素质、智能科教素质、素养文明素质提升呈不同程度加快趋势；人口年龄、性别、城乡、地域分布等结构变动，呈现参差不齐累进增长趋势。这是涉及人口自身、人口与社会经济发展基础性质的人口变动，对当前和未来人口政策调整有着深刻的影响。

一、人口数量变动新态势

1991 年总和生育率下降到 2.1 以下，净再生产率下降到 1.0 以下，标志着中国人口进入“后人口转变”阶段。生育率下降到更替水平以下，形成不同于以往的人口数量变动的新的态势。这种新态势至今，已经经过二十多年的实践检验，证明是比较稳定的。这是解决中国人口过剩，谋求人口与经济、社会、资源、环境可持续发展道路上出现的第一个里程碑。越过这个里程碑，在人口内在自然增长率为负值作用下，将逐步达到第二个里程碑——人口的零增长。之后在负增长惯性力作用下，人口规模开始缩减，向着第三个里程碑前进——实现人口与可持续发展的全方位适度人口——稳态人口或标准人口（Standard Population）。这三个里程碑是紧密相连、呈现明显阶段性变动特征。只有到达并越过第一个里程碑，才能到达和通过第二个里程碑、抵达第三个里程碑。目前处于第一与第二两个里程碑之间，只有继续保持低生育水平的相对稳定，才能完成向第二个里程碑的过渡。

中国大力控制人口增长走到今天的“后人口转变”阶段，可说非常不易。这个“不易”，充分表现在至今我国仍是发展中国家的经济，而人口变动却走到接近发达国家的类型。实事求是地评价目前的中国经济，基本上属于发展中国家水平是比较恰当的。毋需举出更多的指标，仅就国际社会关注的经济体量——第二大经济实体而论，也是如此。自1949年中华人民共和国成立特别是改革开放以来，中国经济获得相当巨大的发展，取得令世人交口称赞的辉煌业绩，国内生产总值跃上世界第二位，并且同第一位的距离越来越近，同第三位的距离越来越远。但只有人均国内生产总值占有量上去了，才表明真正富裕了，完成由站起来到富起来的过渡。我国人均国内生产总值与世界平均水平比较尚有一定差距，与发达国家比较尚有很大差距。然而就是这样一个经济上基本处于发展中国家水平的人口大国，人口的变动和发展却达到接近发达国家的水平，足以令世人惊叹不已。2005年至2010年的一些指标比较，如下述。

总和生育率：世界2.55，发达国家1.59，发展中国家2.75，中国1.74。中国相当于世界的68.24%，相当于发达国家的109.43%，相当于发展中国家的63.27%。中国总和生育率略高于发达国家水平，而大大低于世界和发展中国家水平，差距已经拉开。

净再生产率：世界1.09，发达国家0.76，发展中国家1.16，中国0.79。中国相当于世界的72.48%，发达国家的103.95%，发展中国家的68.10%。情况与总和生育率相似，中国净再生产率略高于发达国家水平，而大大低于世界和发展中国家水平，差距已经拉得很大。

婴儿死亡率：世界52‰，发达国家7‰，发展中国家57‰，中国31‰。中国相当于世界的59.62%，发达国家的4.43倍，发展中国家的54.39%。说明目前中国婴儿死亡率低于世界和发展中国家许多，与发达国家还有较大的距离，处于发展中国家与发达国家之间。

男女合出生时的预期寿命：世界66.5岁，发达国家76.2岁，发展中国家64.6岁，中国72.6岁。中国比世界高出6.1岁，比发展中国家高出 8.0 岁，比发达国家低 3.6 岁。相比之下，更接近发达国家水平。①

上述情况表明，中国经济属于发展中国家中较高水平，而人口却接近发达国家类型，这不能不是一个很大的矛盾。这一矛盾说明，尽管中国低生育水平可能具有一定的不确定性，但是这一不确定性在减弱，向着二者相统一、接近发达国家模式转化。由此，一方面人口增长的势能在逐步减弱，不可能再出现类似 20 世纪六七十年代那样的生育高潮，生育率反弹到更替水平以上几乎是不可能的，人口零增长一天的到来已经指日可待。另一方面，人口增长的势能是“减弱”而不是“消失”，增长的势能还存在着。更为重要的是，如前所述，中国生育率的下降固然有着经济、科技、文化、社会发展的客观基础；但是四十多年来始终不渝地贯彻实施旨在以降低生育率为重点的人口生育政策的贡献，是不可忽视和不可替代的。正因为如此，在“后人口转变”期间人口变动新形势下，人口政策取向怎样还是需要引起重视的。在颇大的程度上，影响着中国是否能够实现向零增长的过渡和全方位适度人口目标的实现。

21 世纪前半叶中国人口变动趋势预测，参见图 8.1。②

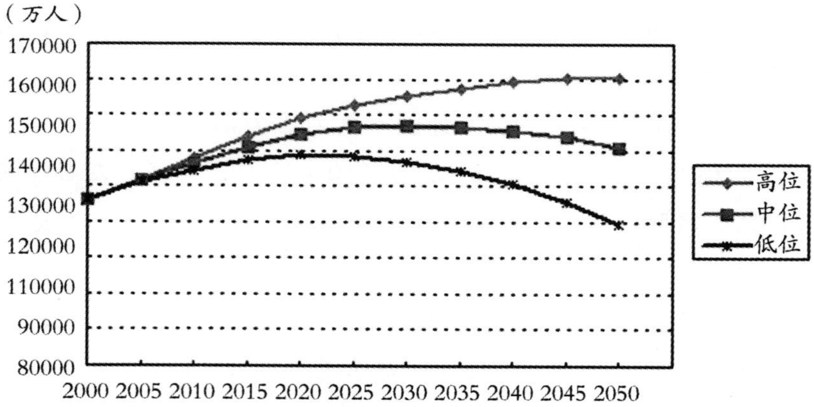

图 8.1　21 世纪上半叶中国人口变动趋势

① 资料来源：United Nations. *World Population Prospects The* 2008 *Revision*, Volume 1, New York, 2009, P48, 50, 52, 184.

② 参见田雪原等：《21 世纪中国人口发展战略研究》，社会科学文献出版社 2007 年版，第 439—448 页。

上述低、中、高三种预测，实现人口零增长的时间和人口数量是：低方案2021年，总人口13.87亿；中方案2030年，总人口14.65亿；高方案2050年接近零增长，总人口16.0亿。三种方案2050年的人口数量是：低方案11.92亿，中方案14.01亿，高方案16.0亿。从解决中国人口过剩性质、控制人口数量增长有效性来说，无疑低方案当列首选。然而由于该方案生育率下降幅度过大，人口老龄化过高等人口结构方面的问题比较突出，故该方案只能舍弃，对此本书后面还要做一些论述。高方案2050年全国人口达到16.0亿时还不能完全停止下来，只能接近零增长，直至2100年还有微弱的增长，故该方案也毋需多加考虑。如此，中方案比较符合我们的要求。该方案总和生育率的变动是：2000年至2005年为1.75，2005年至2010年为1.80，2010年至2020年为1.83，2020年至2050年为1.80。总人口变动情况是：2010年13.60亿，2020年14.44亿，2030年14.65亿，2050年减少至14.02亿。可见，该方案建立在现实生育水平之上，实施起来有现实基础。但是考虑到目前生育水平与多数居民生育意愿之间仍有一定差距，也并非没有矛盾。除了要发展经济、推动社会进步等外部条件外，就人口自身说来，最重要的，一是要继续稳定低生育水平，包括一定期间内低于更替水平的少许下降。二是使低生育水平稳定在合理水平。要在恰当的时候对现行生育率进行一定程度的调整，避免超高老龄化等问题的发生。

稳定生育率在较低合理水平。所谓低生育水平，是指总和生育率低于2.1或母亲的净再生产率低于1.0更替水平。所谓合理水平，是低生育水平及其所带来的年龄结构老龄化等问题，不至过于严重，能够为社会所承受。上述中方案预测，总和生育率2000年至2020年间保持在1.75～1.83之间波动，2020年以后保持在1.80水平，总体上是一个稳定、合理的低生育水平方案。如果生育率高于更替水平，例如高方案预测2000年至2005年总和生育率为1.90，2005年至2010年为2.00，在低于更替水平范畴；2010年至2020年为2.13，2020年至2050年为2.16，在长达四十年内总和生育率高出更替水平，总人口在长期内处于缓慢持续增长状态，直至2100年还不能完全停止下来，过剩人口问题便无法解决。应当看到，中国总和生育率下降到目前水平来之不易，如果不能稳定低生育水平，生育率重新回到更替水平以上，会丧失从根本上解决人口过剩问题的良机。

适当时机的生育率调整。实现上述人口零增长和长远全方位适度人口目标，必须稳定低生育水平。但是低生育水平不是一成不变的，并非生育率越低越好。上述中方案预测，2020 年以前由 1.75 回升到 1.83、1.80，以后稳定在 1.80，是有升有降的相对稳定。为什么前期有小幅回升？一是 20 世纪 80 年代中期曾经有过一个短暂的生育率回升时期，2007 年至 2012 年这一时期出生的人口到了为人父母年龄，生育率会有一个小幅度的回升。二是 2013 年实行“一独生二”政策，2015 年实行“全面二孩”生育政策调整，尽管影响不很显著，但是总会有一些影响存在，生育率存在小幅回升的可能性。2020 年之后，政策调整的影响可能进一步趋于淡化，生育水平的相对稳定在预料之中。实现将来全方位的理想适度人口，也就有了比较可靠的基础。至于要不要出台鼓励生育的政策，如同当年奖励独生子女政策那样加大力度？笔者认为，至少当前不需要、也不应该实行那样忽左忽右的政策。需要的是真正与人口发展战略目标、社会经济发展相链接、相协调的人口政策，向着更长远、全方位适度人口目标推进的人口政策。

二、人口素质提升新态势

人们常说“越穷越生、越生越穷”，这话不是很科学；但是从孩子成本—效益理论解读，因为贫穷边际孩子成本低廉导致多生多育，多生多育又妨碍着人口素质的提高和向少生优育的转变，妨碍着家庭经济的提升，也不无道理。在这个怪圈中，实际上存在“贫困——多生——贫困”的一种不良的循环。摆脱这一不良循环，转变到“少生——优育——少生”走向富裕的良性循环，是全面提升人口素质的一条有效途径。

学术界对人口素质有着不同的划分，有身体素质，教育素质、思想素质或政治素质，道德素质“三分法”，与仅包括前二项“二分法”的不同观点。本书前面已表述了笔者的论证，将人口素质分为体能健康素质、智能科教素质、素养文明素质“三要素”结构论。为什么不赞同使用思想素质、政治素质、道德素质概念，是因为这样的概括没有抽象出人口素质的本质，也很难给出界定的量化标准。人口素质作为概念，有着特定的内涵与外延。它是抽象的，也是具体的，有可度量、可比较的具体量化指标。思想、政治、道德主要体现在观念上，很难抽象出其本质的属性并拿出量化的指标，主观评价难免失于偏颇。体能健康素质、智能科教素质内涵、外延比较明确，拥有相应的度量指标，能够分出高低、多少、好坏来。素养文明素质概念，是指一个国家、地区人口反映出的该国家、地区社会进步的状态和文明程度。这种状态和文明程度可以通过一定的方法、取得一定的指标进行度量的。在我国人均国内生产总值进入中高收入水平的时候，提出人口素养文明素质很有必要。它不仅反映了一个方面的人口素质本质，而且对建设生产发展、生活富裕、生态良好的现代文明社会，有着不可替代的意义。当前，中国人口素质“三要素”均有较大的提升，过渡到一个新的阶段。

1. 体能健康素质提升新态势。

改革开放四十多年来，我国人口体能健康素质得到大幅度的增强和提升。2008年，中国成功地举办了第29届奥林匹克运动会，运动会规模之大、运动员成绩之佳、管理之科学严密等，创历届奥运会之最，博得国内外各界人士一致的称赞。会上中国运动员展示了良好的竞技状态，获得金牌总数第一，这与七十年前还被称为“东亚病夫”比较，形成鲜明对照。奥运会是一个缩影，它反映的是全体居民体能健康素质提高的情况。按照联合国经社部和人口司的估计，2005年至2010年婴儿死亡率世界平均为52‰，发达国家为7‰，发展中国家为57‰，中国为31‰。中国抽样调查的数据已经下降到10.0‰以下。即使以31‰作比较，也比世界平均水平低21个千分点，比发展中国家低26个千分点。出生时的预期寿命，世界平均为66.5岁，发达国家为76.2岁，发展中国家为64.6岁，中国为72.6岁。[①] 同样，也比2010年中国统计调查74.83岁低了2.23岁；即使以72.3岁作比较，仍比世界平均水平高出

① 资料来源：United Nations. *World Population Prospects The 2008 Revision*, Volume1, New York, 2009, P48, 50, 52, 184.

6.1岁，比发展中国家高出8.0岁。就是说，中国人口体能健康素质不仅高出发展中国家许多，而且也比世界平均水平高许多，拉开了较大距离，处在世界平均水平与发达国家水平之间，正在向发达国家靠近。按照联合国开发计划署公布的2006年人文发展指数，中国排位上升明显，居于中等偏上一些水平。总起来看，当今中国人口体能健康素质展现的新态势比较明显：一方面，与发达国家仍然有着不小的差距，消除尚需时日。另一方面，已经脱离发展中国家的较低水平，并且处于略高于世界平均水平位置。因此，提高人口体能健康素质的任务，就是要瞄准发达国家达到的水平，争取用较短的时间赶上去。在21世纪中叶，争取比社会经济提前一步，达到中等发达国家水平。

2. 智能科教素质提升新态势。

实现由人口和人力资源大国向人力资本强国的转变，提高人口智能科教素质是关键。人力资本是人的知识、技能、经验、健康所具有的价值，这些价值的形成，都离不开人口智能科教素质的提升。知识从哪里来？站在人口代际交接立场观察，知识是前人实践经验的总结，我们站在前人的肩膀上，就要吸取前人取得的精华，最主要就是要通过教育传授实现。如今科学技术进步一日千里、日新月异，要使新的科学技术为更多人所掌握，使国家站在科学技术发展前沿，也要通过教育来实现。技能、经验、健康的增进固然主要依靠实践，然而层次较高的技能、经验、健康的增进，也离不开教育和科学的发展。它们在“实践——理论——实践”过程中，不断得到提升，理论和科技创新是智能科教素质提升的标志。智能科教素质不仅可通过学习经历途径取得，而且可以通过实际应用得到巩固、提高、创新，并经过检验、鉴别和评定取得相应的专业职称和荣誉称号。智能科教素质是人口素质“三要素”的核心和中坚，考核指标具体，受到重视的程度也最高。

我国人口智能科教素质提高显著，改革开放四十多年来最为引人瞩目。以1982年第三次人口普查与2010年第六次人口普查比较，1982年受过大学教育（包括大学毕业、肄业或在校）为6 037 279人，占总人口1 003 913 927人的0.6%。2010年受过大学教育（包括大学本科、大学专科、研究生）为118 374 897人，占总人口1 332 810 869人的

8.9%。6岁以上未上学人口（1982年为12岁以上文盲、半文盲人口），1982年为237 720 787人，占总人口23.0%；2010年为62 136 405人，占总人口4.7%。[①] 这种文盲、半文盲占比大幅度下降，受过高等教育人口占比大幅度上升表明，近三四十年来人口教育程度的提高是其他历史时期无法比拟的。人均所受教育年限由原来不足5年提升到目前超过11年，已接近发达国家水平。世界后进国家追赶先进国家的历史证明，后进国人均国内生产总值达到先进国40%时，人均所受教育年限应达到先进国的70%左右；后进国人均国内生产总值相当于先进国80%时，人均受教育年限应达到先进国的水平。教育是基础，居民受教育水平提高了，科技必然随着水涨船高。

改革开放以来我国高科技发展引人瞩目。卫星、载人宇宙飞船上天，蛟龙号深海作业；云计算、高铁、大飞机、杂交水稻、5G手机等，在世界高科技飞速发展中或者名列前茅，或者挤进先进行列。不举一个个世界第一的基础建设工程，也不举一个个冶金、化工、交通、机器制造等“大国工匠”“大国重器”，仅以外贸出口结构为例，足以窥一斑以见全豹。统计数据显示，1995年与2016年相比，外贸出品贸易总额中，工业制成品由1 273亿美元增加到19 925亿美元，增长14.7倍；高技术产品由101亿美元增加到6 042亿美元，增长58.8倍；初级产品由215亿美元增加到1050亿美元，增长3.9倍。[②] 高科技产品出口增速远远高于工业制成品、初级产品，体现出口贸易转型升级正在加速进行中。

但是不能陶醉于已经取得的成绩，必须清醒地认识到，我们同发达国家相比，教育、科技还有着明显的差距。实事求是地摆正自己的位置，某些方面我们达到了先进水平，甚至发挥着引领的作用。就总体上观察，我们仍然处在由发展中国家向发达国家过渡阶段。能够担当引领作用的，是局部；大部分仍处在落后或居中状态。因此，一方面要发挥

① 资料来源：《中国1982年人口普查资料》，中国统计出版社1985年版，第31—33页。《中国2010年人口普查资料》（上册），中国统计出版社2012年版，第149页。

② 资料来源：中华人民共和国国家统计局编《中国统计年鉴2018》，中国统计出版社2018年版，第668页。

领先部分的引领作用，向着更高的目标前进。另一方面，则是补短板，注重全面发展，全面提升人口智能科教素质。而首要的一点，是注重抓好基础教育，为更大更高的提升做好准备。

3. 文明素养素质提升新态势。

突破以往政治素质、思想素质、道德素质界定局限，提出人口素养文明素质概念，有以下三个方面的考量。

一是核心价值观念。所谓核心价值观念，指一个国家在一定历史时期提出的统领其他社会价值、占据主导地位并被绝大多数居民认可的价值观念。站在人的种的繁衍和世代更替角度观察，人们繁衍子孙后代的核心价值观念，在于寻求人口数量、素质、结构的协调发展——不但寻求当代人的良好发展，而且寻求不对后代人的发展能力构成危害的发展。这种核心价值观念是符合历史发展潮流因而是进步的价值观念。它得到广大民众的认同，因而成为大多数民众的一种理想和自觉，是民众意志的体现。这种核心价值观念至关重要。如果缺少或没有这种核心价值观念，一个国家、一个民族就很难形成较强的凝聚力和向心力，难以自立于世界民族之林。相反，如果这种核心价值观念深入人心，能够成为广大民众自觉的行动，国家和民族的凝聚力就会增强，强国富民路上就会充满生机和活力。

二是道德规范。如前所述，目前我国进入全面建设小康社会和人均国内生产总值向 10 000 美元迈进，也是新旧道德发生碰撞，新道德建设需要规范的新的历史时期。人们的意识常常落后于客观实际，道德建设也常常落后于社会经济发展。且不说腐败分子贪赃枉法、行贿受贿，也不说不法之徒见利忘义、道德沦丧，就是日常生活中司空见惯的事情，如公共场所接打手机，旁若无人甚至口带脏字的大声喧哗；大家驾车有秩序地排队在城市快速路等候进出，每次总有一两部车子硬是轧着实线加塞进来，你不得不急刹车让他先行；西装革履的情侣谈笑风生，却把吃剩下的果皮、包装袋随意丢在公园的草坪上、树荫下；人行道上踩了别人一脚，却反过来指责别人“怎么走路呢”！如此等等。小事可见精神，细微反映道德。各种社会调查表明，在市场经济和人们价值取向变化了的情况下，尊老敬老、文明礼让、诚信友爱等传统的道德观念受到挑战。把个人得失摆在首位，不能正确地对待公民的权利与义务，不能摆正奉献与索取的关系，把人际关系商品化、市场化了。必须看到，建设吸取传统道德精华并符合现代发展的先进道德规范，是构建和谐社会和提高人口素质的关键一环，一项需要长期坚持奋斗的社会工程。

三是法治意识。建立健全市场经济体制，呼唤经济运行法治化；构建社会主义和谐社会，需要大力加强民主法治建设，以促进社会公平正义。要使政治生活、经济生活、文化生活、整个社会生活法治化和规范化，就要使公民进一步树立在法律面前一律平等，公民的权利和自由受到法律的保护，以及维护和监督司法公正、廉洁的责任感，不断增强法治意识。

提高人口素养文明素质是一项长期艰巨的任务，重点是将国家核心价值观教育纳入国民教育体系，坚持德育为先原则。发展商品生产和建立健全市场经济体制，使交换价值升值，对传统的人际关系是一个挑战。对原来建立起来的感情、亲情和友情，不能不是一个冲击。同时还要看到，1980 年以来国家大力提倡一对夫妇生育一个孩子已经过去一代人有余，这一代以上独生子女生长在改革开放大环境下，思想解放，视野开阔，现代化观念强等是明显的优势。但是由于独生子女从小没有兄弟姐妹，许多父母、祖父母疼爱有加，容易滋生孤独感和骄、娇二气，因而德育显得更为重要。要总结经验，如曾经开展过的德、智、体、美、劳全面发展教育，培养有社会主义觉悟、有文化的劳动者教育等。也要面对当前时代发展现实，吸取国际社会开展德育的成功经验，将国家核心价值观念精心编入中小学教科书中，培养有理想、爱祖国、爱人民、尊老爱幼、诚信友善的一代新人。坚持提高人口素养文明素质以德育为先原则，将此放在素质教育优先地位。

三、人口结构变动新态势

同人口政策关系比较密切的人口结构，主要是人口年龄结构、人口性别结构、人口城乡结构、人口地区分布结构、人口就业结构，有的结构如人口年龄结构，直接决定着人口再生产的类型具有的增长势能或态势。城市和乡村生育率、出生率差别明显，人口素质尤其是智能科教素质差别也很明显，因而城市化率高低对人口变动产生的影响不可低估。人口三次产业就业结构，即同人口城乡结构紧密相连，是经济结构、社会结构变动的结果，又制约着人口城市化、经济发展和社会发展。因此，考察上述人口结构发生怎样的变动，具有怎样的态势，进行怎样的政策选择，本身即属于人口政策的一个组成部分。但是由于涉及其他相关领域，一般没有直接列入人口政策中来。笔者以为，它们的作用和影响是不容忽视的，有时甚至比一般人口政策作用还要大，是需要重视和提请注意的。

1. 人口年龄结构变动新态势。

总体人口的年龄结构。包括从起始年龄到最高年龄，按每一岁人口堆积起来的人口年龄结构金字塔；还有人口自身0～14岁少年、15～59岁或64岁成年、60岁或65岁以上老年人口组成的年龄结构；与劳动交叉形成的三次产业从业人口结构、失业人口结构；与教育交叉形成的在校人口结构、受教育程度人口结构；按居住和生活地域划分的人口城乡结构、人口地域结构等。每一类人口与非本类人口组合在一起，都可形成特定的人口结构。如此，人口年龄结构渗透到经济、社会生活各个领域，各行各业设置了以年龄划线的不同的招聘、退休政策。君不见，改革之初曾流行“年龄是个宝，文凭不可少”说法。因为各行业都设置了聘用、退休的门槛。如公务员系列，有“七上八下”一说：57岁尚可提拔任用，因为距离60岁退休还有三四年时间，干完一届不成问题；58岁就干不满一届了，被打入等待退休队列。各工种退休年龄差别颇大。一般60岁退休，采矿、基建等重体力劳动行业，许多规定50多岁就退休了。可见，人口年龄结构变动影响到社会经济结构方方面面，形成千差万别的态势。

每一岁人口年龄结构具有的态势，是其他年龄结构态势形成的基础。21世纪前半叶中国人口年龄结构变动态势预测，参见图8.2、

8.3、8.4。①

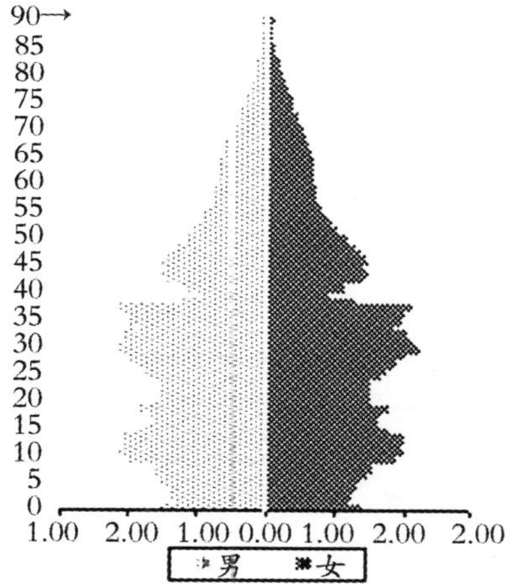

图 8.2 2000 年中国人口年龄结构

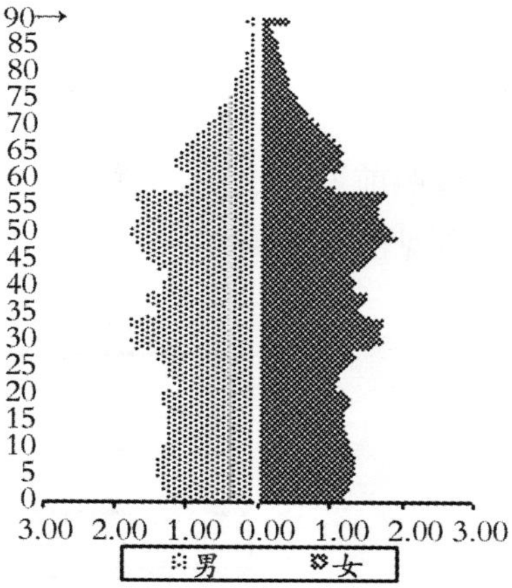

图 8.3 2020 年中国人口年龄结构预测

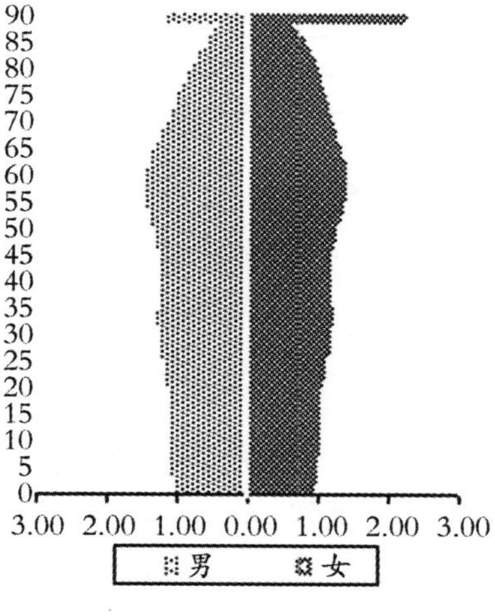

图 8.4 2050 年中国人口年龄结构预测

上述人口年龄结构变动，少年人口、成年人口、老年人口占比不断变化着。2000 年可谓名副其实的“金字塔”结构，总体上呈现随着年岁增高，占比逐渐缩小。2020 年“金字塔”直立起来，上部没有 2000

① 田雪原等：《21 世纪中国人口发展战略研究》，社会科学文献出版社 2007 年版，第 448—454 页计算。

年那样尖细了，变“粗钝”起来。到 2050 年“金字塔”中上部进一步变粗变钝，底部直立且略有缩小。年龄结构这一变动趋势，可用人口老龄化概括。因此，这里首先研究 21 世纪中国人口老龄化态势、走向和特点。

按照前面高、中、低三种预测，21 世纪前半叶中国人口老龄化趋势，参见图 8.5。[①]

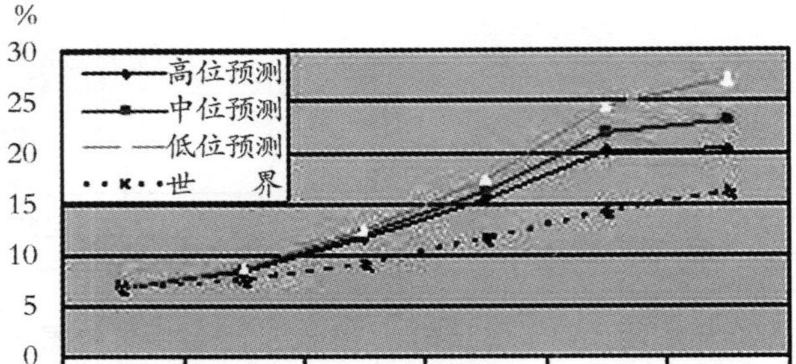

	2000	2010	2020	2030	2040	2050
高位预测	6.92	8.5	11.66	15.36	20.1	20.23
中位预测	6.92	8.59	12.04	16.23	21.96	23.07
低位预测	6.92	8.7	12.54	17.4	24.48	27.14
世　界	6.8	7.6	9.3	11.7	14.2	16.2

图 8.5　2000 年至 2050 年中国、世界人口老龄化趋势

图 8.5 显示，21 世纪上半叶中国人口年龄结构老龄化，具有速度比较快和达到的水平比较高、老龄化在时间上具有阶段和累进的性质、老龄化在城乡和地域空间分布的不平衡明显特点。分别阐述如下。

其一，老龄化速度比较快和达到的水平比较高。2050 年以前 65 岁以上老年人口绝对数量已是定数，即 2013 年 28 岁至 64 岁人口中，逐年减掉每年的年龄别死亡人口以后的存活人口数。但是影响老龄化水平高低的因素，还有出生率和出生人口的数量、预期寿命延长等情况。我们仍选择 65 岁以上老年人口所占比例变动，说明老龄化的速度和达到的程度。如此，按照上面的预测，高位预测 2050 年 65 岁以上老年人口占比可达 20.23%，中位预测可达 23.07%，低位预测可达 27.1%。考

① 参见田雪原等：《21 世纪中国人口发展战略研究》，社会科学文献出版社 2007 年版，第 440—454 页。

虑到当前已经启动实施“全面二孩”生育政策，老龄化沿着中位预测走下去的可能性进一步增大。以此比较，中国人口老龄化进展仍可用“快”和“高”二字来概括。所谓快，从世纪之交进入老年型到2023年达到12.3%进入老龄化中期，大约要花费23年，世界要花费30多年，发展中国家则要花费40多年的时间。从7%提高到17%中国要花费32年，2032年将达到17.5%；而发达国家作为总体，则经历了20世纪下半叶直至2015年方能达到这一水平，耗时为我国1倍以上。日本是一个特例，65岁以上老年人口比例从1970年的7.1%上升到2000年的17.2%，花费30年时间，与中国相仿。所谓高，即老龄化达到的水平比较高。2050年中国65岁以上老年人口占比将达到23.07%，届时将比世界16.2%高出6.87个百分点，比发展中国家14.6%高出8.47个百分点，比发达国家26.2%总体水平仅低3.13个百分点，跻身老龄化较高水平国家行列。①

其二，老龄化在时间上具有阶段和累进的性质。这主要是由已往人口出生、死亡自然变动造成的人口年龄结构决定的。1949年中华人民共和国成立后，人口的自然变动经历1949年至1952年的人口再生产类型转变时期。即由高出生、高死亡、低增长向高出生、低死亡、高增长的转变；1953年至1957年的第一次生育高潮期间，全国人口由57 482万增长到64 653万，增加7 171万，年平均增加1 434.2万，年平均增长率达到2.4%；1958年至1961年的第一次生育低潮期间，全国人口由64 653万增长到65 859万，增加1 206万，年平均增加301.5万，年平均增长率仅为0.5%。1960年和1961年还出现人口负增长，1960年比1959年减少1 000万，1961年比1960年再减少348万；1962年至1973年的第二次生育高潮，全国人口由65 859万增长到89 211万，增加23 352万，年平均增加1 946万，年平均增长率达到2.6%；1974年以来的第二次生育低潮，全国人口由89 211万增长到2013年136 072

① 国外部分参见 United Nations. *World Population Prospects The 2008 Revision*, Volume 1, New York, 2009, PP48—52.

万，增加 46 861 万，年平均增加 1 201.6 万，年平均增长率下降到 1.1%。[①] 不难看出，由于这五个阶段人口出生率、死亡率、自然增长率呈高低起伏的不同变动，从而形成参差不齐的年龄结构，进而对未来人口老龄化高低呈现很不规则的影响，表现出阶段和累进的性质。其中人口年龄结构金字塔中最为庞大部分，当属 1962 年至 1973 年第二次生育高潮期间出生的大量人口，扣除死亡至今尚存 3 亿左右，这是包括人口老龄化在内中国人口变动最值得关注的特殊现象。这 3 亿左右人口组群于 1977 年至 1988 年进入 15 岁以上成年人口，其中绝大多数于 1980 年至 1991 年成长为正常的劳动力，对就业形成巨大的压力；同时也开始了劳动年龄人口所占比例高、老少被抚养人口之和所占比例低的人口年龄结构变动的“黄金时代”，成为可以获取“人口盈利”“人口红利”有利于经济发展的最佳时期。按照全国城乡合计妇女年龄别生育率峰值 24 岁计算，1986 年至 1997 年通过生育旺盛期，本该有一个生育高潮出现；但是由于继续加强人口控制和贯彻落实计划生育基本国策，实践中并没有出现持续长达 10 多年的生育高潮，而仅仅在 20 世纪 80 年代中后期略有所表现。其对老龄化进程的影响是，当这部分 3 亿组群人口未过渡到 65 岁之前，人口老龄化不会过于严重；而当这部分庞大人口组群过渡到老年之后，老龄化“汛期”严重阶段就到来了。使人口老龄化如同人口城市化一样，呈现 S 曲线阶段性推进的特点。

第一阶段 2000 年至 2020 年为 S 曲线底部，老龄化处于较缓攀升阶段。65 岁以上老年人口所占比例可由 6.96%上升到 12.04%，升高 5.08 个百分点，年平均升高 0.25 个百分点。

第二阶段 2020 年至 2040 年为 S 曲线挺起中部，老龄化加速上升阶段。65 岁以上老年人口所占比例可由 12.04%上升到 21.96%，升高 9.92 个百分点，年平均升高 0.5 个百分点。增速比第一阶段加快 1.0 倍。

---

① 国家统计局人口统计司编《中国人口统计年鉴 1988》，中国统计出版社 1988 年版，第 198 页。

第三阶段2040年至2050年为S曲线顶部，老龄化缓慢攀升并呈基本稳定态势。65岁以上老年人口所占比例可由21.96%上升到23.07%，升高1.11个百分点，年平均升高0.11个百分点，为三个阶段中增长速度最低的时间段。2050年以后，虽然老年人口占比可能还有所上升，但是上升极其有限，处于S曲线顶部徘徊震荡状态。

其三，老龄化在城乡和地域空间分布不平衡。上述老龄化进程中表现出的特点，是就全国总体而言的。然而，由于中国幅员辽阔，地理条件相差很大，经济、科技、社会发展水平相差较大，更为直接和更重要的是以往人口出生、死亡自然变动差别较大，造成城乡之间、地域之间人口老龄化的明显差异。

① 老龄化城乡分布不平衡。20世纪80年代伊始，中国人口年龄结构跨入成年型，1982年第三次全国人口普查65岁以上老年人口所占比例达到4.91%，接着开始了向着老年型的过渡。然而这种过渡在城乡之间表现出明显差异：该年普查65岁以上老年人口占比由高至低排序依次为县占5.00%，市占4.68%，镇占4.21%，县（农村）老年人口占比要高一些，向老年型过渡的速度更快一些。1990年第四次人口普查这一趋势延续下来，当年全国65岁以上老年人口占比上升到5.57%，县上升到占5.64%，市上升到占5.53%，镇上升到占5.49%，由高至低排序依旧为县、市、镇，只是差距比1982年时稍有缩小。2000年第五次人口普查提供的数据表明，全国65岁以上老年人口占比上升到占6.96%，县、市、镇之间的差距不但得以继续，而且有所扩大：县上升到占7.74%，市上升到占7.00%，镇上升到占6.25%。以1982年、1990年、2000年三次人口普查比较，县、市、镇65岁以上老年人口占比，先是由1.00∶0.94∶0.84缩小到1.00∶0.98∶0.97；然后再扩大到1.00∶0.90∶0.81，县老年人口占比高出市镇的幅度增大了。2010年第六次人口普查城乡老龄化扩大的趋势继续延续下来，而且出现镇超过市一反常态的新情况：全国65岁以上老年人口占比上升到8.91%，其中县上升到10.06%，镇上升到7.97%，市上升到

7.69%，县∶镇∶市变动并扩大到1.00∶0.79∶0.76。①

为什么会造成城乡之间老年人口比例差距的扩大和市镇排序的改变？基本的原因是流动和迁移人口的持续增加，特别是步入21世纪以来大量增加的结果。2000年第五次人口普查资料显示，以居住在本地区半年以上计算的全国迁移人口达到144 390 748人，扣除本县（市）其他街道、镇人口和本市区其他街道、镇人口后，其余92 870 183人主要为本市区其他乡和外省迁入的农村进入城镇的流动人口。也就是说，这9 000多万中的绝大多数为事实上由农村迁入城镇的常住人口。2010年第六次人口普查人户分离人口上升到26 094万，较第五次人口普查大幅度增加。目前这一趋势仍在延续，国家统计局提供的数据显示：2017年人户分离人口达到2.91亿，流动人口达到2.44亿。② 流动人口进入城镇并基本定居半年以上，则被统计为城镇常住人口，稀释了城镇特别是城市的老龄化，拉开了同农村的距离。按照人口自然增长计算，2011年6月28日全国城镇常住人口首次超过农村，开城乡人口结构历史转变之先河；对老龄化城乡分布的直接影响，是农村老年人口的累进增加，城乡老龄化分布不平衡进一步加剧。而且，由于农民工多以青壮年为主、进入城镇以城市为主，致使市镇老龄化水平由原来市比镇高，演变为镇比市高。预测21世纪20年代城镇人口达到60%以后，农村人口向城镇转移的速度将减慢下来，规模将有所缩小。此可为县、市、镇人口老龄化差距缩小创造一定的条件，此后城镇特别是大城市的人口老龄化速度将会有所加快。

② 老龄化地域分布不平衡。上述人口流动和迁移，不仅左右着市、镇、县之间老龄化程度的差异，而且对地域之间的年龄结构老龄化和老

---

① 依据《中国1982年人口普查资料》，中国统计出版社1985年版，第272—313页；《中国1990年人口普查资料》第二册，中国统计出版社1993年版，第2—17页；《中国2000年人口普查资料》上册，中国统计出版社2002年版，第570—581页；《中国2010年人口普查资料》上册，中国统计出版社2012年版，第270—276页数据计算。

② 资料来源：中华人民共和国国家统计局编《中国统计年鉴2018》，中国统计出版社2018年版，第32页。

龄化向纵深发展，产生不容忽视的影响。一个鲜明的标志是，老年人口占比自高至低由原来东、中、西部“三大板块”分布，逐步转向中西部合二而一，总体上呈“两大板块”分布格局。这种改变始于2005年，当年全国65岁以上老年人口占比为9.07%，高于这一水平有13个省、直辖市，其中东部沿海有7个省、直辖市，占53.8%；中部有3个省，占23.1%；西部有3个省、自治区、直辖市，也占23.1%。中西部合计已有6个省、自治区、直辖市，占46.2%。低于全国水平有18个省、自治区，其中东部沿海有4个省，占22.2%；中部有5个省，占27.7%；西部有9个省、自治区，占50.0%。中西部合计占77.8%，为老龄化程度较低地区。[①] 2010年第六次人口普查，情况进一步变化：全国65岁以上老年人口占比提高到9.4%，中西部老年人口占比进一步提高。这一趋势还在延续。当前，虽然东部与中部、西部的差距仍然存在，但是中西部的差距却缩小了，老龄化东部与中西部合二而一“两大板块”态势初显，可能越来越明显。

2. 出生人口性别比变动新态势。

我们在考察人口性别结构时，要特别注重对出生性别比的研究。因为出生性别比对于总体人口性别比具有基础、原创意义。后来的人口性别比的形成，是每一年出生性别比年复一年累积下来的结果。

出生性别比，一般指一定时间，例如一年内活产婴儿中男婴与女婴之比。统计数据显示，世界绝大多数国家出生性别比在正常范围103～107之间，低于103和高于107只有少数国家。中国属于出生性别比较高的国家由来已久。不过新中国成立后即快速下降到接近正常值，20世纪50年代至70年代在正常值或稍高于正常值上下波动。80年代伊始呈现持续攀升趋势，进入21世纪后曾创造突破120.0峰值记录。其后小有回落，在较高位置上震荡。出生性别比升高以及近年来的缓慢回落，加上年龄别男女死亡率的差异，遂形成后来不同年龄组群一定的人口性别比堆积。第三次至第六次人口普查提供的0岁至49岁人口性别

① 资料来源：中华人民共和国国家统计局编《中国统计年鉴2006》，中国统计出版社2006年版，第109页。

比，已出现不同年龄人口组群尤其是较低年龄人口组群性别比的堆积。参见表 8.1。[①]

表 8.1　1982 年、1990 年、2000 年、2010 年人口普查部分年龄组别性别比

（万人）

年龄组（岁）	1982			1990			2000			2010		
	男	女	性别比	男	女	性别比	男	女	性别比	男	女	性别比
0	1079	1002	107.6	1226	1097	111.8	746	633	117.8	746	632	118.0
0—19	23765	22497	105.6	22452	20865	107.6	20418	18338	111.3	17170	14952	114.8
20—29	8563	8330	102.8	11775	11228	104.9	10817	10401	104.0	11485	11358	101.1
30—49	11740	10562	111.2	14747	13556	108.8	20768	19554	106.2	22730	21821	104.2

表 8.1 显示，2010 年处于 20 岁至 29 岁婚育旺盛期人口性别比还比较低，男性仅多出女性 127 万，毋需更多忧虑；然而 0 岁至 19 岁人口性别比却已由 1982 年 105.6，上升到 1990 年 107.6、2000 年 111.3、2010 年 114.8，2010 年比 1982 年提升 9.2 个基准点，呈节节上升趋势。0 岁至 19 岁男性与女性绝对人数比较，则由 1982 年男性多出女性 1 269 万，上升到 2010 年多出 2 219 万，增长 74.9%。这 2 219 万多出的男性人口，将在未来相应年份陆续进入婚育年龄，首当其冲的是婚姻性别挤压或婚姻性别堆积问题。如果出生性别比升高就此打住，以比较快的速度下降到正常水平，多出的 2 219 万男性堆积拆分为 20 年陆续进入结婚年龄，并不会对婚姻性别平衡产生太大的影响；问题在于出生性别比久居高位而不下，继续下去问题就大了，解决的难度增加了。

3. 人口城乡结构变动新态势。

人口城乡结构变动，主要是乡村人口向城镇迁移和流动的结果。因此，研究城乡人口结构变动新态势，研究的重点，主要应放在人口城市化出现的新的变动态势上。

---

① 依据《中国 1982 年人口普查资料》，中国统计出版社 1985 年版，第 272—273 页、《中国 1992 年人口普查资料》第二册，中国统计出版社 1994 年版，第 2—3 页、《中国 1990 年人口普查资料》上册，中国统计出版社 1993 年版，第 215—216 页、《中国 2010 年人口普查资料》上册，中国统计出版社 2012 年版，第 265—266 页数据计算。

（1）城市化提速新态势。城市化是世界也是中国发展的共同的趋势。前已论及，从经济学角度看待城市化，是第一、二、三次产业的空间分布问题，城市以第二和第三次产业为主，乡村以第一次产业为主。从社会学角度观察，是生产方式和生活方式改变，在城市和农村分布重组问题。从人口学角度阐释，是人口在城市和农村居住分布问题。无论从哪个学科、哪个角度阐发，都是生产力发展、社会进步、人口结构改变的一种结果和现象。这是普遍存在、共同的一条发展和变化的规律。

当今世界城市化居高水平一类的国家，大都为工业化起步较早、走在工业化和现代化前列的发达国家。个别城市化程度很高的国家，如新加坡等，属于城市国家。拉美一些国家城市化率也较高，陷入城市盲目发展状态，被称之为城市化“拉美陷阱”。这些均属特例。目前美、英、加等发达国家人口城市化率超过80%，日本超过90%。发展中国家城市化水平较低，目前世界城市化率在55%左右。总结工业化国家城市化发展的历史，在发展的路径和阶段上取得较多共识，形成人口城市化S曲线三阶段理论模型。从中国实际出发，第一阶段人口城市化率在25%以下，称为人口城市化初级阶段，以农村人口向小城镇转移为主。第二阶段人口城市化率在25%～65%之间，可称之为人口城市化中级阶段。以农村人口向城市转移，小城镇人口向大城市转移，两种方式协同推进形式。前期以农村人口向城市转移为主，后期以小城镇人口向大城市和超大城市转移为主。第三阶段人口城市化率在65%以上，在总体城市人口继续上升同时，发生大城市中心区人口向郊区和农村转移的逆城市化。不言而喻，这是一个粗略的理论模型。实际上各国的城市化进程要复杂得多，不同阶段也可能出现某些反复和震荡。中国人口城市化，总体上符合三阶段理论模型，但是由于中国特殊的国情所决定，也有一些鲜明的特点。按照上面三阶段理论模型，中国人口城市化进程走过的轨迹，简述如下。

1949年中华人民共和国成立时，人口城市化率仅为10.64%，水平很低。城市化发展艰难曲折，经历1949年至1960年起步和较快增长时期。1949年至1960年城市化进展顺利，城镇人口占比由10.64%提升到17.98%，提升7.34个百分点，年平均提升0.67个百分点。1960年至1987年城市化推进经过先降后升、改革开放始进入快车道，总体上呈现徘徊震荡推进特征。1960年以后先是12年后退，1972年退至17.13%最低值；后是8年补偿性增长，1980年回升至19.39%，接近1960年水平，经历20年的震荡徘徊，为现代社会所不多见。1980年以后在改革开放大潮涌动下，城市化步伐加快，1987年城市化率提升至25.32%，完成第一阶段初级城市化。1960年至1987年城市化率由17.98%提升至25.32%，提升7.34个百分点，年平均提升0.27个百分点。其中1980年至1987年城市化率由19.39%提升至25.32%，提升5.93个百分点，年平均提升0.85个百分点。因而可以说，改革开放伊始城市化便驶入快车道，迎来加速推进的新时期。

此后，在1987年至2017年的30年间，人口城市化率由25.32%提升到58.52%，提升33.16个百分点，年平均提升1.11个百分点，成为中国人口城市化发展史上提升最快的历史时期。与国际社会比较，由长期低于发展中国水平，更低于世界和发达国家水平，经过改革开放40年艰苦卓绝地努力，达到高于发展中国家7.0个百分点，高于世界3.5个百分点的新水平，处于世界与发达国家之间。参见图8.6。①

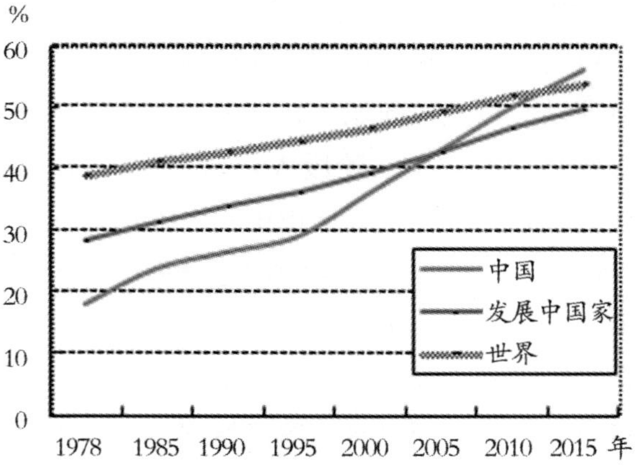

图8.6　1978年至2015年中国与世界城市化进程比较

① 资料来源：United Nations：World Population Prospects 1988，P200/204，Population Studies No. 106，New York 1989. 中国国家统计局官网：《2018年国民经济的社会发展统计公报》，2019. 03. 03.

(2) 大城市引领新态势。这里的“大城市引领”有二重含义：一是大城市占比呈上涨态势，中小城市人口有向大城市转移和集中的趋势。二是在城市化过程中，大城市起到越来越明显的中心、主导和辐射作用。长期以来，我国一直奉行积极发展小城镇、适当发展中等城市、严格限制大城市规模的城市化方针。毫无疑问，这一方针的提出是从中国实际出发，符合新中国成立后到改革开放前期，农村人口多、城市化水平低、生产力不发达基本国情的。20 世纪 80 年代初，在我国 10 亿人口中农村人口就有 8 亿，占到 80%以上。在这种情况下，实行“以小为主”的城市化方针，投入少、见效快，有利于农村剩余劳动力向以乡镇企业为主的小城镇就业转移，有利于加快人口城市化进程。然而事物无不依据一定的条件向着相反的方向转化。“以小为主”城市化遍地开花，在一度成就了城乡经济较快增长同时，也使资源消耗、环境污染、效率低下等问题积累和突出出来，发展到“小城镇成了大问题”。“以小为主”的城市化难以继续下去。到 20 世纪 90 年代中期，城市化率达到 30%以后，则逐步走上“以大为主”轨道上来。以非农业人口划分的城市人口结构比较，参见表 8.2。①

表 8.2　1982 年至 2010 年城市人口结构变动

城市分组（万人）	1982 年普查人数	%	2010 年统计人数	%
400 以上	21 064 749	14.50	66 698 055	20.01
200—400	22 695 533	15.63	39 441 406	11.83
100—200	31 622 467	21.77	53 341 642	16.00
50—100	33 214 313	22.87	63 199 719	18.96
30—50	19 514 888	12.74	46 717 000	14.02
10—30	16 739 426	11.52	59 920 895	17.98
10 以下	1 401 695	0.97	4 012 822	1.20

迄今为止，衡量城市规模有立足经济、社会发达程度不同的多种指

① 1982 年数据（不含市辖县人口），参见《中国 1982 年人口普查资料》，中国统计出版社 1985 年版，第 54—55 页。2010 年数据（非农业人口），参见《中国人口和就业统计年鉴》（2011），中国统计出版社 2012 年版，第 295—302 页。

标。不过立足人口规模进行划分，具有综合意义，因而被普遍采用。不过由于各国人口规模相差很大，社会经济发达程度相差很大，而且人口数量、规模是不断变动着的，所以并没有一个统一的、固定不变的标准。结合我国实际并联系国际社会运用较多的划分标准，提出以下五种城市类型划分和相应的指标。小城市，居住人口在50万以下；中等城市，居住人口50万至100万；大城市，居住人口100万至200万；特大城市，居住人口200万至400万；超大城市，居住人口400万以上。考虑到以实际居住地和从事劳动的性质区分城乡人口本意，考察中国城市规模结构，更应以常住人口为主，而不是以农业人口与非农业人口作为区分标准。而且，许多省、市正在进行户籍制度改革，核心是取消农业与非农业人口旧的划分观念，实行以统一的常住人口居民身份证制度。因此，有必要列出按照常住人口划分的城市规模结构，考察城市规模结构变动的趋势。以常住人口划分的城市规模结构变动，2010年400万以上超大城市人口达到99 927 015人，占全部城市人口提升至15.68%。200万至400万特大城市人口达到77 199 472人，占12.11%。100万至200万大城市人口达到205 543 489人，占32.25%。50万至100万中等城市人口达到194 173 011人，占30.46%。50万以下小城市人口达到60 481 091人，占比9.49%。[①] 此与表8.2比较，超大+特大+大城市人口达到的数量增加很多，占城市人口比例提升很多。一反城市化以小为主、过渡到以大为主特点明显。为什么会出现向以大为主的转变？原因有多种，最根本的一条，是农业与非农业人口是历史遗留下来的划分方法和标准，区分的主要标准是依据是否吃国家按定量标准供应的商品粮。此标准早已失去实际意义，与居民实际居住、就业相分离，在统计上则出现较大落差。2017年全国人户分离人口2.91亿，其中流动人口2.44亿，大部分为农村流入城市人口。现今以非农业人口划分、将事实上生活居住在城市的人口排除在外，是不合理的和可能引发一定偏差的。

---

① 资料来源：《中国人口和就业统计年鉴》(2011)，中国统计出版社2012年版，第287—294页。

既然事实上我国城市化早已步入以大城市为主导的第二阶段，就要在方针政策上为其开启绿灯，进行相应的改革。改革的方向，是变进城农民为市民。即取消农业人口与非农业人口划分，按现行实际居住、工作地进行户口登记，一律登记为常住人口，发给居民身份证，按居民身份证实行人口属地管理。同时笔者认为，应从观念上摆脱“城镇化”思想束缚，认识以大城市为主导是城市化推进到第二步以后必然的发展趋势，尽可能地发挥大城市、特大城市和超大城市功能，释放出主导、中心、辐射功能。这是推动城市化健康发展的需要。

党的十八届三中全会通过的《中共中央关于全面深化改革若干重大问题的决定》提出“推进农业转移人口市民化”，笔者以为这是城市化进程中的当务之急，当前的改革应当由此而切入。

首先，这是城市化必须解决的现实问题。改革开放以来，人户分离人口不断增加，农业转移人口增长更为迅速，“民工潮”一浪高过一浪。依据国家统计局公布的数据，2018 年全国居住地和户口登记地不在同一个乡镇街道且离开户口登记地半年以上的人口，即人户分离人口为 2.86 亿，其中流动人口 2.41 亿。显然，如此众多人口处于流动状态，终非长久之计。到头来不是回到农村，就是留在城镇。我们应当对留在城镇者，予以支持，尽快将他们转变为市民。

其次，这是城市化发展的需要。城市化在承接信息化、工业化和促进农业现代化方面具有不可替代的地位和作用，以人为核心的城市化，关键是产业和城镇发展的融合。实践证明，以农业劳动力为主的农业转移人口能够留在城镇，变为同原来城镇居民一样的市民，城市化对经济的拉动就会以消费为主；相反，以“两栖”式为主的流动式城市化，对经济的拉动就主要以投资为主。大批农民工建造好楼房、道路、水电等基础设施后，转战其他地方再行建造，扮演与城市发展无关的建造者角色。这是为什么进入 21 世纪以来，城镇化主要彰显对投资拉动作用的根本原因之一。

再次，已经有了比较成熟的做法和经验。近年来，广东等地开展变农业转移人口为市民试验，特别是中小城市和乡镇的试验，取得比较成功的经验，实行起来也比较容易。主要的做法和经验，是坚持平等市民待遇，由浅入深、逐步推广、逐渐完善。对此，《中共中央关于全面深化改革若干重大问题的决定》给出具体的政策和方针，由此切入和进行改革，也就有了更为可靠的依据。

第二节　孩子成本—效益新变动

进入后人口转变尤其进入 21 世纪以后，中国人口经历数量、素质、结构的巨大变动，直接的原因，在于孩子成本—效益发生根本性质的改变。即由多生多育到少生、优生、优育和优教，由此引起的人口结构的改变。因此，认识、驾驭 21 世纪人口变动发展新态势，还必须了解孩子成本—效益理论的由来和发展，掌控孩子成本—效益变动趋势，科学估量对人口数量、素质、结构变动的作用和影响。这是制定和调整人口政策必修的一门功课，也需要在理论与实践相结合实践中，把握和进行创新发展。

一、关于孩子成本—效益理论

生育率（fertility rate）的变动，在本原上是由妇女生育子女生理的能力——生育力——决定的。但是在一般情况下，妇女的实际生育水平达不到生育力的上限，这可从妇女的终身生育率、总和生育率、一般生育率、年龄别生育率等看出来。发生这一情况，一方面有人类自身的原因，特别是妇女自身有无妨碍生育的疾病，体质的强弱，以及环境等因素的影响；另一方面随着经济、科技、社会的发展和进步，避孕药具的大量生产和质量的不断提高，使人们愿意生育子女数量的选择成为轻而易举的事情，开辟了通向自己决定生育子女数量的自行选择道路。正因为这样，才在经历了第二次世界大战后的一段小小生育高潮之后，迎来世界生育率长期、缓慢、持续下降的变动。这一过程反映的本质，是人们逐渐由追求孩子的数量，转变到追求孩子质量的转变。关于中国 20 世纪 70 年代以来的生育率和出生率下降，人们可以随口说出：这是经济发展、社会进步的结果。不是吗？社会经济发展越快、达到水平越高的国家和地区，生育率和出生率下降就越快，有些已经实现零增长或负增长；相反，低收入国家至今仍处于高出生、高增长阶段。当今世界人口的继续增长，主要是发展中国家特别是低收入国家和地区人口过快增长的结果。然而，为什么经济发达国家人口出生率和增长率很低，忧虑的是人口老龄化、人口和劳动力不足问题；而经济不发达的发展中国家尤其是低收入国家和地区，人口出生率和增长率长期居高不下，忧虑的是人口和劳动力过剩呢？显然，从经济、科技、社会发展水平到生育水平、人口变动之间，有着一根连接的链条，这个连接的链条就是孩子的成本—效益理论及其实践。

人口与社会经济发展之间的关系，是经济学等研究中很早引起重视的交叉学科之一。从古典学派威廉·配第（William Petty）的《赋税论》，至庸俗经济学马尔萨斯（Thomas Robert Malthus）的《人口原理》，都对人口与经济之间的关系做过许多阐述。马克思和恩格斯则对当时的一些相关研究做出不同的评价，阐述了人口与经济之间“两种生产”的唯物辩证关系。然而受到时代的限制，特别受到缺少生育率长期持续下降实践的时代限制，不可能做出生育率下降以后更深入一步的分析。历史推进到19世纪末20世纪初，一些发达国家率先实现了生育率下降，迎来一次死亡率下降之后生育率长期下降的新的生育革命，为人口科学发展提供了新的实践，西方人口学尤其是人口经济学蓬勃发展起来，创立了主要是关于生育率、死亡率、人口迁移、人口转变、家庭、适度人口以及社会学派、数理学派的人口学说。人口增长经济理论，主要有英国经济学家凯恩斯（J. M. Keynes），分析资本需求取决于人口、生活水平和资本技术三因素，出生率、人口增长率下降会导致资本有效需求不足和经济危机。美国经济学家汉森（A. H. Hansen）等人，将经济的停滞归结为人口增长的停滞，人口和劳动力的变动成为决定经济增长的直接因素。发展经济学家代表人物刘易斯（W. A. Lewis）、库兹涅茨（S. Kuznets）、舒尔兹（T. W. Schultz）等，都十分重视人口变动与经济成长的关系。然而在上述研究中，人口与经济发展的宏观研究居多，微观相对不足。有的研究，如马尔萨斯人口论、适度人口论，主要限于宏观；有的研究，主要立足宏观，如人口转变理论和人口增长理论。有的同时涉及宏观和微观，如库兹涅茨、舒尔兹等的研究。大致的情况是，20 世纪 50 年代以前关于人口与经济发展之间关系的研究，主要侧重在宏观方面，微观方面的研究有限；50 年代以后，人口与经济发展微观方面的研究得到加强，某些研究取得突破性进展。在这诸多学说中，生育率学说占据主导地位。这是因为，一方面由人口学本身的特点所决定，生育是人口再生产的起点，比起死亡率变动等其他因素说来，对人口规模和结构变动更具有原创性质，起到决定性作用；另一方面生育率变动同经济、科技、社会发展紧紧联系在一起，更充分地展现出人口学的边缘学科性质。经济、社会、数理学科的发展大大促进了生育率问题的研究，提出了新的理论框架和运行模型。20 世纪马歇尔(A. Marshall)《经济学原理》一书的出版，在阐述生产费用和边际费用时，确立了均衡价格理论及其均衡分析方法；兰德里（A. Landry）和汤普森（Warren Thompson）在创立人口转变理论时，已将生育率转变同社会发展联系起来，这对后来的生育率微观分析产生较大的影响。不过，其中理论体系比较完整、影响比较大的，还是孩子成本—效益理论。主要代表人物和学术观点概述如下。

莱宾斯坦（H. Leibenstein）的孩子成本—效益理论。20 世纪 60 年代后期莱宾斯坦在哈佛大学任经济学教授，兼人口学研究客座教授。他的孩子成本—效益理论，主要体现在 50 年代发表的《经济——人口发展理论》和《经济落后与经济增长》，70 年代发表的《超经济人》和《超经济人：经济学、政治学和人口问题》等论著中。其基本的理论观点和框架结构是：家庭规模的确定由父母对生育子女的选择完成，而对子女生育与否的选择取决于该孩子预期的成本与效益的比较。孩子成本可分作两部分：直接成本，即从母亲怀孕到将孩子抚养成长到生活自立时为止，在孩子身上所花费的衣、食、住、行、医疗、教育、婚姻等的费用，亦即花费在孩子身上的直接的货币支出。间接成本，即母亲因怀孕、妊娠和哺乳期间损失的工资，父母（主要是母亲）因照看孩子耗费的时间而丧失受教育，获取更有利于工作的岗位、升迁晋级等机会而损失的收入。亦即因抚育孩子花费时间而失去的带来收入的机会，因而又称之为机会成本。它与直接成本货币支出不同，表现为时间支出的间接成本。

显然，家庭和父母要生育某个孩子付出一定成本不可避免，但这不能构成生育的动机．生育的动机在于从孩子那里取得预期的效益。莱宾斯坦从六个方面，阐明孩子可能提供的预期效益。

一为劳动—经济效益。孩子经过少年阶段之后成长为劳动力，可为父母和家庭提供劳务，或者从事一定的职业劳动为家庭直接提供经济收入。

二为养老—保险效益。在经济不够发达国度，由于社会保障事业不发达，老年经济保障和生活服务不得不在颇大程度上依赖子女，子女天然具有老年保障潜在功能。

三为消费—享乐效益。孩子作为“耐用消费品”，具有满足父母感情和精神上需要的功能，可以给父母家庭带来天伦之乐一类的效益。

四为承担家业兴衰的风险效益。孩子不仅一般地具有劳动—经济效益，而且该预期效益大小同未来家庭经济风险相关联。一般说来，孩子预期效益越大，承担风险的能力就越强；孩子预期效益越小，承担风险的能力就越弱。

五为维系家庭地位的效益。大多数发展中国家，父母将家庭的繁荣昌盛同生儿育女“多子多福”联系起来，包括继承父母遗产，长期将家庭地位维持下去并使家业得以扩大；也包括承担家族和社会的义务，使家庭在这类活动中占有应有的地位。

六为家庭安全保卫的效益。立足于众多家庭之林，一个家庭人丁兴旺、人口众多，是一个带有基础性的条件。家庭人口和子女多一些，这个家庭安全保障的系数就高一些；相反家庭人口和子女少一些，这个家庭安全保障的系数就低一些。孩子对家庭安全保障有一种接续和扩展效应，从发展上看，随着子女的多少而增减是必然的。

莱宾斯坦指出，孩子的成本同收入成正相关关系，直接成本随着收入增加而上升十分明显，间接成本或机会成本也因时间的价值增殖而上升。孩子的效益呢？除消费—享乐效益变动不够明朗，与社会经济发展相关程度不高外，其余大致呈下降的趋势。特别是孩子的边际劳动—经济效益呈下降的趋势：随着经济的发展和家庭收入的增加，技术的不断进步，孩子质量特别是受教育程度的提高，养育孩子的边际成本特别是质量成本大大提高了。相对而言，孩子提供给父母家庭的劳动—经济效益不是升高而是下降了。孩子提供给父母家庭的养老—保险效益也呈下降趋势：由于经济的发展和收入的增加，社会和家庭储蓄增加了，社会能够举办包括老年保险在内的更多的福利事业，建立起比较完备的老年社会保障体系；劳动者也有条件在退休之前，拿出一部分积蓄作为老年保险。在实践中，这种社会的和家庭的保险往往结合在一起，形成社会与家庭互相补充的养老保障制度和养老保障体系，使孩子的养老—保险效益相形见绌，呈下降趋势。其他如继承家业兴衰的风险效益、维系家庭地位的效益和家庭安全保卫的效益等，也都程度不同地呈下降的趋势。莱宾斯坦还考察了家庭类型中核心家庭比例上升、人口城市化、死亡率下降、妇女受教育程度的提高、父母对男孩子性别偏好的减退、传统观念的淡化、各种避孕药具的推广使用等社会因素在生育率下降中的作用，总体上是有利于孩子提供给父母家庭的效益减少和减弱趋势的。不过最基本的因素，还是经济发展的决定性作用。他依据每户的平均收入划分成不同层次的社会经济群体进行研究，结论是：发展中国家正由农业型向工业型转变，孩子的直接成本和间接成本随着这种转变而上升。除孩子消费享乐效益外，其他效益随着这种上升转而下降，尤其是劳动—经济效益、养老—保险效益下降最为显著。

贝克尔（Gary. S. Becker）的孩子数量质量替代理论。G. S. 贝克尔在莱宾斯坦研究的基础上，向前发展了孩子成本—效益理论，建立起孩子数量与孩子质量相互替代的理论和理论模型。贝克尔先是就读于美国普林斯顿大学，后获芝加哥大学经济学博士并长期任教，与著名经济学家 M. 弗里德曼、T. 舒尔茨等一起构成颇具影响力的芝加哥经济学派。他应用经济学理论和方法研究人口问题，成为独具一格的人力资本专家。在《生育率的经济分析》《人力资本》《家庭论》等著作中，阐述了他对生育率经济分析的系统理论。他将家庭劳动力置于市场之中，运用消费需求理论阐述家庭生育决策，做出创新性研究。他借鉴无差异曲线理论、消费者均衡理论等经济学理论，将其应用到家庭对孩子的需求研究上，提出并论证了孩子净成本概念。它等于家庭为某个孩子预期支付的直接成本加上父母时间间接成本（通过影子价格），减去孩子提供的预期收入现值和劳务的现值。指出，若孩子的净成本为正值，说明孩子对家庭父母提供的效益不足以补偿家庭付出的成本，这样的孩子对父母说来只相当于一般的耐用消费品，父母从孩子那里取得的是心理上的效益，不能带来价值增殖。若孩子的净成本为负值，说明孩子对家庭父母能够提供追加的大于成本的效益，这样的孩子对父母说来是相当于耐用生产品，能够带来价值增殖。通过对建立的模型分析，说明前者不为家庭父母所需要；后者能够带来价值增殖，才是家庭父母所需要的。在动态意义上，若孩子相对价格上升，对孩子数量需求减少；若孩子相对价格下降，则对孩子数量需求增加。结合实际，指出随着经济的发展和人均收入的增加，劳动力特别是女性劳动力的市场工资率明显上升了，而非市场活动时间的影子价格可以近似地等同于市场工资率，因而也导致孩子相对价格的上升。随着农业现代化的推进，乡村儿童就学时间延长，也直接导致孩子相对价格的上升。由于孩子数量弹性小于孩子质量弹性，人们的选择偏好更倾向于孩子的质量，发生以高质量取代多数量的替代转变。这种替代成为现实可能的决定因素，是避孕技术的引入，它使人们按照自己的意愿进行生育成为可能。在家庭收入一定条件下，孩子数量与质量是一种负相关关系。家庭为了追逐效用最大化，自然选择以增加孩子质量成本替代孩子数量成本，因而才有随着经济发展和收入增加而来的生育率的大幅度下降。

伊斯特林（R. A. EasterLin）的供给需求理论。莱宾斯坦和贝克尔等主要从家庭对孩子的需求角度，运用成本—效益理论阐述人们的生育行为和生育子女的数量。美国南加州大学 R. A. 伊斯特林教授在这样的分析基础上，加进孩子的供给和生育控制成本两个变量，发展成为生育决策的供给—需求理论。关于孩子的供给变量，是指不受外来因素影响条件下父母生育子女数，决定于父母的自然生育率和子女的存活率。关于生育控制的成本变量，包括因采用控制手段而付出的经济成本；同时包括因采取节育措施，克服精神障碍而付出的心理成本。在不考虑生育控制成本情况下，若孩子的供给小于对孩子的需求，如农业社会那样，不发生生育控制要求；若孩子的供给大于对孩子的需求，便发生生育控制的要求。有了控制生育的要求，伊斯特林指出生育控制成本的影响是一个值得重视的变量。他认为，发达国家生育控制成本已趋于零，而婴儿和儿童死亡率大大下降后，亦即由于子女存活率的提高而加大了孩子的供给，使节育普及，生育率保持相当低的水平。相反，发展中国家生育控制成本一般相对较高，婴儿和儿童死亡率也较高。即由于子女存活率相对较低而减少孩子的供给，节育的普及程度也要差一些，生育率常常居高不下，尤其是经济和文化发展水平很低的国家和地区。

考德维尔（J. C. Caldwell）的财富流理论。澳大利亚国立大学著名人口学家考德维尔教授，在上述孩子成本—效益学说基础上，通过考察不同类型社会父母与子女财富的流向和流量，提出“代际财富流”理论。考德维尔所说的财富不仅包括货币和财产，而且包括提供劳动和服务，这在代际之间是不可忽视的。为了说明问题的实质，考德维尔提出净财富流概念，即父母与子女之间财富净流向和净流量。分析表明，在工业化以前的传统社会，由于养育孩子成本低廉，但是却具有明显的劳动—经济效益、养老—保险效益等，因此净财富主要是由子女流向父母。而在工业化以来的现代社会，由于必须把孩子培养成为有一定文化和专业技能的劳动力才能就业，父母对孩子投资主要是对子女的教育投资大量增加，期望以此能从子女那里获得相应的效益；然而商品和市场经济发展的结果，孩子的独立性大为增强，家庭规模日益缩小，使得净财富主要由父母流向子女。于是人们的选择偏好，便由追求孩子的数量转向追求孩子的质量，导致生育率的不断下降。

伊斯特林和考德维尔向前发展了莱宾斯坦和贝克尔的孩子成本—效益理论。有人认为伊斯特林否定了贝克尔的理论，其实不然。无论伊斯特林还是考德维尔，尽管他们研究问题出发点和角度不同，纳入视野范畴宽窄有别，得出的结论自然呈现某种差异；但其基本的理论框架，都离不开生产某边际孩子所花费的成本的变动趋势，即孩子成本随着家庭收入增加、技术进步和社会发展而提高的趋势。亦即家庭规模和生育率，怎样受到收入效应、价格效应、替代效应等的制约和影响。所以可将他们的生育率理论归结到孩子成本—效益理论这一主线上来，是符合逻辑的。他们的理论是从不同的视角，对这一理论做出的阐释。

二、社会附加孩子成本—效益理论与实践

1. 社会附加孩子成本—效益理论。

自由竞争的市场经济和生育决策纯属家庭的自主行为，是西方孩子成本—效益理论得以通行、左右家庭生育行为的前提。然而第二次世界大战后，发展中国家政府干预生育行为的政策越来越明显，许多国家制定了旨在控制人口增长的计划生育政策，并且取得一定成效。这就给西方孩子成本—效益理论出了一道难题，这些经济尚不发达国家的生育率下降的原因何在，用什么样的理论解释？中国就是这样的典型。从1971年至1981年，总和生育率由5.44下降到2.63，下降幅度达51.7%，即十年间下降一半有余，这在世界人口史上实不多见。在此期间国民经济和人均收入有所提高，按当年物价计算的人均国民收入由247元增加到396元，增长60.3%；扣除物价上涨因素影响后，实际增长46.2%，还不抵生育率下降的幅度为大。[①] 当时中国经济发展处于从饥馑型向温饱型过渡的低水平阶段，家庭孩子成本—效益处在净成本为负值阶段，多生育孩子还有着明显的经济效益，不可能发生有利于生育率下降的倾斜。1981年至1991年，按当年价格计算的人均国民收入由396元提高到1401元，增长2.5倍；按可比价格计算增长1.1倍[②]，为此前四十多年来经济和人均国民收入增长最快的十年。在人口方面，总和生育率仅由2.63下降到2.01，下降幅度为23.6%，与人均国民收入增长相差很远。对此，国内外做出种种不同阐释：有的认为是社会经济发展的必然结果，与现行的生育政策没有多大关系；有的认为，既同社会经济发展有着必然的联系，也同现行的生育政策有着一定的关系，是二者交互作用的结果；较多的人认为，虽然改革开放十多年来中国经济获得迅速发展，但是总体发展水平还不够高，不足以引起生育率下降如此之快，达到的水平如此之低，因而主要是实施了较为严格的控制人

① 资料来源：中华人民共和国国家统计局编《中国统计年鉴1986》，中国统计出版社1986年版，第53页。

② 资料来源：中华人民共和国国家统计局编《中国统计年鉴1992》，中国统计出版社1992年版，第32—33页。

口增长政策的结果。然而正确的阐释必须符合实际，需要相应的社会实践作支撑；然后再上升到理论，坚持实践——理论——实践唯物主义认识路线。按照中国政府和联合国人口基金达成的CPR/90/P06协议，由中国社科院人口研究所牵头并协调河北省社科院人口研究中心、辽宁省计生委、上海市社科院人口研究所等单位，笔者主持全国十省、市家庭经济与生育抽样调查，取得一批第一手完整数据资料。在此基础上，借鉴西方孩子成本—效益理论科学成分，对抽样调查得来的数据进行分析，并上升到理论研究范畴，提出并阐发了社会附加孩子成本—效益理论。按照分析从实践到理论、即从具体到抽象；阐发从理论到实践，从抽象到具体的思维路径和范式，做出以下阐发。

“社会附加孩子成本—效益”概念。定义为，按照一定的社会规范（包括人口生育政策），因超过或不足规范（政策）规定的上限或下限，而增加或减少的孩子成本与效益。就当今中国实际而言，个体家庭增加的主要是为超生子女费付出的孩子成本，得到的主要是独生子女奖励费增加的孩子效益。就当今世界现状而言，主要是前一种以控制人口增长为目的的人口政策，从而增加的超生子女成本：后一种以鼓励人口增长为目的的人口政策，从而增加的多生子女的效益。这两种情况同时存在，这是由不同国家、不同时期人口问题性质、规范不同决定的。

“社会附加孩子成本—效益”理论构成。具体可分为增加或减少成本、增加或减少效益四种情况。结合中国实际，具体体现在：

一是增加某边际孩子成本。如中国实行的对超生子女父母征收一定数额的计划外生育费。

二是增加某边际孩子效益。如中国实行的独生子女奖励费，奖励现金或实物。

三是减少某边际孩子成本。如中国独生子女奖励费，既是增加该子女的边际效益，也是减少家庭对该子女的边际成本。而且“奖励”不仅主要为货币，一些地方还实行若干辅助形式的奖励，如城市独生子女入托、入学、就业，农村独生子女宅基地分配等的优惠政策，均减少了家庭边际孩子成本支出。

四是减少某边际孩子效益。如向超生父母征收计划外子女费，就是该边际子女对家庭效益的减少。而且除超生子女费外，有的地方还实行城市入托、入学，农村宅基地分配、户口农转非等的滞后政策。这些政策都作用于所生孩子的成本——效益，彰显社会附加孩子成本—效益的综合性质。

增加或减少社会附加孩子成本—效益，不限于物质层面，还会外溢到精神层面。这是需要特别关注的。奖、罚都可外溢到精神层面，从而形成孩子成本—效益中间接的精神成本或心理成本，精神效益或心理效益。如计划外生育除向该超生子女父母收取一定数额的计划外生育费外，还要进行批评教育，情节严重者要作一定的行政处理，使超生子女父母承受一定的名誉损失，为该超生子女付出更多一些的精神成本或心理成本。领取独生子女光荣证的父母，许多单位将他（她）们列入工作业绩考核之中，成为评选先进工作者的重要一条。而实行“一票否决制”的地方，将超生列为最重要一项，即使其他工作成绩再优秀，也会因为没有完成人口计划指标而不能进入先进行列。

社会附加孩子成本，亦可称之为直接社会附加孩子成本；社会附加孩子效益，亦可称之为直接社会附加孩子效益。精神层面社会附加孩子成本，亦可称之为间接社会附加孩子成本；精神层面社会附加孩子效益，亦可称之为间接社会附加孩子效益。它们之间是同一个问题的两个方面，是相互作用、相辅相成、相互促进的辩证统一。在一个讲政治、讲道德、注重声誉的国家和民族，精神层面社会附加孩子成本—效益不可忽视，其对实现政策目标和要求的作用不可小觑。

2. 社会附加孩子成本—效益实践。

前面提到，笔者提出社会附加孩子成本—效益理论，是在社会实践基础上形成并抽象出来的理论概括。阐述则倒了过来，是先抽象、先阐述理论，后具体、后阐述实践。这样做的好处，主要是逻辑层次比较清楚，阐述更符合逻辑思维。

20 世纪 80 年代末 90 年代初，在联合国人口基金援华第三周期即将开始之际，根据中国政府和联合国人口基金达成的 CPR/90/P06 协议，由中国社科院人口研究所牵头并协调河北省社科院人口研究中心、辽宁省计生委、上海市社科院人口研究所、杭州大学人口研究所、山东省社科院人口研究所、江西省社科院人口研究室、广东省社科院人口研究所和省统计局城市调查队、陕西省社科院人口研究所、四川省社科院人口研究室、贵州省社科院经济研究所等单位，于1992年上半年进行并完成上述十省市家庭经济与生育的抽样调查，取得第一手数据资料。依据这次抽样调查取得的结果，对中国家庭经济与生育、孩子成本—效益变动等，研究理出一条比较清晰的脉络，看出社会附加孩子成本—效益带有规律性的变动。也是笔者阐发社会附加孩子成本—效益理论的实践起点和来源。

本次抽样调查取得一批比较完整的数据。其中最为突出和与当前人口政策关系最为密切的，主要有以下几点。

一是孩子效益构成。全国加权汇总各种孩子效益所占比例，分别是：能够提供劳动—经济效益，主要是能够向家庭提供经济收入的占17.6%；能够提供养老—保险效益的，占20.5%；能够提供精神—享乐效益的，占24.2%；能够提供延续—扩展效益的，占15.5%；能够提供继承—风险效益的，占8.5%；能够提供安全—保卫效益的，占13.9%。6种效益中，以能够提供精神—享乐效益和养老—保险效益所占比例为高，二者均超过20%。这表明，20世纪90年代初期，孩子提供的效益还具有典型发展中国家特征。

二是家庭收入效应。在全部孩子效益中，虽然孩子提供的劳动—经济效益，主要是为家庭提供劳务和经济收入不及精神—享乐效益和养老—保险效益，但仅次于二者而居于第三位，成为家庭经济收入来源之一，在农村尤为突出。全国加权汇总的农村不在学分居子女提供的家庭经济效益中，年平均提供47元对应的是月收入在25元以下家庭，提供90元对应的是51～100元家庭，提供215元对应的是101～200元家庭，提供196元对应的是201～300元家庭，提供348元对应的是301～400元家庭。总的趋势是子女提供的经济效益越高，对应的家庭收入也越高。在孩子提供效益来源结构上，同孩子成本有类似情况，即有非农收入比无农收入要高，本调查平均高出90元；不同性别孩子提供的效益比较，男性要高出女性46元，差别比较明显。

三是职业结构效应。抽样调查表明，不同职业孩子提供给家庭的效益具有较大差别。如全国加权汇总的农村不在学分居子女向家庭提供的经济收入效益，最多为商饮服务业，年平均提供260元；其次为个体劳动者，年平均提供216元；再往下科技人员提供140元，办事人员提供125元，干部仅提供50元。究其原因，固然同孩子收入水平和提供的能力有关，也与孩子自身消费水平相联，以致收入水平不高的农林牧渔劳动者，却能够向父母家庭提供较多的经济收入效益。

其四，孩子净成本与孩子智力投资。调查和分析边际孩子成本—效益变动的目的，是为了找出家庭在进行生育决策时发动的动机，谋求改革的方向。这就需要将调查得来的孩子成本与孩子效益数据放到一起分析，运用贝克尔提出的孩子净成本理论方法。前已叙及，贝克尔的孩子净成本，等于家庭为某个边际孩子预期支付的直接货币成本，加上父母耗费的间接成本（时间，通过影子价格），减去该边际孩子提供的预期收入现值和劳务的现值。若净成本为正值，则该边际孩子仅相当于一般的一件耐用消费品，家庭只能从该孩子身上获得心理上的效益；若净成本为负值，则该边际孩子可相当于一件耐用生产品，可为家庭带来价值增值。这样，家庭便可根据边际孩子净成本预估，进行生育决策选择。由于十省市抽样调查边际孩子间接时间成本与可提供的劳务性效益比较接近，故在边际孩子成本—效益比较进行净成本计算时，舍去了时间成本—效益这一层。结果显示，在城市，孩子净成本为正值已经很明显；在农村，也开始了孩子净成本由负值向正值的转变。例如，1991年全国农村分居子女家庭平均向子女提供139元，子女平均向家庭提供148元，净成本为负9元。这说明，孩子能够为家庭提供的劳动—经济效益，已经降到很低的程度。

值得提出的是，该调查全国加权汇总资料表明，农村不在学分居子女中，职业为农林牧渔者，仅以当年家庭支付的直接货币成本与该子女提供给家庭的货币收入效益相比较，效益高于成本即净成本为负50元。这说明，在农村不在学分居子女净成本为负值仍有一定空间。为什么呢？因为农林牧渔业技术构成低，因而将孩子培养成这种劳动力花费的成本也比较低；又因为技术构成同吸收劳动者的弹性成反比，技术构成越低吸收劳动者弹性越大，发挥效益越早、越显著，从而形成孩子净成本的反差。这种不利反差对生育构成足够的刺激，成为经济技术落后并以经营农林牧渔为本业的地区生育率居高不下的内在原因。改变这种状况的根本途径是发展经济，推动技术进步。一方面，经济发展起来和技术构成提高以后，对劳动者文化和技术水平的要求提高了，家庭收入的增加主要不是依靠劳动者数量而是依靠其质量，遂使边际孩子对家庭的劳动—经济效益下降；同时经济发展和劳动生产率的提高导致社会财富的增多，国家和社会有能力举办更多养老保障事业，劳动者个人和家庭也有条件为养老而储蓄，边际孩子的养老—保险效益也大大下降了。其他如孩子继承家业兴衰的风险效益等，也有不同程度的下降。另一方面，发展经济带动技术进步，技术进步推动经济发展，使家庭明确意识到只有对孩子进行必要的智力投资才能有效益，于是孩子成本主要是用在教育上面的质量成本，上升相当迅速。孩子成本—效益如此一升一降，促使家庭由投入孩子的数量成本向质量成本转移，生育模式相应由多生多育过渡到少生优育优教，生育率持续下降。迄今为止，发达国家经历的经济发展和生育率下降的轨迹，充分说明了这一点。中国改革开放以来经济发展和技术进步达到水平较高地区的成功实践，也证明了这一点。因此，发展经济是通向生育率下降的坦途，已是被中外实践证明了的普遍规律。

这样说，并不等于让经济发展“自然而然”地解决人口问题。由于中国人口多、资源相对不足、经济发展水平不够高等基本国情决定，中国人口问题特别是人口数量控制问题的解决，不允许仅仅依靠发展经济“基础解决”，而需要采取“平行作业”的策略。即在大力发展经济，不断为生育率下降创造良好基础条件的同时，认真贯彻计划生育基本国策，运用行政的、经济的、立法的等手段切实控制人口增长。立足于孩子净成本变动视角，就是要大力推进由边际孩子净成本为负值向为正值方向的转变。《中国 1992 年家庭经济与生育 10 省市抽样调查报告》依据 20 世纪 90 年代初期的实际情况，提出调整脑体分配，鼓励智力投资的建议。当时流传着“拿手术刀不如拿剃头刀”“教授的笔杆赶不上小商小贩的秤杆”一类分配不公或“脑体倒挂”现象。这不仅对国民经济发展和现代化建设产生不利影响，而且对控制人口增长、实现孩子净成本由负值向正值转变十分不利。该抽样调查表明，全国加权汇总的农村分居子女按受教育程度划分与家庭经济往来中，文盲和半文盲净成本为负 9 元，小学为负 20 元，初中为负 48 元，高中为正 78 元，大专以上为正 227 元。按照考德维尔的“代际财富流”理论，出现了初中以前净成本为负值，高中以后净成本为正值的情况，表明家庭在孩子身上智力投资越多，财富越是由父母流向子女的反常现象。这是严重妨碍生育率下降的不利倾斜，扭转这一倾斜要有一个大的政策：遵循复杂劳动是简单劳动倍加的原则，真正实现按劳取酬，提高脑力劳动所得，确保家庭用在孩子身上的教育成本能够带来相应或追加的经济效益。诱导人们的选择偏好，由追求孩子的数量转变到追求孩子的质量，由投入孩子的数量成本转变到质量成本。

第三节　后人口转变的理论与实践

上述中国人口和孩子成本—效益变动新态势，放到人口转变一盘棋上考量，是人口转变特定阶段——后人口转变阶段的表现，展示的是后人口转变的内涵、特征和特点。这些内涵、特征和特点表明，目前已推进到后人口转变中期并将继续推进下去。后人口转变同人口发展战略一起，构成人口政策运行的两大人口域境。因而需要从理论与实践结合上，对二者首先对后人口转变的理论与实践做出阐释。

20 世纪 80 年代初，中国社科院一行五人赴西欧、北美、日本等国以及联合国总部等相关机构进行人口学研究考察，发现这些机构研究的课题大都是发展中国家的人口问题，尤其是亚洲、非洲、拉丁美洲人口增长过快、人口与经济、社会发展矛盾问题。他们认为，欧、美、日等发达国家人口转变已经完成、过渡到后人口转变阶段，除法国等研究如何提高生育率和增加人口——但却收效甚微外，其余似乎没有多少可以研究的问题了。只好转身面对发展中国家，研究发展中国家人口增长过快、生育率过高、人口膨胀带来哪些问题，对全球人口与资源、人口与环境等会造成怎样的影响，出路在哪里、怎样解决等。

正是在这样的国内外背景下，党的十一届三中全会的召开和实事求是思想路线的恢复，开始了人口理论的拨乱反正。研究重点首先锁定在人口数量变动和增长趋势上。这样的研究指向，无疑抓住了当时的主要矛盾。问题在于，此后三十多年以数量控制为主导的人口政策和人口变动，情况在不断地发生变化，认识也随之前行。根据联合国的预测，2030 年前后印度将取代中国成为世界第一人口大国，中国将心平气和地退居次席。国内外大同小异的预测表明，2030 年前后全国人口达到 14 亿至 15 亿时，即可实现零增长，其后转而出现减少趋势。在人口数量这种变动过程中，人口年龄结构以比较快的速度和稳健的步伐向前行进，城镇人口以类似的频率不断增长，人口体能健康素质、智能科教素质和素养文明素质也以近似的速率向上提升，从而形成人口变动和发展新的态势。因此，观察当前和未来中国人口的变动和发展，就不能把立足点一直放在人口数量变动上面，而要逐步实现战略重点的转移，首先向全面提升人口素质为主导的战略重点转移。提升人口素质是一个永恒性命题，只是后人口转变阶段更为突出、更加强调而已。调整人口年龄、性别以及城乡、地域等结构，则是常态性问题，后人口转变阶段对这些问题的重视程度也提升了。所有这些都涉及后人口转变理论、影响和对实际人口转变的意义。因此，随着后人口转变实践的深入，理论研究与时俱进地活跃起来。

20 世纪 90 年代以来，我国学术界先后有几位学者提出并论证了我国已经进入“后人口转变时期”。同时，也有学者对此提出质疑，担心弄不好可能造成某种误导。笔者以为，这是一个很好的学术讨论，既没有那种攻其一点不及其余的指责，也没有隐含在扣帽子、打棍子下面的人身攻击，而是通过学术切磋，取长补短，共同提高，达到促进研究深入的目的。它打破了多年来学术界有争论，却无深入讨论的尴尬局面，应当提倡。不过讨论一阵以后，似乎又停了下来，仍有不深不透之感，需要继续进行深入一步的研究。譬如，国际社会对于后人口转变是怎样研究和论述的，概念的内涵和外延是什么，界定的标准是什么，向着哪个方向转变等，都有待讨论清楚。意见不一致不要紧，要弄清主要分歧点在哪里，一致之点是否存在，在哪里。特别是实质性问题上有哪些异同，以便求同存异，去伪存真，推动研究的深入。为此，不妨做一点理论探讨，弄清“后人口转变”的由来和演变。

一般认为，1909年法国学者兰德里（Adolphe Landry）在“人口的三种理论”中，在对欧洲人口出生、死亡演变的历史考察中，发现并提出了带有规律性的人口变动，即人口转变（The demographic transition）概念。其后，美国学者汤普森（Warren S. Thompson）突破欧洲考察局限，在更大一些的范围内做类似的研究，使人口转变具有了某些理论色彩。特别是诺特斯坦（Frank W. Notestein）提出“三阶段”的人口转变，使人口转变作为一种理论趋于成熟。布莱克（C. P. Black）则在此基础上提出“五阶段”人口转变，莱宾斯坦（Harvey Leibenstein）、柯尔（Ansley Coale）、考德维尔（John C. Caldwell）等做出更为广泛的考察和研究，有的将社会经济等因素引入其中，使这一理论处在不断深化和发展之中，至今也没有停止前进的步伐。虽然从这一理论提出时起就有不赞成声音存在，但是并没有止住这一理论的传播，各国各类人口学教材中，无不把人口转变理论作为人口学亘要的理论纳入和传授。一致的共识是，人口转变理论是在总结欧洲18世纪末至19世纪上半叶人口变动基础上，抽象出由高出生、高死亡、低增长到低出生、低死亡、低增长演变的规律。但是在阐述上有所不同，一种是由高出生、高死亡、低增长转变到高出生、低死亡、高增长，再由高出生、低死亡、高增长转变到低出生、低死亡、低增长，即重点放在“转变”上，从“转变”角度阐述出生率和死亡率变动的规律。另一种则把“类型”与“转变”结合起来，主要从“类型”上区分“转变”的进程，总结出“三阶段”“四阶段”“五阶段”不同类型的人口转变规律。尽管从“转变”和从“类型”角度的阐发有所不同，但是都以高、高、低开端，都以低、低、低收尾，所不同的是对中间转变过程的阐述。还有一种以A. 柯尔为代表的意见，认为高出生、高死亡、低增长，实为人口转变前的一种状态或类型；低出生、低死亡、低增长，实为人口转变后的一种状态或类型；由高、高、低向低、低、低的过渡或转变，才是真正“转变”意义上的人口转变。如此视人口转变中间只有一种类型，即转变到高出生、低死亡、高增长类型，则为人口转变“三阶段”论；如果视中间为两种、三种类型，即除高、低、高类型外，增加转变到较高出生、较低死亡、较高增长类型，或再增加较低出生、较低死亡、较低增长类型，则为人口转变"四阶段"论或"五阶段"论。然而不论中间的转变过程怎样划分，人口转变的结果，都是要步入低、低、低阶段或类型，则取得一致的认识。人口转变最后达到"三低"阶段或类型，是研究得出的一致结论。

那么，"后人口转变"是谁最早提出的呢？由于缺乏权威性材料，还难以断定。不过有文可查较早提出并做出一定阐释的，可以追溯到20世纪七八十年代。1973年A. 柯尔在《人口转变的再思考》一文中，提出人口转变前、转变中与转变后"三阶段"论，已含有"后人口转变"之意，即进入"三低"类型以后的人口转变。20世纪80年代理查德·李特（Richard Leete）在考察东亚和南亚人口变动时，指出这些地区的人口变动已经进入"后人口转变"(The post-demographic transion)时期。之后，"后人口转变"便时不时地出现在报刊和网络媒体上，逐渐引起人们的关注。我国学术界何人最先使用？有称罗淳最早提出和阐述了"后人口转变"，并且认为这是他学术生涯中"最为耀眼"的一笔。1992年《人口》杂志发表朱国宏文章《苏南模式：后人口转变时期》，文章标题即含"后人口转变"字样，自然文章内容少不了对后人口转变的分析。2000年和2001年，《南方人口》《中国人口科学》《人口研究》发表于学军、李建民专论"后人口转变"的文章，还有"再论"，也是较早阐发"后人口转变"的论文。同时《人口研究》和《中国人口科学》分别发表李建新、叶明德对"后人口转变"质疑的文章，阐述了他们对"后人口转变"的看法。其间还有一些文章发表，此不一一列举了。一时间，掀起一股"后人口转变"研究热。

然而这方面的讨论并没有进一步地深入下去，不久便偃旗息鼓了，致使许多问题一直悬在那里，主要包括以下几个问题。

第一，"后人口转变"概念问题。什么是"后人口转变"？已经发表的数篇文章，并没有给出明确的定义，而只是表明：中国人口在20世纪90年代完成了传统意义上的人口转变历程，开始进入低生育时期，所谓的"后人口转变"时期，作为一个概念，"后人口转变"的内涵和外延是什么，与传统的人口转变有什么异同，向哪里转变，沿着什么样的路径转变等，均没有做出明确的阐释，有的甚至没有涉及。为什么没有阐释和涉及，有的作者诠释说，是因为人们并不清楚未来人口将“转变”到哪里，只能由未来的人口历史学家来总结。

第二，衡量“后人口转变”的标准和标志问题。已经发表的文章给出总和生育率、平均预期寿命、出生率、自然增长率等指标，也提出每一个指标的标准值，超过或低于标准值即进入“后人口转变时期”。然而，为什么选择这些指标，这些指标的关联性、统一性、科学性怎样，指标体系如何构建，决定性的标志是什么等，则缺乏有说服力的阐述，许多文章还没有触及衡量标准和指标体系问题。

第三，中国是否完成原来意义的人口转变问题。“后人口转变”相对前人口转变，或一般意义、传统意义、人口学意义上的人口转变（以下统称“一般意义人口转变”）而言，自然进入“后人口转变”即表明完成了原来意义的人口转变。质疑的文章则指出：中国与已经进入“后人口转变”的西方国家不同，生育率降至更替水平以下不是自然形成而主要是政策控制的结果，背后还有诸多不稳定因素，不是经典意义上的人口转变。因而宣布中国已经进入“后人口转变时期”，不仅理论上经不起推敲，而且对实际工作可能产生某种误导（叶明德 2001）[①]。

第四，“后人口转变”理论和理论体系问题。“后人口转变”为什么会发生，发生后转变的轨迹怎样，向着什么方向转变，转变的终点在哪里，转变的结果怎样，对社会经济发展会产生哪些影响等，需要结合人口转变实际，发现和总结出其中的某些规律，抽象并上升到理论层面，形成后人口转变理论和理论体系。目前，距离这一步还差得很远，甚至可以说还没有起步。

第五，一般意义的人口转变与“后人口转变”的时间接续问题。一般意义上的人口转变进入“三低”阶段以后，是自动转入“后人口转变”，还是相隔一段时间、相隔多久以后才转入？认为我国已经完成一

① 参见叶明德：《对“中国进入后人口转变时期”的质疑》，《中国人口科学》，2001年第1期。

般意义人口转变的几篇文章，说明实现了“三低”转变的人口即进入了“后人口转变时期”。有的为了同自己设计的指标相衔接，或者认定某年份作为进入“后人口转变”起点之后再来协调几项指标，将进入“后人口转变”的起始时间定在1998年或20世纪90年代末期。然而这同生育率下降到更替水平以下的时间，则向后推迟了6年以上，这6年以上时间属于哪个“转变时期”？

不可否认，提出“后人口转变”概念又不能做出清晰的阐述，同我国人口进入“三低”阶段以来时间不够长，人口变动方方面面的表现还不够充分有很大关系。然而我们总不能提出概念却不做阐释和界定，把它一股脑地丢给后人，那样的研究工作还有什么意义，人口学研究的前瞻性又体现在哪里呢？其实，辩证法告诉我们，问题与解决问题的手段总是同时发生的。解剖问题发生、发展的来龙去脉，也就找到了解决的方法和路径。中国自1991年总和生育率下降到更替水平以下，至今已有二十多年的历史，虽然提供研究需要的资料还不够丰富，但是也有了一定的积累。而且，国际社会人口转变研究经过了一个多世纪，“后人口转变”研究也已走过几十年的路程，发表和出版了一批可供参考和借鉴的研究成果。因此，该项研究具备了一定的基础和条件，经过努力向前推进一步是有可能的。从中国人口变动和发展的实际出发，笔者赞同一般意义人口转变完成的判断。但是完成一般意义的人口转变之后“转变”指向何方，步入什么样的“转变时期”或“转变阶段”，则需要做出进一步的研究和论证。A. 柯尔提出的人口转变前、转变中和转变后“三阶段”理论，虽然笼统了一些，但从概念界定上来说，则是比较准确的，普遍适用的。1991年中国达到低生育水平以后，进入的就是这样的阶段。自20世纪70年代开始的“后人口转变”研究，指的是一个国家或地区的总体人口进入“三低”类型以后，经过一段较长时间的相对稳定，包括一定程度的继续增长或下降，过渡到零增长或接近零增长的人口变动。因为各国和各地区人口状况不同，特别是各个国家或地区经济、科技、文化、社会发展情况千差万别，人口变动闯入“三低”以后，可能出现继续保持原有水平、沿着低生育水平惯性力下降、经过反复震荡后转而上升等多种可能性。就欧洲等发达国家经历过的情况看，主要是沿着低生育水平惯性力下降并保持相对稳定。但是从可能性上说，就不止这一种情况，如今另外两种情况已有显现的蛛丝马迹。这里最重要的，是弄清人口生育政策因素的作用，这是研究进入“三低”类型以后的人口变动，需要格外关注的。

“人口转变”作为一种理论，同其他社会事物一样，总是不断发展的。1909 年兰德里提出的人口转变，是人口自然变动意义上的转变，是研究人口出生、死亡现象得出的带有规律性的描述，因而是具有统计性质狭义人口学的一个概念，是 demographic transition，而不是 population transition。之后的研究，相当长时间内也是沿着这一路径丰富和发展的，这是正宗的、传统的、通常和一般意义上的人口转变。但是，不同国家和地区人口转变呈现出颇大差异，这同各个国家和地区的人口状况，以及特定人口所处的经济发展水平、文化积淀、社会发展，包括人口政策在内等的关系。加上这些变量的研究和描述，成为具有发展意义广义人口学的人口转变（population transition）。李特以后的许多研究，都具有这样的特点。显然，讨论中国进入低生育水平以后的人口变动与发展，仅仅采用前一种一般意义上的人口转变是不够的。因为社会政策因素的作用和影响有增强的趋势，没有三四十年来的人口生育政策，特别是 20 世纪 80 年代以来大力控制人口增长、提倡一对夫妇生育一个孩子的政策，不可能如此之快地进入低生育水平国家行列。如前所述，1991 年中国生育率下降到更替水平以下，打开了通向“三低”人口的大门。如今，二十多年过去——低生育水平穿越一代人，应当说“三低”有了比较稳固的基础，反弹、大幅度升高不大可能——除非推行特殊的鼓励人口增长的政策。因此，中国已经处在“后人口转变阶段”或“后人口转变时期”，是符合实际、名副其实的判断。

结合中国实际，笔者将“后人口转变”定义为：生育率下降到更替水平以下，至少在一个人口再生产周期内，保持包括一定程度下降在内的生育率相对稳定的人口。这一定义，包括以下几层含义。

一是衡量进入“后人口转变”的标志。一般意义的人口转变，用出生率和死亡率的变动描述，反映出人口增长率由低到高、由高到低的变动规律。这一变动规律不仅对欧洲国家说来是适用的，而且具有普遍的意义，其他国家的人口自然变动也大同小异。毋需多加赘述，衡量人口自然变动的指标，就是出生、死亡、自然增长“三率”。描绘人口自然变动轨迹的，也是这“三率”的变动。但是，如果选择这“三率”作为直接衡量人口转变的指标，例如有的文章选择出生率等于或小于16.5‰、自然增长率低于10‰作为进入“后人口转变”的标准，就会带来难以解说的麻烦。因为出生率、死亡率和自然增长率，是某年份出生、死亡和自然增长人口数量与该年份总人口数量的比率，通常以千分率或百分率表示。这样的比率是“粗率”（crude rate），颇大程度上受到年龄结构的影响。严格说来，“粗率”是不能直接比较的，要比较就要进行年龄结构标准化。如2000年与2007年比较，中国人口死亡率由6.45‰上升至6.93‰，为什么包括婴儿在内的年龄别死亡率下降的情况下，总体人口死亡率反而上升了呢？是因为老年人口比例上升了，老年人口年龄别死亡率要比成年、青年高出许多。同样，2005年至2010年美国人口死亡率为8.4‰，日本为8.8‰，法国为9.6‰，均比2007年中国6.9‰高出一截。由此推断这些国家的人口健康水平不如中国，那就大错特错了。事实上，这些国家包括婴儿在内的年龄别死亡率要低于我国许多，预期寿命显著高于我国。究其原因，还在于死亡率是粗率，老龄化的影响很大。

那么选择什么指标呢？“三率”中，自然增长率是人口出生率与死亡率之差，是反映出生率与死亡率变动的，带有因变量性质，不宜选为衡量的指标。死亡率主要是年龄别死亡率，是随着社会经济发展、居民生活质量提高、医药卫生条件改善而降低的；但是老年人口比例升高会导致粗死亡率上升，在没有战争、疫病、灾害发生的正常情况下，总的变动趋势比较平缓，不是很敏感的指标。剩下便是出生率了，直接选用作为衡量标准，有其不可克服的弊病，只好选择对出生率具有决定性影响的指标。这个指标，就是生育率。虽然生育率对出生率的作用也并非立竿见影、亦步亦趋，然而生育率变动对出生率变动的决定性作用，非其他指标可以取代。如生育率下降到更替水平以下并得以较长时间保持下去，即使出生率可能比死亡率要高出一些，但是出生率与死亡率之间的差距将呈缩小的趋势，直到差距为零，进入人口的零增长。因此，选择生育率作为衡量“后人口转变”的指标。生育率下降到更替水平以下，标志着某总体人口开始进入“后人口转变阶段”或“后人口转变时期”，是比较适当的。只是不要忘记，低于更替水平的生育率，要维持至少一个人口再生产周期，一般要25年至30年才能稳定下来。

为什么至少需要一个人口再生产周期的时间？因为进入“三低”类型以后，经过一个人口再生产周期，即处于更替水平以下新出生的人口成长到进入婚育年龄并将陆续通过生育旺盛期，低生育水平便可能得到相当的巩固，实现或接近零增长便有了切实的保证。一般情况下，进入“三低”类型的人口均可顺利通过这个过渡期，表现出后人口转变具有较强的稳定性和连续性。特殊情况下，也有不能顺利完成向“后人口转变”的过渡，重新回到转变前状态的可能。进入“三低”类型人口以后二十多年来的实践表明，中国已经顺利通过这个过渡期，实现了后人口转变前期要求的目标。在未来人口政策调整中，也应当注意保持生育率TFR≤2.1，NRR≤1.0水平，以完成后人口转变历史使命。

第九章　相向而行的人口政策与人口发展战略

前面提到，当今的人口政策归根结底要服务于后人口转变和人口发展战略两大目标。然而人口发展战略在不同历史时期重点有所不同，人口政策方向和重点也应随着变动和转移。还要注意到人口政策的外部效应，谋求人口政策社会效益的最大化。

第一节　人口政策调整与人口战略重点转移

在现实生活中，战略一词被广泛运用。然而我们看到，本来不属于战略范畴的事物却被套用在战略上论证，这就难免离开战略应有的规范，使人看后不得要领。因此，在阐发人口发展战略之前，需要对战略概念及其特有的属性，做出界定和说明。

1. 战略的基本属性。

“战略”（strategy），最早应用在军事上，属于军事术语或概念。千百年来将指挥战争谋略的战略推进到经济、社会诸多领域，形成当下工业、农业、科技、教育、文化、人口、资源、环境、国防等各个领域的发展战略。然而不管何种战略，都要具备一定的共同属性。主要包括以下几个方面。

其一，长期性。发展战略的第一要义，是取得最终胜利，一切以“谁笑到最后谁就笑得最好”为转移，而不计较一时一地的得失。发展战略需要的是最终的胜利，有一个以时间换空间演变过程，长期性是一般发展战略的一个共同属性。

其二，全局性。这是发展战略另一个重要的属性。即发展战略所要的是全局的最终胜利，而不是局部的胜利。不错，全局性的胜利是由一个个局部胜利积攒而来的，因而不可忽视局部的胜利；但是局部胜利不能替代全局的胜利，谁取得全局性的胜利，谁才是真正的胜利者。因此，在取得全局性胜利的路上，要经得起波折和失败，以“失败是成功之母”认真总结经验教训，以利再战，直至夺取最后的胜利。

其三，阶段性。大凡一个比较大一些的战略，一般都要分作几个阶段进行，不可能一蹴而就。譬如，抗日战争时期，我们的战略可分为战略防御、战略相持和战略反攻三个阶段。按照不同阶段，分别实行不同的策略和战术，最后取得抗战的全面胜利。当前我们实行可持续发展战略、科教兴国战略等，也同样可分解为不同的发展阶段，每个阶段的主攻目标、推进的路径和方法等不尽相同。

人口发展战略与其他发展战略一样，也要具备这三个基本的属性，也要从这“三个属性”上去认识和把握。人口自身数量、素质、结构之间的关系，人口与资源、环境、经济、社会发展之间的关系，既要谋求长期、全局性质的平衡发展，又要在阶段性上反映出来。总体上，与长期性、全局性相一致的阶段性特征，无疑要发扬光大，尽可能地发挥到极致。与长期性、全局性不相一致的阶段性特征，就要加以限制，有时候还要以牺牲阶段性利益，换取长期性、全局性的利益。前者，如提升人口素质。无论哪一个阶段，也无论长期性、全局性，都要求人口素质的不断提升，“三性”之间不发生冲突。后者如控制人口数量增长，虽然同时体现着长期性、全局性、阶段性三者的一致诉求，但是彼此之间并非没有矛盾。某一段时间大力控制人口数量增长，情况可能就不一样。首先引起年龄结构变动，劳动年龄人口占比和绝对数量走出一条倒U型曲线。先是同经济发展相适应，人口年龄结构变动“黄金时代”提供相应的人口红利，极大地促进了经济增长。后是人口亏损、人口负债期接踵而至，社会抚养比节节攀升，对社会经济发展转而起到阻碍的作用。类似这种既有利又有弊的变动，在全部相关关系中占比甚高，彰显“利弊共存”常态。

我们必须以长期性、全局性要求为根本，为最终目的、最终的诉求，阶段性要求要服从这个最终目标和诉求。然而服从也有两种。一种是不顾阶段性、局部性的诉求，采取简单服从方式，凡是与长期性、全局性诉求有矛盾的阶段性诉求一概取缔，只留下与长期性、全局性诉求相一致部分。另一种是允许某些与长期性、全局性诉求不相一致部分而有限度的存在和发展，发挥其对阶段性发展的积极作用。采取限制其相矛盾部分作用的强度和作用的时间，不使其从根本动摇长期性、全局性的诉求。这就需要在不同的时段，采取改革和实施不同的政策进行调整和引导。笔者赞同后一种观点和谋略。事实证明，通过阶段性的政策调整，是可以做到阶段性与长期性、全局性共存，彼此约束、共同发展的。

2. 人口发展战略“三步走”。

本书前面已有几处涉及人口发展战略问题。这里主要阐述同人口政策关系比较密切的“三步走”、战略重点转移等几个问题。

第一步，以人口数量控制为重点，实现人口再生产向“三低”类型的转变。新中国成立后短缺经济与过剩人口的矛盾是全局性质的矛盾，以人口数量控制为重点是反映客观规律的选择。同时兼顾人口素质提升、人口结构调整，以及人口与经济、社会发展的相互依存、相互制约。如前所述，1949 年中华人民共和国成立时，全国人口 54 167 万，占世界 21.8%，是名副其实的世界第一人口大国。人口年龄构成轻，是典型增长型人口。总和生育率在 5.0 以上，出生率达到 36.0‰，自然增长率达到 16.0‰，增长势能相当强劲。其后三十年中，虽然人口年龄结构向成年型过渡取得一定进展，但是并没有脱离年轻型特征。由于受到 1953 年至 1957 年第一次生育高潮，特别是 1962 年至 1973 年第二次生育高潮（第二次生育高潮期间出生人口达到 3.2 亿）的深刻影响，推迟了年龄结构向成年型的转变，使得较强增长态势得以延续下来。因此，尽管总和生育率下降比较明显，1980 年下降到 2.24；出生率和自然增长率也随着下降，分别下降到 18.2‰和 11.9‰[①]，但在总体上增长的态势没有改变，潜藏着较强的增长势能和较快的增长速度。

另一方面，社会经济发展却严重滞后，短缺经济与过剩人口的矛盾

① 资料来源：《中国统计年鉴 1986》，中国统计出版社 1986 年版，第 92 页。

尖锐地表现出来。前已论及，造成这种状况的原因有多种，并非主要是人口增长的结果。但是不管是什么原因，现状一方表现为短缺经济，另一方表现为过剩人口，则是明白无误的。因而解决问题需要从这两个方面切入，也是毋庸置疑的。即在脚踏实地地解决短缺经济、努力增加经济供给同时，大力控制人口数量增长、推行旨在节制生育的政策，也是应该和确定无疑的。新中国成立后的三十年做出不少的努力，也取得一定的成效；但是在三十年时间里有过反复，特别是批判马寅初新人口论造成的人口越多越好论影响至深，尤其是 1962 年至 1973 年第二次生育高潮的出现，与此颇有关系。1949 年与 1980 年比较，全国人口净增 44 539 万，增长 82.2%，年平均增长 2.0%[①]，成为中国人口史上增长最快的历史时期。在这种情况下，1980 年党中央首先向共产党员、共青团员发出公开信，推出以提倡一对夫妇生育一个孩子为主导的生育政策，是适时的和必要的。必须说明，中央在实施这一政策时，即明确主要是控制一代人的生育率。公开信明示："30 年以后，目前特别紧张的人口增长问题就可以缓和，也就可以采取不同的人口政策了。"公开信也有不当之处，第一句话"为了争取在本世纪末把我国人口总数控制在 12 亿以内"，属于要求过高、急于求成一类。对此，笔者前文也谈了对这一目标修正的经过和实践的情况，这里不多赘述。重要的一点是，新中国人口在经历了三十多年的跌宕起伏变动之后，人口政策重点锁定在人口数量控制、提倡一对夫妇生育一个孩子上，是正确的选择，抓住了矛盾的主要方面。实践证明，这一政策的实施推动人口转变的正面主导作用是主要的，向经济发展输出的正能量是主要的，推进移风易俗、社会进步的功效是主要的。发生的问题是值得重视的，有些问题比较严重，需要花费较大力气才能解决。关于成绩和问题，本书后面还要做进一步的阐述。

第二步，以全面提升人口素质为重点，不断增强人力资本积聚，全面提升人口素质，同时要兼顾人口结构调整、人口数量控制，促进人口与资源、环境、经济、社会协同发展。为什么第二步要以全面提升人口

① 依据《中国统计年鉴 1986》，中国统计出版社 1986 年版，第 91 页数据计算。

素质为重点，而不是以人口数量控制、结构调整为重点？不再以人口数量为战略重点，前已论及，数量控制为重点已经实施了三十多年，现已步入后人口转变阶段，基本上完成了控制一代人生育率初衷，这里不再多加赘述。有一种意见认为，提倡生育一孩人口政策产生的直接后果在人口结构尤其在人口年龄结构老龄化上最为突出，因而应以年龄结构老龄化调整作为第二步的重点。笔者不赞同这一观点。有几个方面的原因。

一是要对老龄化要有一个正确的认识。老龄化表现为 60 岁以上或 65 岁以上老年人口占比不断升高的一种过程。故衡量老龄化的指标，首先是老年人口占总人口的比例，通常以百分比表示。此外，还有总体人口年龄中位数，即一半人口的中间年龄。年龄中位数越高，表明老年人口占比越高，老龄化程度越高；越低，表明老年人口占比越低，老龄化程度越低。老少比，即 60 岁或 65 岁以上老年人口与 0—14 岁少年人口之比。老少比越高，表明老年人口占比越高，老龄化程度越高；越低，则表明老龄化程度越低。人口转变理论证明，在由高出生、低死亡、高增长向着低出生、低死亡、低增长转变过程中，人口年龄结构老龄化是必然要发生、不可避免的合乎规律的现象，是社会经济发展、医疗卫生保健事业发展、年龄别死亡率降低、预期寿命延长的必然结果。因而老龄化是社会发展、人类进步一个方面的反映，是积极的而不是消极的。当然，这并不意味着老龄化不存在什么问题，而是站在历史发展立场观察，银色浪潮是历史大浪淘沙发展中应有的浪潮之一，是实现理想适度人口目标必然经过的一个阶段。因而需要正确认识，科学对待，用其所长，避其所短。事实也是如此。老龄化会加重养老赡养等社会负担，养老社会保障需要耗费相当数量的社会财富，要有一系列配套的服务体系。然而老龄化开出的不都是负面清单，还有正面清单——在人口年龄结构由年轻型走向成年型和老年型过渡前期，会普遍出现（老年+少年）/劳动年龄人口——即从属比或抚养比下降的人口年龄结构变动的“黄金时代”，提供相应的人口盈利、人口红利。由于劳动力充裕和社会负担较轻，有力地促进了经济发展，已为改革开放以来的发展历史所证明。第二次世界大战后日本的经济起飞，韩国等的社会经济发展，也是有力的证明。

二是要对中国人口老龄化有一个正确的判断。要旗帜鲜明地反对两种倾向：一是不能无视老龄化推进较快发展趋势，不重视解决可能出现的老龄化问题。这种倾向不是未曾出现过。如在1980年中央人口座谈会上，就有人提出生育一孩搞上五十年、八十年没有问题，不必忧虑老龄化问题。贯彻提倡一孩为主导的生育政策过程中，有的不重视可能出现的老龄问题，特别是失独老龄问题解决不好等。另一种则是谈老色变，似乎我国人口已经老到不得了，老龄问题走到无法解决的地步，坠入“老龄化陷阱”不能自拔。笔者以为，这两种倾向都不够实事求是，既不能正确认识老龄化趋势，也不能正确解决老龄化问题。我国人口老龄化具有老龄化速度比较快，比发达国家总体为快，也比一般发展中国家为快，与老龄化最快的日本相接近。老龄化达到的水平比较高，2050年达到峰值时，65岁以上老年人口占比可能达到23.1%，次于发达国家，居于发展中国家最高水平之列。老龄化具有阶段和累进增长性质，第一阶段为2000年至2020年，为步入老年型结构前端阶段。65岁以上老年人口占比，年平均提升0.26个百分点；第二阶段为2020年至2040年，为老龄化加速推进阶段。65岁以上老年人口占比，年平均提升0.50个百分点。第三阶段为2040年以后，为缓慢提升至基本稳定阶段。2040年至2050年65岁以上老年人口占比，年平均提升0.11个百分点，并呈基本稳定、振荡波动态势。此外，中国人口老龄化还有城乡、地域分布不平稳的特点，差距呈逐步缩小趋势。

三是要对缓解老龄化有一个正确的决策。人口老龄化，是人口过渡到后人口转变阶段不可避免的结果，是积极的、合乎规律的发展。但这不是说老龄化越快越好，达到的水平越高越好。相反，老龄化给人口变动、经济社会发展、科技进步带来的负面影响，是客观存在的，需要尽可能减轻和加以解决。解决有两种途径。一种是对已经出现的老龄问题，加强研究，寻求解决的办法加以解决。另一种是从源头上减缓老龄化的速度、降低老龄化的程度，通过减缓老龄化程度、减轻老龄化压力，降低解决的难度，提高解决的效果。从我国人口老龄化趋势和问题实际出发，两种途径都需要。不过，需要具体分析。众所周知，出生率下降和预期寿命延长是人口年龄结构老龄化的两大主要成因，要想减缓老龄化，必须在这两个方面打主意、找办法。能在预期寿命延长上想办法、减少老年人口吗？不能。长寿是人们共同的愿望，不可能做出违背长寿、缩短寿命的事情。那是反人类的行为，马尔萨斯人口论试图用战争、瘟疫等“积极抑制”办法消灭过剩人口——是缩短寿命、提前死亡的办法，早已被人们批驳得体无完肤、不能复活。那就只能在生育率、出生率上打主意、想办法。这是现实可行的主意和办法。但是不要忘记，提升出生率、增加出生人口数量，这部分人口到了甲子之年以后将要成为事实上的老年人口，那个时候的老龄化又将如何防止，是否再继续提升生育率、出生率呢？如此循环下来，人口只能永无止境地增长下去，中国、世界人口列车何日方能停止下来，人口问题如何解决呢？因此，提高生育率、出生率是解决年龄结构老龄化的必要手段，但是必须掌握在科学、合理限度之内。超过这个限度，变成永无休止的人口增长，老龄化问题倒是被冲淡了，过剩人口却越积累越大，便陷入顾此失彼、人口无限制增长下去困境。这种在人口数量控制与人口老龄化之间“翻烙饼”式的调整，是必须防止和应当避免的。必须明确，提高生育率、出生率的目的，是为了防止过度的人口老龄化，缓解有利于人口问题解决和有利于社会经济发展的老龄化，不是消灭老龄化，不能一味地用提高出生率对冲老龄化。因此，在决策上就要科学地把握生育率、出生率提升的量和度，做到既使老龄化不至过于严重，又使人口数量受到合理控制，服从总体人口战略部署，有利于人口问题的全面合理解决。

性别结构调整，以及城乡、地域结构的调整等，有同人口年龄结构调整相近的性质，不应成为人口发展战略全局的重点。全面提升人口素质，则具备人口全局性质和功能，应该成为继人口数量控制重点之后，第二步的战略重点。全面提升人口素质有利于人口数量控制。20世纪90年代笔者主持的家庭经济与生育抽样调查证明，具有大学、中学、小学教育程度育龄妇女平均生育子女数，每一个档次生育孩子数量相差0.3～0.5之间。因此，人口受教育程度的提升就是生育率的降低。现在的级差有所减小，因为平均生育子女数量减少了，教育普及率大幅度提升了。但是相差仍然比较明显。人口素质提升对人口城乡、地域分布结构调整的作用，通过人口流动和迁移表现出来，受教育程度较高人口的迁移流动率较高，因而有利于人口城乡结构的调整，也有利于人口经济密度的调整和人口的地域分布，有利于人口与资源、环境的可持续发展。

还有一种意见认为，2010 年 15 岁至 64 岁劳动年龄人口占比越过峰值，2013 年绝对数量也越过峰值，人口盈利、人口红利削减甚至消失，人口政策调整重点应放在增加劳动年龄人口供给上。怎样增加供给？还是只有提高生育率一剂药方。提高生育率、增加出生人口数量，15 年以后便能起到提升劳动年龄人口占比、增加劳动供给功效。这同削减老龄化、提高人口出生率意见相类似，都摆脱不了“翻烙饼”式调整的后果，因而不利于人口问题的最终解决。而且，同中国经济过渡到高质量发展阶段、走以提高劳动生产率为主发展道路要求相悖。相反，劳动年龄人口占比和绝对数量下降和减少，可以倒逼放弃主要以增加劳动量为主、实施以提高劳动生产率为主的发展道路。这表明，高质量发展与人口发展战略重点转移到全面提升人口素质上来，是高度契合、天作之合。

早在 20 世纪 80 年代初改革伊始，在提出 2000 年工农业总产值翻两番时，即明确以“不断提高经济效益”为前提。其后转变经济发展方式屡被提及，并且提法先后不断更新：由粗放型向集约型、外延型向内涵型、投资主导型向消费主导型、数量扩张型向质量效益型，直至高速增长阶段向高质量发展阶段转变。总的趋势是，由外延向内涵，由数量扩张向质量效益型转变，落实到高质量发展上来。为什么改革开放以后前三十年转变经济发展方式收效不大呢？相关论述大多从经济基础薄弱、旧经济体制难以打破、官本位和政绩考核等视角展开。当然，这样的解读是有道理的，也是必要的。然而却忽略了人口转变、劳动年龄人口变动的制约和影响。就改革开放后前三十年而言，这种制约和影响表现十分明显。

首先，表现在劳动年龄人口增长给就业带来的压力增强上。统计数据显示，15 岁至 64 岁劳动年龄人口由 1980 年 6.15 亿，增加到 1990 年 7.63 亿，2000 年 8.89 亿，2010 年 9.99 亿；占比由 59.8%提升为

66.7%、70.1%、74.5%。[①] 在劳动年龄人口不断增长压力下，经济发展更钟情于以劳动量为主的外延式扩大再生产。回归分析表明，其间新增劳动对国内生产总值增长的贡献率达到近30%，人口盈利、人口红利起到至关重要的作用。

其次，人口素质不够高、人力资本积聚不够强，也阻碍着经济发展方式的转变。依据第三、四、五、六次人口普查提供的数据进行计算，结果表明，6岁以上人口人均受教育年限1982年为4.2年，1990年为5.2年，2000年为6.8年，2010年为8.3年。[②] 不错，我国人口多、人才集中起来可以办大事，完成类似“两弹一星”那样的高端项目。但在总体上，则难以形成以先进技术为支撑的产业体系，造成转变经济发展方式异常艰难。

党的十九大提出我国经济已由高速增长阶段转向高质量发展阶段，除了中国第二大经济实体地位更加稳固，经济技术结构迈向中高端，产业结构接近现代型等基础条件外，我国人口形势的变化也是重要原因。2010年我国15岁至64岁劳动年龄人口占比达到峰值，劳动力无限供给时代宣告结束，开启以提升劳动生产率为主导新发展的大门。而且，与劳动年龄人口占比和数量下降和减少相对应，人口素质全面提升达到新水平，当前人均教育年限提高到10年以上。这时并且只有这时，以高质量发展为代表的经济转型升级，才能得以起步并收到实效。可见，全面提升人口素质、打造人力资本强国，不仅为全面解决我国人口问题所必需，也为经济高质量发展所必需。“三步走”人口发展战略第二步，重点落在全面提升人口素质之上，是必然和顺理成章的。

第三步，以全方位适度人口为最终目标，推动人口与可持续发展战略前行。包括人口数量、素质、结构的全方位适度，人口与资源、环

① 资料来源：中华人民共和国国家统计局编《中国统计年鉴2018》，中国统计出版社2018年版，第33页。

② 参见《中国1982年人口普查资料》，中国统计出版社1985年版，第354—355页；《中国1990年人口普查资料》，中国统计出版社1993年版，第32—51页；《中国2000年人口普查资料》，中国统计出版社2002年版，第593—602页；《中国2010年人口普查资料》，中国统计出版社2012年版，第295—300页。

境、经济、社会发展的全方位适度。这是“三步走”人口发展战略最终的发展目标，落脚到走人口与可持续发展之路。

自从可持续发展提出以来，人口与自然环境的关系引人瞩目，存在两种不同的观点。笔者既不赞同“战胜自然”一类的人口主宰论，也不赞同简单“回归自然”一类的自然主义，而是赞成融入自然的和谐发展。即人口的数量是适度的，不能超越资源、环境的承载力，并且符合经济、社会发展的客观要求。人口体能健康素质、智能科教素质、素养文明素质是比较高的，为保护资源和环境、满足经济和社会发展对人力资本的需求提供保证。人口年龄、性别、城乡、地域等的结构是合理的，能够为发展提供相应的人口条件，促进发展的连续性和可持续性。这种连续性和可持续性，既是相对的，不同历史时期对人口和人力资源需求的数量、素质和结构不尽相同；又是绝对的，总体人口处于基本稳定形态，变动和发展是稳定的。我们不能设想存在一个数量、素质、结构永久不变的总体人口，而是相对稳定、没有颠覆性变动的总体人口。这样的总体人口，建立在一定经济、社会发展水平基础之上，因而是相对稳定的。社会经济基础发生变动，人口数量、素质和结构也会随着发生变动，再调整到全方位的适度。

第二节　关于人口零增长

人口发展战略推进到第二步，人口政策重点转向全面提升人口素质以后，应有明确的战略目标。如前所述，尽管未来的战略目标存在一定的不确定性，但是方向和趋势是明确的，大的战略目标也是需要的。笔者和其他几位学者合著的《21世纪中国人口发展战略研究》，给出2030年可能实现的系列目标。包括：实现人口零增长，全国人口达到14.65亿左右。此后人口数量呈缓慢减少趋势，2050年可减至14.02亿左右。人口素质显著提升，按照联合国步长法男女合预期寿命可达76.1岁，2050年77.1岁。婴儿死亡率可下降到10.0‰以下，接近发达国家总体水平。普及高中教育，15岁以上人口平均受教育年限可超过12年。素养文明素质明显提高，包括青少年在内的犯罪率明显下降，居民道德规范、法治意识明显增强。15 岁至 64 岁劳动年龄人口占比将下降到 67.36%左右，2050 年将下降到 61.29%左右。65 岁以上老年人口占比将上升到 16.2%，2050 年将上升到 23.1%左右。人口城市化继续以比较快的速度推进，城市化率将达到 72.2%，2050 年将达到 75.4%左右。①

上述人口基本数据预测 21 世纪前半叶出生率、死亡率变动并不急速，2030 年前后二者达到相同水平，实现人口零增长。越过这一拐点，人口总数将呈缓慢下降趋势，开辟全方位适度人口征程。虽然人口发展战略第二步以及相应的人口政策，要转变到以全面提升人口素质为重点上来；但是如前所述，无论劳动年龄人口，还是人口老龄化变动，都同生育率息息相关，是生育率、出生率、死亡率综合作用的结果。可见，全面提升人口素质同人口自然变动紧密相联，交织在一起，相互影响和制约。还要注意到，人口发展战略和人口政策由第一步以人口数量控制为重点转变到第二步以人口素质提升为重点，认识和行动上都要有一个转变的过程，并非说转就转、一步就能跨越过来的。因此，人口数量变动向何处去，还是人们普遍关心的重要问题。第二步实现零增长，只有十多年时间，人们关切之情尤甚。是故，为什么要实现人口零增长，什么时候能够实现零增长，需要什么样的人口政策，还需结合我国实际做出相应的阐发。

其一，为什么要实现人口零增长。实现人口零增长，是一个古老的话题，古今中外早有人探讨和留下著述。远者且不论，第二次世界大战结束、席卷包括主要发达国家在内的婴儿高潮过去之后，忧虑世界人口增长过快的声音增强放大开来，出现若干关于人口威胁、人口爆炸一类专著、警示报告。尤以 1972 年罗马俱乐部麦多斯（Donella H. Meadows）等人所著《增长的极限》（The Limits Growth，也有的译为《成长的极限》）报告为代表，对过去 70 年世界人口、粮食、工

① 参见田雪原等：《21 世纪中国人口发展战略研究》，社会科学文献出版社 2007 年版，第 23—24 页。

业化、非再生资源和环境做出综合分析，发出如果按照过去指数增长继续下去，100 年后将达到增长的极限。届时人口爆炸、食物短缺、资源枯竭和环境污染加重将达到不可承受，工业化和社会经济发展将变得不可持续。为了避免这一场人类悲剧的发生，该报告给出一系列破解的思路和应当采取的措施，在人口方面，报告提出在人口出生率和死亡率之间采取相应的政策干预措施，使每年人口出生率等于死亡率，实现人口零增长。

如今，《增长的极限》报告发表将近半个世纪，用实践是检验真理唯一标准衡量，有说对之处，也有说得不对、言过其实之处。这里，不想对此做出全面评价，仅就人口零增长说来，该报告在第一章结尾写道："地球能养活多少人？他们生活的情况能好到什么程度？要回答这些问题，我们必须详细探究世界给予人口与经济成长以物质支持的各种系统。"报告在给出经济增长极限同时，给出人口增长的极限，提出实现出生率下降到与死亡率持平的人口零增长。尽管报告对人口零增长的论证尚很不够，但是通过指数增长的性质、指数增长极限的论证，产生很大影响，也有着一定的价值和现实意义。

联系中国实际，已有少数同志做过这方面的研究。从资源特别是淡水，从经济增长特别是人口增长的加权效应，从环境污染特别是人口增长对环境的影响等，阐释中国 960 万平方公里陆地、300 多万平方公里海洋面积到底能够养活多少人口。"养活"是一个含义比较粗糙的命题，应该是"适宜"的人口数量。虽然以往的研究取得不少的成果，也起到一定的实证研究作用，不过还很不够，需要做出更深入的研究，需要广泛吸取国内外研究成果科学成分，紧密联系我国人口、经济、社会、资源、环境发展变动实际进行。本书对此不进行更多的探讨和研究，该研究是多学科、理论与实践相结合综合性的一项大工程。这里旨在阐发这项工程的一个前提：零增长是中国也是世界人口变动必然的趋势，是实现全方位适度人口必然要经过的一个节点。为什么呢？可从人口增长的目的、问题和出路三个方面，分别做出阐发。

首先，人口增长的目的是什么。这是一个看似简单、实则往往并未弄明白的一个若明若暗的问题。请注意，这里说的是作为总体的"人口”——抽象掉人口学、经济学、社会学各种性质和特征的抽象人口。或者说，不讲任何历史发展阶段的人口。从再生产角度考察，人们进行人口生产和扩大再生产的目的究竟是什么？也许有人不赞同这样的命题，但是人口再生产有着一定的目的性是无法否定的。用阶级社会人是划分为阶级的来否定人口再生产的目的性，也未必站得住脚。因为人口增长由生育率、出生率、死亡率决定，无论哪一种社会形态，也无论哪一个社会阶层的人口，立足人口再生产视角，就是生育繁衍下一代，并使之生存发展更好，一代更比一代强。典型的例子，是封建社会在“多子多福”生育观支配下，人们普遍追求多生多育。而且视无子为不孝，“不孝有三，无后为大”。这样的生育观并非空穴来风，它是手工工具时代孩子成本—效益作用的结果，多生子女主要是多生儿子会给父母带来相应的效益。几千年传承下来，形成多生多育、多子多福生育文化，对上策动着封建统治阶级的人口生育政策，包括与之相关的土地政策、税收政策等；对下影响着广大民众的生育行为，以多生多育、儿孙满堂、传宗接代、香火繁盛为荣，人丁不旺、无后“绝户”家庭为耻，视为做了大逆不道事情的一种报应。

进入现代化社会，家庭抚养孩子成本大幅度提升，孩子提供给家庭的劳动经济效益、养老保险效益等大幅度下降，孩子精神享乐效益、传宗接代效益等也不同程度地下降，导致孩子成本—效益发生革命性变动：由负成本、正效益，变动到正成本、负效益。即使有些家庭尚未变动到这一步，也发生孩子成本—效益趋于接近的变动。于是，多子多福生育观失去存在的基础，从根本上发生动摇。多生多育失去动力，让位于少生、优生、优育。这是人类发展史上的一次巨大进步，不亚于任何其他重大发明创造的巨大进步。为什么这样说呢？因为它摆脱了人类盲目自我增殖误区，把人口再生产摆到与社会经济发展相适应，与资源环境相协调更大的发展空间，展示出人类社会通向全方位适度人口的光明前景。将人口零增长提到战略目标高度，并且通过社会经济发展和相应的人口政策促其实现，为从根本上解决资源有限、环境污染威胁加剧与人口增长无限之间的矛盾，提供了最重要的思路、治本之策。不说“人满为患”那样的过头话，但是人口零增长为越来越拥挤的地球提供一条根本的出路，则是实实在在的。为中国创造一个宽松一些的人口生存发展环境，应是人口变动发展带有本源性质的目标和任务。基本要求是：自然资源短缺得以缓解，环境污染得以减轻，经济发展有更大一些的回旋余地，居住和交通拥挤得以改善，发展由主要依靠增加劳动量转变到主要依靠提高劳动生产率，而劳动生产率提高后人们得以腾出更多时间从事学习、休闲、文体娱乐等活动，体能健康素质、智能科教素质、素养文明素质得以有效地提升，总体人口一代比一代生活、劳动、发展更美好。这不正是人口生产和再生产的根本目的吗？

邓小平同志讲，贫穷不是社会主义。2012年习近平就任中共中央总书记，在新一届中央政治局常委与中外记者见面会上，庄严宣布："人民对美好生活的向往就是我们的奋斗目标。"人口生产和再生产的目标、目的，难道不是"对美好生活的向往"，而是人口数量的自我增殖吗？说到底，中国人口是需要无休止地继续增长下去，还是要在适当的时候实现零增长？哪一种对全体中国人民实现"对美好生活的向往"更有利，是全体人口根本利益的体现？两种抉择、两种前途：一种通过一定时间节点的人口零增长和其后的全方位适度人口，为通向"对美好生活的向往"开辟道路，创造有利的人口条件；另一种以人口数量不断增长为目的和目标，使我们在通往"对美好生活的向往"路上，始终面临人口增长与经济、社会、资源、环境的矛盾和问题，因而变得负重前行、步履蹒跚。笔者以为，传统文化"好大喜多"这一条有其可取的一面，也有其不可取的一面，要做具体分析。在人口问题上，这一条常常被用来忽悠民众、混淆视听，不分青红皂白地指责零增长、负增长。前已论及，传统"好大喜多"人口文化占据支配地位，有其固有的经济社会基础。现代化社会这一基础已经不复存在，但观念尚难即刻消除。不过随着历史发展脚步前行，"好大喜多"人口文化日趋没落不可逆转，人口零增长一天的到来不可阻挡，正向我们走来。

其次，人口增长的问题是什么。改革开放之初笔者论述中国存在的人口问题，主要是短缺经济与过剩人口的矛盾。表现在：总体人口同生活资料的增长不相适应，只能提供低水平满足人们生理需要的产品，满足心理和发展需要的产品非常稀缺；人口年龄构成轻，社会抚养比指数高，扣除居民消费外积累有限，投资和国民经济增长速度受到限制；劳动年龄人口同生产资料的增长不相适应，低工资、多就业是适应人口压迫生产力做出的无奈选择，国民经济只能在“低工资、多就业——劳动生产率提不高——低工资、多就业”中循环；人口素质同经济技术提升不相适应，较低的人口素质尤其是较低的智能科教素质，严重地妨碍着高技术产业的发展；人口城乡结构不合理，城市化水平过低，制约着产业结构向较高类型的转变；人口地区分布不平衡，致使生产力布局不合理难以改变等。一方面人口增长比较快，另一方面社会经济发展不够快，短缺经济与过剩人口矛盾集中在“有没有”上。经过四十多年改革开放，上述情况有了很大甚至有了根本的改变。一方面社会经济经过长期、持续的快速增长，供给能力大大增强；另一方面出生率持续下降，人口增长势能大为减弱，已行进到后人口转变中期，人口与经济之间的关系发生很大的变化。

那么，现在是否就不存在短缺经济与过剩人口矛盾了呢？恐怕还不能这样讲。“有没有”的矛盾基本解决以后，“好不好”的矛盾跟踪而来，经济发展质量不高的矛盾浮出水面。在消费上，“吃饱穿暖”温饱问题基本解决、满足人的生理需要基本解决以后，接下来不仅要解决“吃好穿好”，更重要的是要解决好满足人们心理需要和发展需要更高层次的问题。在生产上，以产量和产值数量扩张为主导的外延式扩大再生产沿袭三十多年，经济总量增长取得令世人瞩目的成绩，而产品质量不高、技术装备落后、核心技术缺乏、国际竞争力不强等，却是多年来未能解决的老大难问题。高质量发展提出以来起色很大，对此本书前面已有较多阐述，这里不做过多赘述。现在的情势是什么？不是短缺经济与过剩人口矛盾已经解决、不存在了，而是矛盾性质和表现发生变化，经济由“有没有”数量短缺，转变到“好不好”质量不高上来。人口由数量过剩，转变到人口素质不高、不能适应高质量发展上来。解决前一种矛盾，一方面要大力发展经济，重点是以数量扩张型为主导的经济发展；另一方面要大力控制人口数量增长，完成人口再生产类型的转换。解决后一种矛盾，一方面要经济转型升级、高质量发展；另一方面要全面提升人口素质，不断增强人力资本积聚。而在解决前一种矛盾中，大力控制人口数量增长是重点；在解决后一种矛盾中，转变到全面提升人口素质上来。值得注意的一点是，全面提升人口素质、不断增强人力资本积聚不仅是经济高质量发展的基础，同时也可以起到有效控制人口数量、实现人口零增长目标，以及促进人口结构调整的功效，起到一石多鸟的作用。

再次，怎样在第二步兼顾人口零增长。人口数量、素质、结构三者是对立的统一，相互依存、相互作用、协调推进。当前走好人口发展战略第二步，重点在人口素质的全面提升上。实现人口零增长虽非第二步重点，但却是第一步延续到第二步、关系总体人口发展战略全局的重要一步，必须实现的战略目标。怎样实现呢？需要融入全面提升人口素质之中，以素质提升引领带动解决。其实，前面的论证已经蕴含这样的意思。转方式、调结构之所以异常艰巨，除去经济技术结构本身以及管理体制机制方面的问题以外，人口素质总体水平不高也是其中重要的一条。改变和抬高这个基础，最基本的办法，就是大力发展体育、卫生、医疗、教育、科技、文化事业，使体能健康素质、智能科教素质、素养文明素质得到卓有成效的提升，做实做强人力资本积聚基础。这就要坚持走控制人口数量控制与人口素质提升相结合的道路。经验证明，人口素质尤其是人口智能科教素质的提升，可以有效地促进生育率、出生率的降低，二者相反相成。在科学技术进步一日千里的今天，某些劳动已经不仅是机器可以替代人力，而且有的劳动是人力无法办到、无法比拟的。而今在工资率不断上涨情况下，有些企业特别是外资、合资企业，已选择减少职业雇员，更多寻求由机器人替代的办法。因为这样做可以提高劳动生产率，减少劳资摩擦、节约成本、增加利润。在这个意义上，智能工具的出现和迅速扩散，加速着人口零增长一天的到来。

第十章　走向未来的人口政策

尽管人们对迄今为止的人口政策仍存在不同认识、不同观点的争论，但是时间是最公正的裁判员，时间拉得越长看得就越清楚，未来的目标和政策取向就会越发清晰。

第一节　对人口政策不同的评价

对包括人口政策在内的任何事物如有不同的评价，最基本的就是对与错、赞成与反对两种。其他只是在对与错、赞成与反对程度上的不同，从而形成介于二者中间的第三种评价。第三种评价不可能完全中立，终究要有一定的倾向性。于是又可分成基本上是对的、赞成的评价；或者基本上是错的、持反对观点的评价。完全的半斤八两、各打五十大板是不存在的，最多在有的问题上可能分辨不清、难以决断，做不出肯定还是否定的评价。

一、肯定和赞成的观点

按照前面将新中国成立以来的人口政策分为三个阶段，每个阶段都存在不同观点的论争。

第一阶段为新中国成立后三十年（1949—1978）。新中国成立后不久，便有社会学派节制主义再起，提出并阐述了节制人口的主张。然而1957年反右派斗争中遭到严厉批判，代表人物均被划定为右派分子，致使作用和影响所及有限。作用和影响最大的，当属马寅初先生的“新人口论”。如前所述，他从理论与实践的结合上，阐述了中国的人口问题和控制人口增长的必要性、紧迫性、应当采取的政策建议。他根据调查得来的材料，一反苏联《政治经济学》教科书中把人口不断迅速增长说成是社会主义人口规律的教条，分析了我国人口增殖过快同国民经济发展之间存在的各种矛盾。

第二阶段为改革开放中前期（1979—2012）。在改革开放、解放思想、实事求是路线指引下，一反过去人口越多越好论教条，通过人口理论拨乱反正，纠正了对马寅初新人口论的错误批判，还短缺经济与过剩人口矛盾人口问题性质，制定了旨在以提倡一对夫妇生育一个孩子为主导的生育政策，并且比较严格地贯彻执行三十多年。认为这项政策是对的、赞成或基本赞成者，是政界和学界多数人的观点。随着老龄化等人口问题逐步显现，人口生育政策调整逐步展开，反对者的声音逐步释放出来，发出过去的人口政策是错误的、应予否定的声音。

第三阶段为全面深化改革以来（2013年以来）。为人口政策调整—自主生育阶段。笔者所见，绝大多数政界、学界人士，对政策调整持拥护、赞成态度。也有人担心政策调整会引发生育率反弹，主张继续从严控制人口增长、稳定现行生育政策。但是论证不多，影响力也不够大。这里不多赘述，后面还有阐发。

笔者查阅国内外若干学者、政界和各方面人士关于人口政策的论著，颇得教益和启发。在赞成中国人口政策的论著中，许多人士推出具有说服力的实证研究成果，理论和实践讲得比较到位。比较而言，原华荣教授（浙江大学人口与发展研究所、中国西部发展研究院环境与资源研究所、非传统安全与和平发展研究中心教授、博士生导师）提供的系列论著，反映的情况比较全面，以其亲身经历并站在人口与发展宏观立场，对世界人口变动态势、人口与资源、环境的关系，尤其是结合中国人口政策实际做出比较系统的阐释，具有一定代表性。详细一些的观点和论述，参见其所著《理论与实证：人口、环境和发展》（浙江大学出版社，2014年），《“马尔萨斯革命”和“适度人口”的“终结”》（中国环境出版社，2013年），《文明的脉动、启迪、挑战和应对》（中国环境出版社，2013年），《“生态目的性”与环境伦理》（中国环境出版社，2013年），《“拯救”、“回归”和“人类革命”》（中国环境出版社，2013年）。2018年7月在北京召开的“社会变革与转型中的人口问题研究”研讨会上，原先生提供的《计划生育：中国的第一德政》论文和以此为题的发言，可视为以上论著有关人口政策观点和论述的缩影。① 特别是结合改革开放四十年人口、经济、社会、环境新变动所做的论述，既表达了他的一贯观点，又增添了新的内容，可作为赞同论者基本观点的代表。按照该文由四部分组成框架结构，主要观点论述摘录概括如下。以几部分的标题为主，其想要说明的主题有较明确的表达，没有多做进一步的分析。

第一部分“计划生育：应对全球危机的根本之策”。之所以得出这样的结论，是因为：其一，“人口爆炸：全球危机、全球变化的根源”。其二，“中国历史的启迪：王朝崩溃—衰退与人口高峰的关联”。其三，“自然界的警示：地质史上生物大灭绝与物种‘饱和’的关联”。结合人口数量变动与地球变迁之间的关系，做出多层次的论述。

第二部分“计划生育：中国的第一德政”。提出并论证：（一）计划生育：改革开放的“守护神”，社会长治久安的保证。1. 计划生育：改革开放的“守护神”；2. 粮食安全的保障，穿越“气候隧道”的前提；3. 切断人口与贫困循环，扭转“生穷了、生病了”状况的“绿色脱贫”；4. 为社会学、生物——生态学所证明的社会和谐的推动力。

（二）计划生育：提高中华民族文化素质，实现“中国梦”的根本之路。包括：1. “人多而气分，禀赋遂薄”，欲提高人口素质，必先控制人口数量；2. “径庭之路”：强国与弱国、富民与乏民、智民与愚民。

（三）层级一尺度视野下的计划生育：中国的第一德政。包括：1. 层级一尺度视野：计划生育维护生存权、保证社会公正，是中国的第一德政；2. “不对称相干”：低层级的行为性侵权不构成对计划生育“第一德政”性质的否定。因为“其一，系统的性质是由高层级的性质决定的；其二，高层级与低层级的相互影响极不对称——高层级对低层级的影响是巨大的，低层级对高层级的影响是微小的”。

第三部分“自主生育：通向自由生育的跳板”。提出并论证：（一）

① 参见《社会变革与转型中的人口问题研究》，中国社会科学出版社 2018 年版，第 89—107 页。

生育意愿、自然生育和自主生育。包括：1. 生育意愿：数量、性别和时间选择；2. 自然生育：非技术性和数量控制，环境和食物调节；3. 自主生育：技术性生育调节、观念自觉和生育自律。

（二）计划生育和家庭计划。包括：1. 人口爆炸的理论和实践应对：马尔萨斯主义和节制主义；2. 计划生育、家庭计划和自主生育：强约束与软约束、他律与自律；

（三）自主生育：通向自由生育的“跳板”。包括：1. 按生育角色生育：生殖指令、适应性响应和新平衡原理；2. 自由生育：“自由主义者”对自由生育的曲解和少数人的任性；3. 经济理性下的自主生育：通向自由生育的“跳板”。

第四部分“对政策的过度解读和诠释：政策的人口研究”。提出并论证：（一）对政策的过度解读：行为性侵权的关键。（二）两个版本的“钟馗打鬼”：谁是“棍子”谁是“鬼”？（三）诠释政策的研究和人口理论的式微。认为“人口研究与计划生育的关系——‘咨询’还是‘服务’……‘咨询’强调的是独立性、学术性，‘服务’强调的研究的诠释性、问题性。事实上，二者都是研究的应有之义而应以‘咨询’，特别是独立性研究为主”。

二、否定和反对的观点

新中国成立后经历的人口政策变动第一阶段，不赞成和反对控制人口和实行计划生育的观点，在对马寅初新人口论批判上表现得淋漓尽致。批判中产生新的理论教条，认为人口越多、劳动力越多、生产越多、发展越快，因而人口越多越好。甚至将人口不断迅速增长说成是“社会主义的人口规律”，并写进政治经济学教科书。

第二阶段不赞成、反对的声音。有公开发表的，也有未公开发表、以个人自行印制的本本散发的。或者在网上，自行发帖子的。有的观点还不限于第二阶段，涉及第三阶段的政策调整。笔者选择以易富贤先生为代表。为什么选择易先生？

其一，他的观点比较鲜明。赞成什么、不赞成什么、反对什么比较明确，态度坦率。

其二，尽管许多观点特别是基本的观点，包括笔者在内诸多学人并不赞同，甚至强烈反对；但是易先生也提出若干值得思考的问题，做出可能做到的论证。

其三，笔者注意到 2013 年出版的《大国空巢：反思中国计划生育政策》与 2007 年出版的《大国空巢：走入歧途的中国计划生育》比较，作者做了若干修正。内容上有所修正，表述上也有所修正。譬如行文上，许多尖酸刻薄的过头话少了，正面阐述的意思增多了。在这点上，有的同他观点相近的人，却没有做到。一些人或者无中生有，以其主观臆想、臆断，甚至制造莫须有的罪名强加给他人，然后就拿来“批判”；或者对客观存在的事实硬是不承认，以其自己拥有或列举的文件中没有，就断定根本不存在。试想，与此等论证、讲道理，能讲出什么样的道理和是非来呢？只有选择易先生了。

易先生在他的书中写道“大自然不会让树木长得戳破了天，同样也不会让人口无限地增长。”“财丁不能两旺……丁是财之源，丁旺财才旺……有子穷不久，无子富不长；但是财旺后，却导致丁不再旺”。“似乎有一只看不见的手，在调控着人口的数量，通过这一升一降的方式，来推动社会阶层的流动与文明的兴衰更替”。

这是易先生基本的人口观：丁旺财才旺，而且财旺后、丁不再旺；依靠“看不见的手”进行调控、推动文明兴衰。也是他评价人口政策的基础和立足点。这一基本观点，其书中做出了多视角、多层面的阐发。

从这一观点出发，易先生对计划生育政策提出了尖锐批评，认为 1980 年要是不实行计划生育政策并彻底停止计划生育，并在今后适当鼓励生育的情况下，人口也不会无限增加，现在人口只有 14 亿多（不可能超过 15 亿），高峰人口只会达到 17 亿左右，但是人口结构就比较合理。1980 年应该彻底停止计划生育而不是实行独生子女政策。甚至直接否定中国的人口政策，否定计划生育基本国策。

上述基本观点，易富贤在其 2013 年出版的《大国空巢：反思中国计划生育政策》中，重申原来的主要观点，同时做了某些增补和修改。不过该书在最后写道：“以前，将一切问题都往‘人口太多’上推而不主动找出路；今后，要防止将责任往计划生育一推而撒手不管。”① 其实，任何真正存在的社会问题，同时包含着解决的手段，因而解决就是可能的。

对于第三阶段的人口生育政策，反对调整者也有人在，但是公开反对者却很少见。据笔者所知，自 2009 年笔者在《人民日报》发表《新中国人口政策回顾与展望》以来，与国内外纷纷赞同的声音比起来，反对的声音的确微乎其微。但是不同的、反对的声音确实存在，也有所表现。据悉，有某领导也是学者（平心而论，是颇有建树的真正的学者）曾撰写并呈报的内部报告，主张继续稳定现行政策、稳定低生育水平、稳定计划生育基本国策。不谈有何目的性，仅就不赞成或反对生育政策调整而论，有一条直接的理由是担心政策调整引发生育率反弹、带来新的人口增长后果。对此，也有几家新闻媒体采访笔者，笔者坦诚地谈了自己的观点：小幅的反弹有可能，大幅度的反弹不会发生。既定人口战略目标不会受到大的冲击，不会影响到最终人口发展战略目标的实现。因此，调整是必须的，也是有益的。

三、人口政策争论实质

上述对中国人口政策截然不同的观点和对政策执行效果的不同评价，由何而生、而长，根源在哪里呢？前已论及，不能不追溯到中国人口发展战略。人口发展战略由何而生、而长、关键在哪里？又不能不追溯到人口问题的性质上来。所以，对中国人口政策不同的评价、发出的不同声音，归根结底要到中国人口问题性质上去寻找。由于对中国人口问题性质的认识不同，主张采取的人口政策就截然不同。

认为属于人口压迫生产力性质，就将控制人口增长摆在第一位，以为可以通过抓住这一主要矛盾，其他矛盾就会迎刃而解了。因此没有或较少顾及包括老龄化在内的人口年龄结构、性别结构，以及与之相联系的养老保障、劳动就业、代际关系、性别比失衡、城乡结构变动等社会

① 易富贤：《大国空巢：反思中国计划生育政策》，中国发展出版社 2013 年版，第 358 页。

问题。

认为人口问题属于生产力压迫人口性质，就论证“丁旺财才旺”、财旺后“却导致丁不再旺”的道理。因此要保持“丁旺”实行鼓励人口增长、保持人口扩大再生产态势，寻求相应的旨在提升生育率、出生率的人口政策。

古今中外发展的历史表明，这两种声音、两种观点往往各持一端，很难融合到一起。是什么原因使得两种声音、两种观点不能融合到一起呢？从认识论或理论上说，没有注意到人口问题性质及其演变，包括政策在内的世间一切事物可以依据一定的条件向着相反的方向转化，是问题的关键。中华人民共和国成立时的人口问题性质，属于人口压迫生产力性质是明摆着的。一方面是社会生产力不发达，另一方面是人口生育率和出生率过高。二者结合到一起，人口问题主要表现为生活资料和生产资料供给不足，吃饭、穿衣、住房、交通、就业、就学、就医等问题亟待解决，短缺经济与过剩人口的矛盾异常突出。解决之道，一方面要大力发展经济，增加供给；另一方面要控制人口增长，减轻需求的压力。从供给与需求两个方面同时发力，无疑有助于加快问题的解决，是一种明智的选择。然而经过艰苦卓绝的努力，特别是改革开放以来国民经济持续、快速的发展，短缺经济与过剩人口的矛盾发生很大变化。随着社会经济发展、科学技术进步、现代化建设大力推进，短缺经济在不断地改变着。特别是实行市场经济体制改革后，这种变化在加速进行，很大程度上已经旧貌换新颜。同时，人口转变进展到后人口转变阶段，人口增长势能不断衰减，人口素质大幅度提升，人口年龄、性别、城乡、地域结构呈现不同程度的改变，出现新的人口态势。经济与人口这种同时发生的变动，说明我国正在走出原来意义上的短缺经济与过剩人口“发展陷阱”。在沿海经济发展较快、达到水平较高的地方，已经出现相反方向的变动，矛盾的性质发生新的变化。

这样说，并非指短缺经济与过剩人口矛盾已经不存在。不是的，是性质发生了改变：由数量上的矛盾为主转变到质量上的矛盾为主上来，即转变到经济高质量发展与人口素质提升不相适应的矛盾。此点在之前章节中已有阐发，要义是：我国经济经过强化经济效益、提质增效、转变经济发展方式、转型升级等多次转方式、调结构以后，落脚到高质量发展上来是一次带有根本性质的转变和飞跃。人口发展战略经过以数量控制为重点并成功通过一代人低生育率以后，进入第二步后人口转变阶段，以全面提升人口素质为重点，完成中国人口发展史上的一次飞跃。因此，当今短缺经济与过剩人口矛盾，已经由数量转变到质量，是经济高质量发展与人口素质全面提升的矛盾。经济高质量发展要以人口体能健康素质、智能科教素质、素养文明素质的全面提升作基础，人口发展战略和人口政策必须转变到全面提升人口素质上来，是人口与经济协同发展客观规律使然。而且，人口素质的全面提升，有助于保持较低生育水平的相对稳定，有助于人口年龄、性别、城乡、地域分布结构的合理调整，因而是人口发展战略第二步、人口生育政策调整的重点和承接，肩负承上启下重任。

第二节　以实践检验作标准

对新中国成立以来的人口政策存在不同、甚至相反的认识和评价，是正常的和必然的。只要是不抱有个人受到某种影响形成的偏见，尊重并且践行唯物主义标准，不同意见就可以因有相同的标准而走到一起，进行讨论和磋商，形成一定的共识。这个唯物主义的标准是什么？就是实践标准，遵循实践是检验真理唯一标准基本准则。依据这一标准，笔者认为，新中国成立以来特别是改革开放四十多年来的人口政策，基本上是正确的。问题不少，需要认真总结经验和教训。这里立足亲身体验和研究视角，概要地阐述一下笔者的观点和看法，愿和有兴趣的同事一起讨论，推动形成更多的共识。

按照实践是检验真理的唯一标准评价新中国成立以来，主要是改革开放四十多年来的中国人口政策，就要在注重人口政策提出、执行、修正过程同时，将重点放在政策产生的综合效益上。关于人口政策提出、执行和修正的情况，前面已经做了相应的阐述；政策对人口数量控制、素质提升、结构调整产生怎样的效益，对经济、社会发展和对资源、环境变动产生的效益，尚需做出实事求是、进一步的阐发。

一、人口数量控制效益

“三步走”人口发展战略，提出相应的人口数量控制目标。人口控制目标的实现，一是依靠经济发展、社会进步，打造生育率下降的坚实基础。二是依靠人口生育政策发挥应有的控制人口增长的作用，完成人口再生产类型由高、低、高——低、低、低的转变，并在“三低”类型实现以后，推动“后人口转变”前行。如果说新中国成立后前三十年，旨在控制人口数量增长的生育政策经历过起伏跌宕不平之路，那么改革开放以来严格控制人口增长政策的实施，包括提倡一对夫妇生育一个孩子为主导的生育政策的实施，则大大促进了人口转变的加速进行，生育率、出生率和增长率的持续下降。怎样评价人口政策对生育率下降的作用？就已经发表的论著来看，从认为减少出生人口 4 亿至 2.5 亿不等，差距较大。但是都承认人口生育政策、计划生育在控制人口增长中的作用。笔者以为，如果说出生率下降和出生人口的减少，由于受到社会经济发展和生育政策双重作用，生育政策对减少出生人口的效应难以确定的话，那么衡量人口转变的总和生育率、妇女的净再生产率，以及与之相联系的出生率、死亡率、自然增长率等变量指标，则是具体的、可考量的。1980 年与 2017 年比较，出生率由 18.21‰下降到 10.94‰，下降 7.27 个千分点。自然增长率由 11.87‰下降到 3.81‰，下降 8.06 个千分点。[①] 同时，对未来人口数量变动具有决定意义的人口年龄结构变动，1982 年与 2017 年比较，0 岁至 14 岁少年人口占比由 33.6%下降到 16.8%，下降 16.8 个百分点，下降幅度达到 50.0%。15 岁至 64 岁成年人口占比由 61.5%上升到 71.8%，上升 10.3 个百分点。65 岁以上老年人口占比由 4.9%上升到 11.4%，上升 6.5 个百分点。[②] 出生率和增长率长期持续地下降表明，人口增长速度大大减慢下来，人口零增长的

---

① 资料来源：中华人民共和国国家统计局编《中国统计年鉴 2018》，中国统计出版社 2018 年版，第 32 页。

② 资料来源：中华人民共和国国家统计局编《中国统计年鉴 2018》，中国统计出版社 2018 年版，第 33 页。

一天正向我们招手致意。人口年龄结构由原来的年轻型，不停顿地走向成年型、老年型，当前已步入老年型中期，老龄化加深的速度比较快。这种由传统人口转变过渡到后人口转变，人口增长的势能大大削弱，这同1980年以来大力提倡以一对夫妇生育一个孩子为主导的生育政策密切相关，是社会经济发展和从严控制人口增长政策“双轮驱动”的共同结果，也是人口生育政策效应的集中体现。

1994年，有182个国家参加在埃及开罗举行的国际人口与发展大会，会议通过的《关于国际人口与发展的行动纲领》，提出“可持续发展问题的中心是人”的命题，是对1992年联合国环境与发展大会形成的《里约热内卢环境与发展宣言》《21世纪日程》的重要补正。即要树立以人为本理念。明确：发展的根本目的是为了满足人的全面发展的需要，包括满足后代人全面发展的需要；发展的根本驱动力在人力资本，逐步实现由产出资本为主向以人力资本为主转变；建立以人为本的可持续发展框架体系：资源是可持续发展的前提条件，一切发展都可归结为资源的物质变换；环境是可持续发展的终极目标，可持续发展就是要创造适合人类全面发展的自然环境和社会环境；经济和社会发展是手段，包括可持续发展在内的一切发展，都要通过经济和社会发展来实现。按照这样的可持续发展战略目标观察今天世界和中国的人口变动趋势，总体上仍然需要继续控制人口数量增长。控制人口数量增长有利于保护资源、环境，今天人口增长对资源、环境变动具有的加权效应更为突出。控制人口数量增长有利于提高劳动生产率和社会效率，有利于现代化的实现。从这样的意义上说，中国改革开放四十多年来大力控制人口增长减少出生几亿人，人口再生产类型发生根本性改变，步入后人口转变中期，人口政策效益得以淋漓尽致地展现出来。

人口政策有没有问题？当然是有的。主要是有的人口控制目标定得过高，要求过急，以至于发生某些强迫命令现象。如1980年人口座谈会期间，有一种意见，要求1985年全国人口增长率下降到5‰、2000年下降到零控制目标。此目标过于离谱，未能在报告中反映。又如，2000年全国人口数量控制在12亿以内，此人口控制目标正式向社会公布，并且成为《中共中央关于控制我国人口增长问题致全体共产党员、共青团员的公开信》的行动目标，号召共产党员、共青团员和全国人民为实现这一目标而奋斗。对此，《2000年的中国人口和就业》研究报告做出论证，提出12.5亿左右控制目标。人口学界和相关各界，也有人上书建议修改12亿以内目标。最后，正式文件修改为12亿左右。做法上要求过高、过头的事情时有发生，损害到计划生育的形象。据笔者所知，对强迫命令、过头一类的口号、过激的种种做法，政策上始终持反对态度是明确的。主管部门也一直在纠正，对违法行为进行依法处理，坚持依法行政，强调以宣传教育为主、避孕节育为主、经常性工作为主。这是事物的主流和主导方面。不能因为发生这样那样的问题，工作中出现这样那样的偏差，就否定整个人口政策和计划生育工作。

单独出台农村独女户可生育二孩政策，对出生性别比升高起到某种助推作用。众所周知，中国原本就是一个性别偏好较强国家，有着重男轻女、男尊女卑习俗和传统。1980年中央人口座谈会对此已经提请关注，在向中央书记处的报告中说："由于受子嗣思想影响，'重男轻女'，以致溺女婴、弃女婴，值得重视，并应在法律上加以禁止。"其意在于，提倡一对夫妇生育一个孩子要防止人为性别选择，应在法律层面做出明确规定。后来人口生育政策出台农村独女户可生二孩——这就意味着：生男即止，生女则可再生一孩。于是许多人便千方百计地进行性别选择，要再生一个男孩子。此是一个失误，以性别划线决定可否再生一个孩子，在颇大程度上推动着出生性别比升高。

二、人口素质提升效益

常言道，物以稀为贵。实行以提倡生育一个孩子为主导的人口生育政策，一孩和计划内生育子女变得稀缺而增值，备受家庭父母珍惜，肯于进行体能健康、智能科教人口投资，彰显人口政策对人口素质提升效应。而全面解读国家人口政策，本身即包括提升人口素质内容，优生、优育与晚婚、晚育位列政策之中。四十多年的实践证明，人口政策对全面提升人口素质所起的巨大作用，是不可替代的。

1. 体能健康素质提升效益。第一，人口政策本身即将提高体能健康素质包括在其中，自然程度不等地收到体能健康素质提升的效益。一是将少生、优生纳入人口政策之中。如 1982 年 2 月 9 日中共中央、国务院发出《关于进一步做好计划生育工作的指示》中，指出："我们的计划生育工作要继续提倡晚婚、晚育、少生、优生。"二是奖励政策明确。对独生子女及其家庭的奖励和照顾的办法，"发给独生子女奖励费"，"适当延长产假、产假期间工资照发，并不影响其调资、晋级"。"农村实行生产责任制地区和单位，对独生子女家庭包产低一些，或多承包责任田"。三是加强计划生育科学技术研究和指导，建立计生网络，增强计生技术服务。总体上，计生妇幼保健服务水平有很大提升，母子健康取得较大进步。这些人口生育政策实施后的人口效应表现明显。

第二，孩子数量与质量之间的替代效应。按照 G. S. 贝克尔孩子数量质量替代理论，在生育子女数量减少时，父母即会将减少支付的边际孩子部分数量成本，转移到其他孩子身上，从而使其他孩子的质量成本得到提升。实行提倡生育一个孩子和经过审批可生育第二个孩子的生育政策，使计划内生育的孩子变得异常稀缺起来，妇幼保健被异常重视起来，优生优育在千家万户行动起来。此等从娃娃抓起、从生殖健康做起的行动，显示出带有基础性质的体能健康素质提升效应。统计资料显示，1981 年与 2017 年比较，婴儿死亡率由 34.7‰下降到 6.8‰，下降 27.9 个千分点，降幅达 80.4%。男女合出生时的预期寿命，由 67.9 岁提升到 76.7 岁，提升 8.8 岁，升幅达 11.5%。①

2. 智能科教素质提升效益。中国素有尊师重教传统。然而对此也要具体分析。在半殖民地、半封建的旧中国，广大劳苦民众在"穷——生——穷"圈子中挣扎，即使有尊师重教之心，也缺少尊师重教之力，到头来大多数子女还是上不了学、读不成书，文盲、半文盲率很高。新中国成立后，广大工农子弟得以上学读书、接受教育。一方面生产发展、收入增加，国家科教经费不断增加；另一方面，家庭个人也有能力支持子女上学读书。不过家庭经济长期处在贫困——小康之间，在生育率较高情况下，多数家庭常常是陷入支持这个、不能支持那个，支持男

① 资料来源：国家卫生健康委员会编《2018 中国卫生健康统计年鉴》，中国协和医科大学出版社 2018 年版，第 235 页。

孩子、不能支持女孩子的困境。实行以提倡生育一个孩子为主导的生育政策，G. S. 贝克尔的孩子数量质量替代理论发挥了作用，家庭可以集中财力支持一两个孩子接受程度不等的初级教育、中级教育、高等教育，包括科学技术、职业教育，发挥人口政策促进智能科教素质提升的效应。统计数据显示，1978 年至 2017 年，普通本、专科在校学生数由 85.6 万，增加到 2 753.6 万，增加 2 488 万，增长 28.1 倍，年平均增长 9.3%。普通高中在校学生由 1 553.1 万增加到 2 374.5 万，增加 821.4 万，增长 52.9%，年平均增长 1.1%。初中和小学在校人数，则有所减少。初中由 4 995.2 万减少到 4 442.1 万，减少 553.1 万，年平均减少 0.3%。普通小学在校学生由 14 624.0 万，减少到 10 093.7 万，减少 4 530.3万，年平均减少 0.9%。专任教师变动不尽相同：普通高等学校专任老师由 20.6 万，增加到 163.3 万，年平均增长 5.4%。普通高中专任老师由 74.1 万，增加到 177.4 万，年平均增长 2.2%。初中专任老师由 244.1 万，增加到 354.9 万，年平均增长 0.9%。普通小学专任老师由 522.6 万，增加到 594.5 万，年平均增长 0.3%。[①] 比较一下可以看出：增长最快者为普通高校在校学生，年平均增长 9.3%；普通高校教师年平均增长 5.4%，居教师增长率之首。其次为普通高中，学生年平均增长 1.1%，教师年平均增长 2.2%。初中和小学出现相反的情况：学生呈现小幅负增长，教师呈现小幅正增长。我们的问题在于弄清教师、学生在校人数如此变动与人口政策有无关系，人口政策提升教育的效应是怎样体现的。

首先，生育率下降、家庭平均子女数量减少，提升了受教育特别是受高等教育的效应。众所周知，改革开放以来随着社会经济快速发展，人民物质文化生活不断改善，改革开放四十多年来家庭个人支付的费用不断增加。本来一般家庭供给学生上学尤其是上到大学，并不是一件容易的事情。然而正遇上国家大力推行以一对夫妇生育一个孩子为主导的

① 资料来源：中华人民共和国国家统计局编《中国统计年鉴 2018》，中国统计出版社 2018 年版，第 10—11 页。

生育政策，家庭用在孩子身上的转移支付得以实现。这有两方面的原因。一是生育子女数量缩减到一二个，家庭将其视如珍宝，关爱有加。同时也寄予厚望，望子成龙心切，舍得付出高一些的孩子质量成本。二是不仅中高收入群体，低收入群体愿意也能够支付孩子的教育成本，支持子女读完高等教育，有条件的还要再读研究生，出国留学深造。而且随着总体收入水平的提高，一般家庭支付孩子教育费用的能力也增强了。还有一些家庭父母，即使支付孩子教育成本存在一定的困难，宁肯自己起早贪黑劳作，省吃俭用、节衣缩食积攒一点儿，也要供养子女这棵“独苗”上学成才，为国出力、为家争光。而出身这种家庭的子女，往往深知读书机会来之不易，一般学习比较刻苦，成绩比较优秀，将来对家庭父母的回报率也较高。

其次，生育率和出生率下降，导致初中、小学学生数量小幅减少，教师增速放缓。由于出生率持续下降，2000 年下降到 14.03‰，随之而来的出生人数下降到 1 778 万，而 20 世纪八九十年代一般在 2 000 万以上。自然增长率下降到 7.58‰，自然增长人数应声下降到 960 万，跌破此前一般在 1 000 万以上水平线。2018 年出生率下降到 10.94‰，出生人数进一步下降到 1 523 万；自然增长率进一步下降到 3.81‰，自然增长人数进一步下降到 532 万。可见，20 世纪末期尤其是进入 21 世纪以来，出生率、出生人数和自然增长率、自然增长人数总的趋势是继续下降的，下降的惯性力还比较强。这种情况直接影响到小学、初中在校学生人数的减少和学校规模的小幅缩减。这种缩减带来某些新的问题，主要是未来劳动年龄人口减少问题。不过从提升人口智能科教素质角度评价，少年人口稀缺性增强有利于人口投资的增长，则是合乎规律的发展。

人口政策对智能科教素质提升的效益，情况与教育相类似。进入 21 世纪后，研究与实验发展经费支出由 2000 年的 895.7 万元，增加到 2017 年的 17 606.1 万元，增长 18.66 倍，年平均增长 19.1%。发明专利申请授权数，由 1.3 万件增加到 42.0 万件，增长 31.32 倍，年平均增长 22.7%。[1] 科技经费支出和专利发展增长如此之快，同人口智能科教素质的大幅度提升不无关系。一方面人口主要是劳动年龄人口受教育年限提升迅速，目前人均受教育年限已经提升到接近 12 年，普及了高中教育，具有大学以上学历的人才增长更为迅速。另一方面，科学研究、技术服务业就业增长很快，2005 年至 2017 年 12 年间，就业人数由 227.7 万增加到 420.4 万，增长 84.6%，是人口科教素质提升做出的贡献。

三、人口结构调整效益

七十多年来中国人口政策运行的结果，不仅在人口数量、素质上发生巨大变化、出现新的态势；而且在人口年龄、性别、城乡、地域分布等结构方面，也发生或大或小、或轻或重程度不等的改变。对人口、经济和社会发展，产生正面或负面不同的效应。

1. 人口年龄结构变动“黄金时代”。这一命题是笔者在 1983 年提出并以《利用人口年龄结构变动促进现代化建议》（《人民日报》1983 年 6 月 5 日）公开发表，提出在现行生育政策下，未来人口从属比（少年人口＋老年人口/劳动年龄人口）将经历长达 40 年左右较低、劳动年龄人口占比较高的“黄金时代”。这一时期将提供相应的人口盈利、人口红利，支持经济持续较高增长。实践证明，1990 年至 2010 年，人口从属比由 49.8%下降到 34.2%最低值，15 岁至 64 岁劳动年龄人口占比由 66.7%上升到 74.5%最高值。越过 2010 年拐点，从属比转而上升，2017 年上升到 39.2%。15 岁至 64 岁劳动年龄人口占比转而下降，2017 年下降到 71.8%。需要弄清的是，尽管从属比有所上升、劳动年龄人口占比有所下降，提供的人口盈利、人口红利有所衰减，但是并未终结，预测显示可持续到 2030 年前后方能消失殆尽。如果说 2010 年以前人口政策提供的经济效应是逐年上升的，2010 年以后则是逐年下降

① 资料来源：中华人民共和国国家统计局编《中国统计年鉴 2018》，中国统计出版社 2018 年版，第 10—11 页。

的，走出一条倒U型曲线，已被迄今为止的历史所证明；那么未来十多年将继续证明它是真实和现实的，只是呈逐步衰减的态势。这就是人口政策的经济效应，支持中国经济高速—中高速增长的效应。学术界对此做出论证，对国内生产总值增长的贡献率在25%～30%之间。诚然，四十多年来中国经济持续快速增长主要是改革开放的结果，这是毫无疑义的。然而人口政策强有力的贯彻实施，由此人口年龄结构“黄金时代”带来的人口盈利、人口红利不可替代的效应和作用，同样是不可否认的、客观存在的。

2. 人口性别结构变动的教训。本书前面谈及，中国原本是一个性别偏好较强国家，千百年来出生性别比处于正常值偏高一些水平。新中国成立后，大力推行男女平等、同工同酬，大批妇女从家务劳动中解放出来，走上社会工作岗位，性别歧视在很大程度上减退和消失。这在出生性别比也有所表现，20世纪六七十年代出现下降的趋势。提倡一对夫妇以生育一个孩子为主导的生育政策，将生育空间压缩到只生一个孩子、最多符合条件的扩大到可再生育一个孩子，出生性别比升高的风险增加了。尤其是实施农村独女户可生育两个孩子的政策，为出生性别比升高提供了合法的平台，出生性别比出现长期居高不下的局面。近年来稍有下降，但仍然在正常值以上。这是一个值得认真总结的经验教训，也是政策不当引起的一种负面效应。

3. 人口城乡结构历史性转变。以生育政策为主的狭义人口政策，本身并没有人口城乡分布结构内容。然而就人口管理、管制而言，则存在直接、间接涉及人口城乡结构的政策。如20世纪六七十年代，分为农业人口与非农业人口，前者主要为农村人口，后者主要为城镇人口。“农转非”很困难，因为非农业人口吃国家按定量标准供应的商品粮，主要从事第二和第三产业。农业人口国家不供应商品粮，由人民公社进行按劳分配，不足部分吃返销粮。改革开放以后逐渐取消了粮食定量供应，粮票也逐步取消，走进历史的博物馆，但是仍有有户籍人口与常住人口之分。以至于统计城镇人口时，出现按户籍人口、常住人口两种口径。进入21世纪以后，改革仍未停步，一些省市已经取消两种人口的划分，实行统一的居民身份证制度。然而2.4亿左右进城农民工还是一个不定数——户口在农村，工作在城市，成为名副其实的两栖人口。按常住人口划分，2011年城镇人口占比上升到51.27%，农村人口下降到48.73%，首次实现城镇人口超过农村人口，实现中国人口城乡结构历史性的突破。城市化既是工业化、现代化发展的结果，打破城乡二元体制的结果；也是相关人口政策不断改革、人口流动增强的一种效应。而且，变进城农民为市民是深化相关人口政策改革的方向，城市化政策效应的集中体现。

第三节　走中国式家庭计划之路

在笔者的论著中，很少使用“中国式”“中国特色”一类文字。因为害怕讲不清楚，落入俗套。有鉴如此，“走中国式家庭计划之路”，就要说明“中国式”的含义。首先，“中国式家庭计划”也是“家庭计划”，与国际社会通行的家庭计划比较，基本的框架、内涵是一致的。其次，“中国式”则与国际社会通行的“家庭计划”又不完全一样 。在生育目标、社会参与、服务体系和参与方式等，会有自己的一些特点。而且，中国由高度集中统一的计划生育过渡到自主决策的家庭计划，一定期间内保留原来计划生育的某些特征，也在情理之中。

一、中国人口政策再次走到十字路口

1949年中华人民共和国成立后，人口生育政策历经三十年的风风雨雨，终于在1980年扣响从严控制的门环，破天荒地选择了以生育一孩为主导的人口生育政策，闯过第一个十字路口并以坚定的步伐迈进21世纪。中间遇到一点波折，即对2000年全国人口控制在12亿以内目标进行了小幅度地调整。三十年后提倡生育一孩政策原定一代人的时间节点已到，包括笔者在内学界等一些同事呈送报告多起，呼吁进行生育政策调整，但却不见任何调整迹象。于是2009年笔者只好在《人民日报》上公开发文，力主进行人口政策调整，恢复当初承诺，兑现调整

初衷。提出“一独生二”“限三生二”等政策调整建议。然而还是不见动静，在这个十字路口又停车等候了几年，始进行“一独生二”和“全面二孩”的政策调整。这是历史的十字路口，当时有的媒体对笔者的采访报道，就用过这样的标题。如今后人口转变进入中后期，劳动年龄人口占比和绝对数量越过峰值也已几年过去，人口政策再次走到历史的十字路口：下一步人口政策调整路在何方，人口发展战略第二步、第三步战略目标如何确定？这是必须回答的问题。需要在总结我们自己经验并吸收国际社会成功经验基础上，经过认真审慎地论证后，做出回答的问题。

政策调整既要考虑未来人口变动和发展新的要求，又要从实际出发，从当前后人口转变特别是全面二孩生育政策实施以来的人口新态势出发。当前与人口政策联系紧密的人口变动新态势，突出表现在以下几个方面。

其一，人口变动在低生育水平徘徊态势。2010 年全国人口普查数据公布，其中总和生育率为 1.18 超低水平，遭到不少质疑。然而质疑者却拿不出有力的证据。当时的国家人口计生委公布的总和生育率为 1.8 左右，学术界普遍认为这个数据脱离实际太远。联合国对 2015 年至 2020 年世界总和生育率的中位预测数据为 2.40，发达国家为 1.66，发展中国家为 2.50，中国为 1.84。[①] 近年来，有关方面拿出的总和生育率数据在 1.6 左右，并称有小幅回升。笔者同绝大多数同事一样，手头没有第一手数据资料。但从若干零星调查得到的资料，在 1.6 稍高一些水平可能接近实际。总的理念是：自 20 世纪 90 年代前期生育率下降到更替水平以下以来，一直保持在较低水平；近年来稍有提升，但提升的幅度极其有限，呈低水平徘徊状态。这一点从进入 21 世纪以来的人口自然变动呈现的走势上，也间接地反映出来。参见表 10.1。[②]

---

① 资料来源：United Nations. *World Population Prospects The 2008 Revision*, Volume 1, New York, 2009, P48, 52, 54, 184.

② 资料来源：中华人民共和国国家统计局《中国统计年鉴 2018》，中国统计出版社 2018 年版，第 32 页。

表 10.1　2000 年以来中国人口自然变动

年 份	总人口（万人）	出生率（‰）	死亡率（‰）	增长率（‰）
2000	126 743	14.03	6.45	7.58
2002	128 453	12.86	6.41	6.45
2004	129 988	12.29	6.42	5.87
2006	131 448	12.09	6.81	5.28
2008	132 802	12.14	7.06	5.08
2010	134 091	11.90	7.11	4.79
2012	135 404	12.10	7.13	4.93
2014	136 782	12.37	7.16	5.21
2016	138 271	12.95	7.09	5.86
2018	139 538	10.94	7.13	3.81

表 10.1 提供的数据说明，进入 21 世纪以来中国人口出生率、增长率呈微弱“降——升——降”趋势，总体上呈低水平徘徊振荡趋势。不难看出，2013 年实行一独生二、2015 年实行全面二孩生育政策调整，还是起到小有刺激生育效果的。出生率由 2012 年 12.10‰上升到 2016 年 12.95‰，提升 0.85 个千分点；自然增长率由 4.92‰上升到 5.86‰，提升 0.94 个千分点。不过近二三年的情况有新的变化，2017 年出生率下降至 12.43‰，比 2016 年下降 0.52 个千分点；2018 年继续下降至 10.94‰，比 2017 年下降 1.49 个千分点；2017 年自然增长率下降至 5.32‰，比 2016 年下降 0.54 个千分点；2018 年继续下降至 3.18‰，比 2017 年下降 2.14 个千分点。这一趋势是否会延续下去？有待进一步观察，由实践做结论。

其二，人口老龄化继续推进态势。社会各界对此有较多共识，但是在老龄化速度和达到的程度上有某些分歧。有的认为老龄化速度过快、已经达到超高老龄化水平，呼吁紧急刹车。有的认为我国老龄化起步不久，达到的水平尚且不高，毋需大惊小怪。笔者认为，需要做出实事求是的分析。一般认为，人口老龄化可划分为三个阶段：第一阶段，老龄化率即 65 岁以上老年人口所占百分比，在 7.0%～12.0%，为水平较低的初级阶段。第二阶段，老龄化率 12.0%～17.0%，老龄化处于由较低向较高过渡的中级水平，老龄化趋势和问题逐步加重。第三阶段，老龄化率在 17.0%以上，为老龄化水平较高、社会抚养比较高等问题比较严重的阶段。

目前我国刚刚跨进第二阶段，处于老龄化中等水平，对此应有一个正确的认识和估量。要完成控制人口增长、实现零增长和长远人口控制目标战略任务，一定程度的人口老龄化不仅是不可避免的，甚至是必需的、具有积极意义的。毋需多言，这样说并不等于老龄化程度越高越好，速度越快越好。相反，老龄化过高、过快是需要避开的，需要的是一定程度的老龄化。这个“一定程度的老龄化”，就是在实施“三步走”人口发展战略进入到第二步，特别是第三步时，要将老龄化率控制在可以接受的水平，将社会抚养比控制在可以承受的水平。既使总体人口控制目标得以实现，一步步将全方位适度人口变成现实；又使老龄化不至突破人口、经济、社会发展允许的上限，不致发展到问题严重、无法解决的程度。有所得必有所失。又想完成控制人口增长战略目标，又想人口年龄结构年轻化，那是无论如何也做不到的。必须明确，完成人口发展战略目标是第一位的，需要全力以赴；同时老龄化的负面影响也是必须受到限制的，尽可能地将其减少到最低程度。前面的分析表明，目前我国人口老龄化推进同第二步人口战略目标是相适应的。不闻不问、听之任之一类，或者忧心忡忡、紧急刹车另一类，都有一定的片面性，是不可取的。这里需要的是以时间换空间。科学决策，严格掌控，合理推进。

其三，劳动年龄人口走低态势。2010 年 15 岁至 64 岁劳动年龄人口占比、2013 年劳动年龄人口绝对数量分别达到峰值，其后出现下降和减少趋势，近几年来延续着这样的趋势。中位预测方案表明，15 岁至 64 岁劳动年龄人口占比可由 2010 年占 74.5%，下降到 2020 年占 69.0%，下降 5.5 个百分点；2030 年下降到 67.4%，比 2020 年下降 1.57 个百分点；2040 年下降到 62.9%，比 2030 年下降 4.5 个百分点；2050 年下降到 61.2%，比 2040 年下降 1.7 个百分点。绝对数量可由 2013 年 100 582 万，减少到 2020 年 99 652 万，减少 930 万，减少幅度

0.9%；2030 年减少到 98 797 万，比 2020 年减少 855 万，减少幅度 0.9%；2040 年减少到 91 233 万，比 2030 年减少 7 564 万，减少幅度 7.7%；2050 年减少到 85 752 万，比 2040 年减少 5 481 万，减少幅度 6.0%。可见，2010 年至 2050 年间，劳动年龄人口占比下降 13.3 个百分点，年平均下降 0.33 个百分点，下降较快，但并不过于急速。绝对数量减少 14 830 万，年平均减少 400.8 万，减少数量较多，但不算过多。总体上，二者是可以接受的，问题也需要及时处理和解决。值得注意的是，2030 年至 2050 年间，无论占比下降还是绝对数量减少，幅度都比较大，应视为不可突破的底线。

其四，生育权回归于民态势。国际社会反对中国实行计划生育政策的声音，主要的一条理由，是中国政府掌握着谁可以生育、谁不可以生育的权利，剥夺了育龄人群的生育权。而生育权是基本的人权之一，剥夺了人们的生育权，也就剥夺了他们的基本人权。全面二孩生育政策实施后，由于 75%以上广大育龄人群的生育意愿为生育二孩，生育三孩和不要生育所占比例较低，全面二孩政策多数不再提出生育间隔要求，从而使绝大多数育龄人群实现了生育权的自然回归。而之前的“一票否决”规定，即以完成还是没有完成计划生育指标为依据，决定单位和个人业绩的有效性。如果其他各项工作均完成很好，但是由于计划生育指标没有完成而使总体评价受到否定，不能评为先进单位和个人。随着生育权回归于民的推进，这种“一票否决”也悄然退出历史舞台。于是，人口政策又走到一个新的十字路口——继 1980 年提倡生育一孩第一个十字路口、21 世纪 10 年代政策调整第二个十字路口之后，面临未来还要不要一定的人口政策，要什么样的人口政策的选择。

二、走中国式家庭计划之路

据笔者从多方面获得的信息表明，绝大多数人认为人口政策还是需要的。有一定的人口发展发展战略目标，就有一定的诉求和相应的人口政策导向，只是与过去相比可能不尽相同、甚至根本不同罢了。笔者以为，未来中国人口政策合乎时代发展要求的理性选择，就是调整到以家庭计划或家庭生育计划为主导上来。不过由于中国是世界第一人口大国，几经反复最后以生育一孩为主导的人口生育政策推行了三四十年，改革开放则使中国作为最大的发展中国家经历了天翻地覆的巨大变化，人口基本国情经过传统文化与现代文明的激烈碰撞已经今非昔比，使得未来中国人口政策选择出现错综复杂的情况。西方家庭计划的影响会更强一些，因为他们率先完成传统人口转变以后，又经历了较长一个时期的后人口转变，一些国家的家庭计划业已开展半个世纪以上，提供了欧美、日本等不同类型的做法和经验，许多具有可供学习和借鉴价值。同时，中国社会经济发展给人口再生产奠定了新的基础：市场经济体制的初步建立和交换价值升值，使边际孩子成本—效益发生带有颠覆性的改变，向着有利于少生优育方向倾斜成为主流。历史悠久的传统文化在实践中被切割为两部分，优秀部分将被保留下来并融入时代潮流发扬光大，糟粕部分则被筛选出来、淘汰出局。在这样的情况下，未来走向家庭生育计划的中国人口政策，必然在吸取西方已有做法、经验和成果基础上，将其融入中国改革开放、社会经济发展、优秀文化之中，形成服务于中国式家庭计划的人口政策。

既然要走家庭计划之路、实施服务于家庭计划规范的人口政策，就要对西方家庭计划做一点解读。在人们的传统观念中，无论解决人口过剩还是人口短缺问题，都是国家通过鼓励或限制人口增长、提倡或反对人口流动和迁移等，提出明确的控制目标及其相应政策的。自马尔萨斯在《人口原理》中提出积极抑制和消极抑制两种途径后，消极抑制遂被演化为生育率控制、推行避孕节育政策，家庭计划（The family planning）应运而生。展示出较强的活力，出乎意料地发展起来，为解决人口问题另辟一条蹊径。家庭计划又称家庭生育计划，原指以家庭为单位，基于家庭经济状况、母亲健康状况等因素和条件，做出对生育子女数量和生育间隔的安排。20 世纪 30 年代英国最早使用这一名词，以后逐渐在一些国家流行，使这一概念的内涵和外延不断扩展。说起家庭计划，不能不说到美国 M. 桑格夫人的努力和她所起的作用。相关信息显示，1915 年在 M. 桑格夫人及其相关人士的努力下，在纽约组织成立了美国节育协会，还出版了《节育评论》刊物。随后她到日本、印度、中国等地进行宣传和开展工作，于 1923 年在纽约正式成立了第一个有一定规模的节育门诊研究室，这个研究室成为最早进行节育的咨询和指导机构。1927 年她倡导并组织召开了首次世界人口节育大会，将避孕节育问题提到世人面前并启动了具有实际意义的行动方案。第二次世界大战结束后，1952 年 8 个国家和地区（印度、美国、联邦德国、荷兰、新加坡、瑞典、英国和中国香港）的家庭计划生育协会，提议在印度孟买召开国际计划生育联合会（International Planned Parenthood Federation）成立大会，成为本领域规模最大、带有志愿者性质的国际民间组织。目前有 180 多个不同国家计生联组织加入或成为联系国家，总部设在英国伦敦。该组织活跃在人口、生育及其他相关领域国际舞台上，起到一定的作用和影响。该组织认为，实行家庭生育计划是人的基本权利，世界人口、资源和环境之间的平衡是关系人类幸福、繁荣与和平的必要条件。国际计生联鼓励世界各国成立全国性的家庭生育联合会并敦促政府承担开展家庭计划的责任。

国际计生联的宗旨是促进各国家庭计划生育活动，保护父母和儿童身心健康，对本国和世界人民进行人口教育，促进对人类生育和生育调节的研究、推广其研究成果。国际计生联及其联盟会员活动的宗旨是：帮助促进和维护包括青少年在内的男女的人权，使他们能自由并负责任地决定其生育子女的人数和生育间隔，以及为达到这一目的而获得的信息、教育与方法的基本权利；通过信息、倡导和服务，满足那些尚未得到服务的人群的性和生殖健康的需求，使他们享有能够达到的最高标准的性和生殖健康权利；特别关注妇幼保健，消除不安全流产，使人们得到计划生育和安全的流产服务；致力于为妇女谋求平等的权利，使她们能够充分参与到社会和经济发展中来。

在 1997 年国际计生联出版的“国际计生联性与生殖健康权利法案”中，明确规定了人们在性与生殖健康方面应该享受的 12 种权利：即生命的权利、自由和人身安全的权利、平等及不受各种歧视的权利、隐私权、思想自由的权利、获得信息和教育的权利、结婚、建立家庭和计划生育自主的权利、决定是否或何时生育的权利、保健和健康保护的权利、受益于科学进步的权利、自由集会和参政的权利、免遭折磨和虐待的权利。在青少年的性与生殖健康、服务对象应该享受的权利中，做了更具体、更详尽、更清晰的明文规定，提供了相应的法律保障。突出的一点是，对服务对象人格、权利、意志、爱好的理解、尊重和依法办事，体现服务至上宗旨。为各国如何认识、解决人口问题，竖起一道标杆和规范。

笔者在学术交流中，曾到过英、法、荷、比、美、加、日等国家以及中国台湾、中国香港地区，了解到那里家庭计划实施的一些情况。有大致相同的组织架构，相近的做法，看到某些感同身受的范例。上升到理性认识，各国家庭计划组织性质、任务、行动、组织、经费等，存在以下一些共性。

性质：社会团体，民间组织。既是非政府组织（NGO），也属于非营利组织（NPO）。

任务：妇幼保健，生育健康，技术支持，科研宣传。

行动：服务至上。为服务对象提供维护所有权利的全方位服务。

组织：管理人员＋志愿者。

经费：社会捐助。以部分发达国家捐助为主，私人和民间基金会也提供一定的支持。

中国未来人口政策要走家庭计划之路，就要在性质、任务、行动、组织、经费等方面实现根本性转变，与国际社会接轨。虽然中国早已成立了类似计生联组织并成为国际计生联合会成员，在向国际计生联靠拢中取得不少进步；但是在上述五个基本方面仍然存在明显的差距，甚至有根本的不同。因此中国走西方家庭计划之路，还必须按照上述基本原则和规范，改革并建立起从上到下规范化的家庭计划组织。中国式或中国特色肯定会有的，问题在于特色也要在家庭计划基本原则和规范之内，是家庭计划原则和规范在中国的运用和发展，而不是超出原则、跳出规范的特色。如政府与家庭计划组织是什么关系，政府的作用怎样发挥？恐怕与现政府主导体制下的组织、领导、工作方式和方法，有根本的不同。又如基层工作大量由志愿者承担，也与以前“一把手负总责”、干部直接面对广大群众不同。再如，家庭计划经费来源，一般主要依靠社会组织、个人资助。鉴于目前中国社会组织现有的状况，一定程度的政府支持恐怕不可或缺，至少在一定期间内是不可或缺的。因此，要进行研究和试点。从贯彻落实基本国策、政府主导下的计划生育过渡到以服务为主、民间性质的家庭计划组织，是一场是带有根本性的转变和调整，不可能一蹴而就。需要抓住影响转变和调整的全局性问题，重点突破、先行先试、逐步展开。

从实际出发，实施中国式家庭计划或家庭生育计划，可以分步骤进行。从取消现行生育政策数量限制，到还生育权于民和向服务型机制转变，是改革的方向和重点。

首先，取消现行计划生育政策指标限制。长期以来，独生子女率、计划生育率、计划外生育率、避孕有效率、总和生育率、人口增长率等，是衡量人口生育政策执行好坏，考核计划生育工作业绩的主要“过硬”的量化指标。各级组织机构设置、干部配备、工作重心等，都围绕指标管理展开。干部选拔，要选这方面的能人，选择不惜走遍千家万户、说破千言万语、用尽千方百计，将生育指标落实到每家每户、每个人的能人。管理要拿出更有好的办法，使奖、罚软硬兼施收到更好效果。进行家庭计划改革，取消生育指标限制是比较理想的突破口，将使原来的目标管理一套体制、办法，退出历史的舞台。

其次，还生育权于家庭个人。考察人类诞生以来的全部历史，可以说，生育权是与人类同生共长，早于其他任何社会法律法规的一项最基本的权利。1968 年联合国国际人权会议通过的《德黑兰宣言》，提出父母享有自由负责决定子女人数及其出生间距的基本人权，是最起码、最基本的人权。不过，生育权是不断发展的。1974 年联合国在布加勒斯特召开的世界人口会议通过的《世界人口行动纲领》，在《德黑兰宣言》的基础上，又将获得相关信息、教育和方法的权利纳入生育权。1979 年联合国大会通过的《消除对妇女一切形式歧视公约》，将生育权写入国际公约，中国是最早缔约国之一。1994 年在开罗召开的国际人口与发展会议重申了上述精神，并强调要使计划生育方案获得长期成功，知情的自由选择原则是必不可少的，不应采用任何强迫的形式。在生育的全过程中，女性承担着特殊的功能和责任，具有不可替代的性质等。如此，生育权经历由主体父母扩大到所有夫妇和个人，内容从自由负责决定子女数量和生育间隔，扩大到获得相关知识、教育、方法等诸多内容，并涉及维护生育权男女平等社会层面。这与我国对生育权的认定和解释，既有基本相同的内涵，也有某些出入。还生育权于民，可以促进与国际社会更多的交往，达成更多的共识。

再次，建立以服务型为主导的体制机制。家庭计划的行动口号，可用“服务至上”概括。即以服务为宗旨，为育龄人群提供妇幼保健、生育健康、技术支持、科研宣传等全方位的高质量服务。尊重生命权、平等权、自由权、安全权、隐私权、教育权、结婚权、生育权、集会权、参政权等，并在青少年的性与生殖健康、服务对象应该享受的权利中，增加更为具体的诸多条款，彰显全方位服务特点。西方家庭计划之所以能够长期流行而不衰，就在于它不是命令生育群体必须遵循什么、怎样遵守，而是摆正服务与被服务者的位置，以提供优质服务为宗旨。我国实行的控制人口增长、推行计划生育政策，强迫命令一直是备受关注的一个问题，是反对者攻击的重点。客观公正地说，中国政府在推行人口计划生育政策时，一贯反对强迫命令，也处理过多起造成恶劣影响的强迫命令案件。同时也应当承认，仍然发生若干强迫命令事件，给政策蒙上一层阴影。走家庭计划改革之路，由家庭计划机构性质决定，从根本上切断了搞强迫命令之源。因为家庭计划机构为非政府组织，没有进行强迫命令的权力。从根本上切断权力变资本通道，有利于社会风气的清正廉洁。

参考文献

1. 毛泽东：《毛泽东文集》，人民出版社 1996 年版。

2. 陈长蘅：《中国人口论》，商务印书馆 1918 年版。

3. 许仕廉：《中国人口问题》，商务印书馆 1930 年版。

4. 陈达：《人口问题》，商务印书馆 1934 年版。

6. 吴希庸：《人口思想史》，北平大学出版社 1936 年版。

7. 梁方仲：《中国历代户口、田地、田赋统计》，上海人民出版社 1980 年版。

8. 张敏如：《简明中国人口史》，中国广播电视出版社 1989 年版。

9. 葛剑雄：《中国人口发展史》，福建人民出版社 1991 年版。

10. 王跃生：《中国人口的盛衰与对策——中国封建社会人口政策研究》，社会科学文献出版社 1993 年版。

11. 田雪原主编《人口文化通论》，中国人口出版社 2004 年版。

12. 吕思勉：《中国通史》，新世界出版社 2008 年版。

13. John R. Weeks，Population，Wadsworth Publishing Company Bolmont California A Division Wadsworth Inc. ，1994.

14. United Nations，*World Population Prospacth*：*The 2004 Revision*，Volume 1，New York，2005.

15. 马寅初：《新人口论》，北京出版社 1979 年版。

16. 《马寅初全集》第一、第十四、第十五卷，浙江人民出版社 1999 年版。

17. 国家人口和计划生育委员会编《中国人口和计划生育史》，中国人口出版社 2007 年版。

18. 杨魁孚、梁济民、张凡编《中国人口与计划生育大事要览》，中国人口出版社 2001 年版。

19. 田雪原：《为马寅初先生的新人口论翻案》，《光明日报》1979年8月5日。

20.《田雪原文集》(一)，中国经济出版社1991年版。

21. 柳随年、吴群敢主编《中国社会主义经济简史》，黑龙江人民出版社1985年版。

22. 杨建业：《马寅初传》，中国青年出版社1986年版。

23. 李竞能主编《当代西方人口学说》，山西人民出版社1992年版。

24. 马尔萨斯著，朱泱、胡企林、朱和中译：《人口原理》，商印书馆1992年版。

25. 陈长蘅：《谈谈过渡时期的中国人口问题》，《文汇报》1957年5月4日。

26. 陈达：《节育、晚婚与新中国人口问题》，《新建设》杂志1957年5月号。

27. 吴景超：《中国人口问题新论》，《新建设》杂志1957年3月号。

28. 费孝通：《人口问题研究些什么》，《新建设》杂志1957年4月号。

29. 孙本文：《八亿人口是我国最适宜的人口数量》，《文汇报》1957年5月11日。

30. 国家统计局人口统计司翻印：《中华人民共和国1953年人口调查统计汇编》，1986年9月。

31. 国家统计局人口统计司翻印：《中华人民共和国第二次人口普查统计数字汇编》，1986年9月。

32. 国务院人口普查办公室、国家统计局人口统计司编《中国1982年人口普查资料》，中国统计出版社1985年版。

33. 国家统计局社会统计司编《中国社会统计资料》，中国统计出版社1985年版。

34. 国家统计局社会统计司编《中国劳动工资统计资料》(1949～1985)，中国统计出版社1987年版。

35. 张维庆主编《中国人口和计划生育全书》(1997—2007),中国人口出版社 2013 年版。

36. 田雪原:《新时期人口论》,黑龙江人民出版社 1981 年版。

37. 史成礼编著:《中国计划生育活动史》,新疆人民出版社 1988 年版。

38. 中国社会学社编《中国人口问题》,上海三联书店 2014 年版。

39. 赫胥黎著,蔡重阳、王鑫、傅强译:《人类在自然界的位置》,北京大学出版社 2010 年版。

40. 欧阳松、高永中主编《改革开放口述史》,中国人民大学出版社 2014 年版。

41. 彭珮云:《十年探索与体会》,中国人口出版社 2006 年版。

42. 田雪原:《跨世纪人口与发展》,中国经济出版社 2000 年版。

43. 田雪原主编《全面建设小康社会人口与可持续发展报告》,中国财经科学出版社 2006 年版。

44. 约翰·梅纳德·凯恩斯著,陆梦龙译:《就业、利息和货币通论》,商务印书馆 1997 年版。

45. 莱斯特·R. 布朗著,林白新、暴永宁译:《B 模式:拯救地球,延续文明》,东方出版社 2003 年版。

46. 彭珮云主编《中国计划生育全书》,中国人口出版社 1997 年版。

47. 国家计划生育委员会编《全国生育节育抽样调查·全国数据卷》,中国人口出版社 1990 年版。

48. 张维庆主编,陈立、马力副主编《2006 年全国人口和计划生育调查数据集》,中国人口出版社 2008 年版。

49.《2000 年中国的人口和就业》,国务院技术经济研究中心《2000 年的中国》研究报告之一,1984 年。

50. 于旺:《计划生育工作三十年的实践和理论探索》,中国人口出版社 2007 年版。

51.《田雪原文集》(四),红旗出版社 2005 年版。

52. 哈根·拜因豪尔、恩斯特·施马克著,郑慕琦、徐新民、贡光禹译：《展望公元2000年的世界》，北京人民出版社1976年版。

53. P. 塞尔比、M. 谢克特主编，新蔚、黄育馥译：《老龄化的2000年》，生活·读书·新知三联书店1987年版。

54.《中国21世纪议程——中国21世纪人口、环境与发展白皮书》，中国环境科学出版社1994年版。

55. 田雪原：《中国人口政策60年》，社会科学文献出版社2009年版。

56.《亲历与见证》(1978—2008)，世界知识出版社2008年版。

57. 史成礼编著：《中国计划生育活动史》，新疆人民出版社1988年版。

58. 田雪原：《后人口转变迎来新改革机遇》，社会科学文献出版社2014年版。

59. 田雪原等：《21世纪中国人口发展战略研究》，社会科学文献出版社2007年版。

60. 田雪原主编，胡伟略、刘启明副主编《中国1992年家庭经济与生育10省市抽样调查资料》，中国经济出版社1995年版。

61. 于学军：《再论"中国进入后人口转变时期"》，《中国人口科学》2001年第3期。

62. 李建民：《后人口转变论》，《人口研究》2000年第4期。

63. 罗淳：《试论后人口转变》，《中国人口科学》2001年第1期。

64. 叶明德：《对"中国进入后人口转变"的质疑》，《中国人口科学》2001年第1期。

65. A. Coale and Shaomin Li, *The effect of age misreporting in China on the calculation of mortality rates at very high ages*, Demography, Vol 28, 1991.

66. Leete, Richard, *The post-demographic transition in East and South-East Asia: Similarities and Con-trasts with Europe*, Population Studis, Vol. 41. No21, London, 1987.

67. Leete, Richard, *The continuing flight from marriage and arenthood among the overseas Chinese in East and South-cost Asia*, Low

fertility in East and Southeast Asia: issues and policies. Korea Institute for Health and Social Affairs (KIHASA): Seoul, 1994.

68. 田雪原:《大国之路——21世纪中国人口与发展宏观》,中国社会科学出版社2016年版。

69. 陈希:《加快建设人才强国》,《人民日报》2015年11月11日。

70. 唐俊超:《入学阶段的教育不平等现象更为严重》,《社会学研究》,2015年第3期。

71. 田雪原:《新中国人口政策回顾与展望》,《人民日报》2009年12月4日。

72. 田雪原:《田雪原文集》(五),社会科学文献出版社2018年版。

73. 原华荣:《理论与实证:人口、环境和发展》,浙江大学出版社2014年版。

74. 易富贤:《大国空巢:反思中国计划生育政策》,中国发展出版社2014年版。